ОБЩЕСТВЕННОЕ
ВОСПИТАНІЕ И ОБРАЗОВАНІЕ
ВЪ РОССІИ.

ОБЩЕСТВЕННОЕ ВОСПИТАНІЕ И ОБРАЗОВАНІЕ ВЪ РОССІИ.

ЗАПИСКИ ОБЪ УЧИЛИЩѢ ПРАВОВѢДѢНІЯ

съ критическими на нихъ замѣчаніями и съ объясненіями, ими вызванными.

СЪ ПЕРЕДОВОЮ (ВМѢСТО ВВЕДЕНІЯ) СТАТЬЕЙ

О высшихъ учебныхъ заведеніяхъ вообще и объ Училищѣ Правовѣдѣнія и правовѣдской корпораціи въ особенности.

П. У.

С.-Петербургъ.
Въ типографіи В. Демакова. Вас. Остр., 9 л., д. № 22.
1869.

Содержатель типографіи Василій Ѳедоровичъ Демаковъ жительство имѣетъ на Васильевскомъ Островѣ, 9 лин., д. № 22.

ОГЛАВЛЕНІЕ.

	Стр.
По поводу изданія настоящей книги: «о высшихъ учебныхъ заведеніяхъ вообще и объ Училищѣ Правовѣденія и правовѣдской корпораціи въ особенности» . .	I — LXIV
Вмѣсто предисловія—къ запискамъ объ Училищѣ Правовѣденія	1 — 10

Главныя требованія въ реформахъ по предметамъ образованія и воспитанія вообще.

ЧАСТЬ I записокъ: Отдѣлъ общевоспитательнаго, гимназическаго образованія Училища Правовѣденія.

Глава I. Объ Училищѣ Правовѣденія какъ учебномъ заведеніи, дающемъ общее воспитательное образованіе (гимназическое), т. е. о нынѣшнемъ младшемъ курсѣ училища, состоящемъ изъ четырехъ классовъ. . . . . 11 — 27

Характеръ направленія общаго образованія согласно требованіямъ отечественнаго воспитанія. — Составъ курса. — Учебные предметы; важность однихъ передъ другими и преимущественное значеніе нѣкоторыхъ. — Основанія для правильности организаціи гимназическаго курса училища. — Гармоническое направленіе преподаванія гимназическаго курса по всѣмъ предметамъ его. — Возрастъ воспитанниковъ. — Отношеніе курса къ приготовительному классу училища, къ спеціальности училища и къ службѣ по выпускѣ изъ нынѣшняго 4-го класса. — Связь общаго образованія съ воспитаніемъ. — Воспитательныя отношенія начальства къ занятіямъ воспитанниковъ *).

---

*) Этотъ перечень, значащійся на стр. 15 книги, долженъ былъ быть напечатанъ на стр. 16, въ началѣ гл. I.

Глава II. Педагогическія соображенія по части обще-учебнаго воспитательнаго образованія младшаго курса Училища Правовѣдѣнія. . . . . 28—40

§ 1. Недостаточность въ способахъ успѣшнаго приготовленія воспитанниками своихъ уроковъ. Предоставленіе воспитанниковъ и въ этомъ отношеніи судьбѣ,—случаю. Отсутствіе всякаго значенія воспитателей въ дѣлѣ образованія воспитанниковъ. Необходимость въ репетиторахъ.

§ 2. Рабская зависимость воспитанниковъ въ саморазвитіи ихъ отъ принципа работы по заказу и самонедѣятельность ихъ внѣ обязательнаго труда.

§ 3. Крайнее несовершенство въ существующей системѣ повѣрки знаній воспитанниковъ во время года и на экзаменахъ.

§ 4. Цифирная система оцѣнки знаній воспитанниковъ.

§ 5. Въ воспитательномъ заведеніи необходимо, чтобы преподаваніе предмета сопровождалось извѣстнымъ воспитательнымъ вліяніемъ на воспитанниковъ.

§ 6. Система наградъ за успѣхи въ наукахъ.

§ 7. Каникулярныя занятія воспитанниковъ.

Замѣчанія, сдѣланныя намъ по отдѣлу обще-учебнаго, воспитательнаго образованія младшаго курса Училища Правовѣдѣнія и объясненія на эти замѣчанія. . . . 41—54

1-е замѣчаніе. Въ семействѣ нѣтъ сознанія своей силы, своего призванія.

2. Семейственныя начала въ обществѣ такъ мало развиты, что правительство само беретъ на себя функцію семейства, хотя въ ревности своей къ общему благу оно чрезмѣрно увлекается. Систему закрытыхъ заведеній во всякомъ случаѣ никакъ не нужно дѣлать общею.

3. Дѣло не въ числѣ воспитателей, а въ опытности, въ сердечномъ участіи ихъ.

4. Недостаточно одной отвлеченной идеи для руководства воспитанниковъ. Для воспитанія человѣка нуженъ прежде всего живой авторитетъ. Въ воспитаніи на первомъ планѣ лице.

5. Не практично противополагать человѣка спеціалисту.

6. Успѣхи воспитанниковъ по предметамъ ли общаго или спеціальнаго образованія зависятъ отъ личности преподавателя.

Стр.

7. Значеніе гимназіи въ дѣлѣ общаго образованія.
8. По поводу замѣчанія о переустройствѣ приготовительнаго класса Училища.
9. О репетиторахъ.
10. О воспитателяхъ по отношенію къ занятіямъ воспитанниковъ. О значеніи «чтенія» во время досуга воспитанниковъ.
11. Похвальные листы.
12. Книжные подарки.
13. Система выдачи красныхъ и бѣлыхъ билетовъ — тоже награда тщеславію воспитанниковъ.

ЧАСТЬ II. Отдѣлъ спеціально-ученаго образованія Училища Правовѣдѣнія.

Глава I. Объ Училищѣ Правовѣдѣнія, какъ заведеніи, дающемъ спеціальное ученое образованіе, т. е. о нынѣшнемъ старшемъ курсѣ училища, состоящемъ изъ трехъ классовъ . . . . 55—82

Значеніе спеціальнаго образованія Училища; его характеръ и направленіе. Юридическая спеціальность и отношенія Училищной спеціальности къ факультетской спеціальности университетовъ; составъ курса; предѣлы учебнаго времени; учебные предметы и послѣдовательность въ ихъ распредѣленіи. Преподаваніе; отношенія учебныхъ занятій воспитанниковъ къ положенію Училища какъ воспитательнаго заведенія; отношеніе общаго образованія къ спеціальному; система руководства воспитанниковъ въ ихъ занятіяхъ; способы къ успѣху въ нихъ. — Основаніи и планъ распредѣленія лекцій; ученыя и судебно-практическія занятіи. Практическій курсъ дополнительнаго учебнаго полугодія для воспитанниковъ 1 класса; переходъ отъ ученія — къ службѣ, къ общественной дѣятельности *).

Глава II. Педагогическія соображенія по отдѣлу спеціально-ученаго образованія старшаго курса Училища Правовѣдѣнія . . . . 38—102

§ 1. Неблагопріятныя нынѣ условія для начинанія воспитанниками юридической спеціальности на переходѣ въ старшій курсъ.

§ 2. Внезапныя репетиціи съ ихъ возможными результатами въ отмѣну нынѣшнихъ полугодовыхъ репетицій.

(*) Этотъ перечень, значащійся на стр. 57 книги, долженъ былъ быть напечатанъ на стр. 58, въ началѣ главы I.

§ 3. Система преподаванія и повѣрки знаній воспитанника. Печальные результаты существующихъ порядковъ.

§ 4. Важное значеніе «препарацій» въ учебно-воспитательномъ заведеніи.

§ 5. Учебныя занятія воспитанниковъ внѣ Училища.

§ 6. Внѣшняя форма оцѣнки отвѣтовъ воспитанника.

§ 7. Неудобство полугодовыхъ репетицій.

§ 8. Жалкая несостоятельность теперешнихъ экзаменовъ.

§ 10. Награды книгами.

§ 11. Вопросъ о количествѣ лекцій.

§ 12. Занятія воспитанниковъ 1 класса послѣ ихъ экзамена,—въ виду предположеннаго для 1 класса дополнительнаго практическаго полугодія.

§ 13. Необходимость противодѣйствовать робости воспитанника въ устной рѣчи.

§ 14. Дипломъ училища.

§ 15. Связь училища съ обществомъ. Цѣль спеціально-ученой части Училища.

Прибавленіе къ главѣ I, части II *). О дополнительномъ практическомъ курсѣ старшаго отдѣленія Училища . . . . 103—106

Замѣчанія, сдѣланныя намъ по отдѣлу спеціально-ученаго образованія старшаго курса Училища Правовѣдѣнія . . . . 107—126

Зам. 14. Практикъ и чиновникъ.
    15. Теорія и практика.
    16. Привиллегіи правовѣдовъ по министерству юстиціи.
    17. Отличіе Университета отъ Училища Правовѣдѣнія по отношенію къ развитію спеціальныхъ знаній.
    18. О продолжительности спеціальнаго курса.
    19. О пассивномъ отношеніи воспитанниковъ къ лекціямъ профессора.
    20. Руководство воспитанниковъ въ чтеніи книгъ.
    21. Недостатокъ въ профессорахъ для спеціальныхъ каѳедръ.
    22. Близкое сходство Училища съ Университетомъ въ отношеніи значенія и результатовъ профессорскаго чтенія.
    23. О преподавателяхъ психологіи.

---

*) Въ книгѣ ошибкой напечатано къ главѣ II.

Стр.

24. Публичность экзамена при нынѣшнихъ условіяхъ.
25. Репетиціи.
26. Система преподаванія М. П. Богословскаго.
27. Программа.
28. Старая система равнодушія къ истиннымъ пользамъ воспитанника.
29. Значеніе инспектора классовъ по отношенію къ юридическимъ знаніямъ воспитанниковъ.
30. По поводу посредничества помощника инспектора и репетиторовъ.
31. По поводу сказаннаго о мраморной доскѣ.
32. По поводу заявленнаго о печатаніи лучшихъ сочиненій воспитанниковъ.
33. По поводу сужденій о связи Училища съ обществомъ.

Двѣ таблицы съ распредѣленіемъ учебныхъ предметовъ по всѣмъ (предположеннымъ) 4 курсамъ спеціальнаго отдѣленія Училища (съ особыми примѣчаніями).

ЧАСТЬ III. Воспитаніе въ Училищѣ . . . . 131—146

Особое приложеніе . . . . 147—160

Предлагаемая книга, какъ видно изъ оглавленія, начинается передовою статьей моей о высшихъ учебныхъ заведеніяхъ вообще и объ Училищѣ Правовѣдѣнія и правовѣдской корпораціи въ особенности. Статья эта служитъ и какъ бы введеніемъ въ записки мои объ Училищѣ Правовѣдѣнія и о тѣсно связанныхъ съ устройствомъ его вопросахъ о воспитаніи и образованіи общемъ и спеціальномъ; за означенною статьей слѣдуетъ то небольшое предисловіе, которое было сдѣлано по запискамъ еще во время окончательнаго изготовленія ихъ въ 1862 г. и которое касается главнѣйшихъ требованій нашего общественнаго образованія, не измѣнившихся кажется и въ наше время. Переходя вслѣдъ затѣмъ отъ общаго къ частному, именно къ организаціи Училища Правовѣдѣнія, я въ 1-й части записокъ анализирую его со стороны курсовъ его общаго (гимназическаго) образованія, сопровождаемаго извѣстными воспитательными отношеніями къ воспитанникамъ, какъ къ питомцамъ закрытаго заведенія. О приготовительномъ классѣ Училища Правовѣдѣнія говорится также и въ передовой статьѣ. II часть книги обнимаетъ курсы спеціальнаго отдѣленія училища какъ по отношенію собственно къ спеціальности училища, однородной со спеціальностью юридическихъ факультетовъ, такъ и по отношенію къ значенію училища въ качествѣ воспитательнаго заведенія. III часть изображаетъ въ небольшомъ критическомъ очеркѣ самое воспитаніе въ училищѣ. Въ этой части опущено лишь то, что въ настоящее время уже не представляло бы практическаго значенія, какъ это пояснено въ передовой статьѣ. Что касается до того, достаточны ли основанія къ подобнымъ же опущеніямъ или сокращеніямъ въ первыхъ двухъ частяхъ записокъ, то я съ своей стороны нахожу, что хотя кое-какія перемѣны и нововведенія и произошли въ училищѣ въ теченіе времени отъ 1862 г., но тѣмъ неменѣе записки мои не теряютъ своего современнаго значенія настолько, чтобы не дать возможности ознакомиться по нимъ со всѣми сторонами statu quo училища. На это обращено особое вниманіе въ передовой статьѣ моей, гдѣ въ началѣ ея говорится именно и о побудительной причинѣ къ изданію записокъ объ училищѣ въ настоящее время. Далѣе какъ ко II, такъ и къ III части записокъ въ особой ихъ главѣ помѣщены педагогическія соображенія по вопросамъ, истекающимъ изъ воспитательныхъ отношеній общаго и спеціальнаго образованія училища къ занятіямъ, къ успѣхамъ воспитанниковъ и къ нравственному и умственному ихъ развитію. По всѣмъ частямъ записокъ моихъ, вмѣстѣ съ критическимъ разборомъ существующихъ порядковъ училища, изложены также и разныя предположенія о тѣхъ измѣненіяхъ и реформахъ, которыя по мнѣнію моему послужили бы къ пользѣ образованія и воспитанія въ училищѣ. Имѣя въ виду, во время составленія записокъ, практическое примѣненіе къ училищу на самомъ дѣлѣ многихъ изъ замѣчаній и предложеній, въ нихъ сдѣланныхъ, я обращалъ особенное вниманіе на нѣкоторые предметы педагогической организаціи училища, подлежащіе улучшенію, а для преобразованія старшаго, спеціальнаго отдѣленія училища, при которомъ существованіе младшаго, гимназическаго курса считалъ я въ сущности и прежде излишнимъ—я начерталъ и спеціальныя таблицы распредѣленія предметовъ на четыре курса съ практическимъ полугодіемъ, вмѣсто теперешнихъ трехъ курсовъ и пр.

Критическія замѣчанія, составленныя на мои записки, также въ 1862 г., принадлежатъ перу лица, которое считало излишнимъ сдѣлать извѣстнымъ свою фамилію (*). Нѣтъ сомнѣнія, что чрезъ это, прекрасныя по моему мнѣнію, замѣчанія эти не потеряютъ цѣны своей, такъ какъ за нихъ будетъ говорить самое содержаніе ихъ со всѣмъ богатствомъ свѣтлыхъ въ нихъ воззрѣній на многіе вопросы моихъ записокъ. Во всякомъ случаѣ я очень признателенъ автору сдѣланныхъ мнѣ замѣчаній, такъ какъ онѣ также дали и мнѣ возможность въ объясненіяхъ и соображеніяхъ, ими вызванныхъ, высказать немало въ дополненіе къ моимъ запискамъ. Въ концѣ прошлаго года когда составлялась мною и передовая статья къ предлагаемымъ запискамъ объ училищѣ, авторъ замѣтокъ къ нимъ, пересмотрѣвъ свой давнишній трудъ оставилъ его безъ измѣненій; съ своей стороны я счелъ нужнымъ безусловно-одобрительныя замѣчанія его на мои записки не оглашать вовсе, а соображенія свои на другія его замѣчанія я мѣстами дополнилъ.

Въ самомъ концѣ книги помѣщена статья моя или вѣрнѣе даже замѣтка, вполнѣ отдѣльная отъ записокъ объ училищѣ, относительно X класса для кандидатовъ Университета и IX класса для правовѣдовъ. Статья эта написана мною за нѣсколько дней до юбилея 50-лѣтія Петербургскаго Университета и напечатана въ дневникѣ № 37 «Бирж. Вѣдом.» наканунѣ этого юбилейнаго торжества, которое, по всеобщему сочувствію ему ученаго міра и по всемѣстному въ Россіи сознанію важности и превосходству университетскаго образованія, было столь укорительно для нашихъ гражданскихъ высшихъ учебныхъ заведеній съ ихъ замкнутостію, привиллегіями и чиновничествомъ (*).

(*) Лице это, юристъ, принадлежитъ къ старѣйшимъ правовѣдамъ, «du bon vieux temps прежняго мужественнаго духа и доблестнаго направленія воспитанниковъ училища правовѣдѣнія.» Будучи извѣстно и въ ученомъ мірѣ, лице это представляетъ собою во всѣхъ отношеніяхъ свѣтило первой величины въ нашемъ правовѣдскомъ обществѣ. Я передаю здѣсь лишь общее установившееся у насъ о немъ мнѣніе.

(*) На праздникѣ двадцатипятилѣтія Училища Правовѣдѣнія было также сказано не мало въ своемъ родѣ блестящаго. Нельзя напр. никакъ забыть незабвеннаго для правовѣдовъ сердечнаго слова, обращеннаго къ училищу и правовѣдской корпораціи Августѣйшимъ Попечителемъ Училища, точно также какъ было бы грѣшно не хранить въ сердцѣ своемъ и многаго изъ произнесеннаго въ то время бывшимъ законоучителемъ нашимъ М. И. Богословскимъ въ его замѣча-

Въ «Судебномъ Вѣстникѣ», столь обращающемъ на себя вниманіе съ новаго года, помѣщена была замѣтка по поводу означенной статьи. Какъ отвѣтъ мой на эту замѣтку, не появившійся въ «Суд. Вѣсти.», такъ и самая замѣтка «Суд. Вѣсти.» напечатана въ концѣ книги вмѣстѣ съ другою моею замѣткой (не принятой къ напечатанію ни въ Московскихъ, ни въ Петербургскихъ Вѣдомостяхъ) по поводу слуха о предоставленіи кандидатамъ университета внѣшняго знака отличія (для ношенія на груди), установленнаго для лицъ, получившихъ военно-академическое образованіе.

Въ-заключеніе скажу здѣсь, что, означивъ на книгѣ своей «общественное образованіе и воспитаніе въ Россіи», я далъ ей такое обширное и общее заглавіе нетолько потому, что оно болѣе или менѣе согласуется съ существеннымъ содержаніемъ книги, но также и въ виду предположенныхъ мною дальнѣйшихъ выпусковъ критическаго обзора общественныхъ школъ отечественнаго образованія и воспитанія, какъ высшихъ, такъ и другихъ. На очереди—Петербургскій Александровскій Лицей и Межевой Институтъ со Школою Топографовъ,—если обстоятельства позволятъ какъ слѣдуетъ заняться ими; и я уже теперь заявляю, что буду во всемъ признателенъ за всѣ свѣдѣнія, которыя угодно будетъ бывшимъ воспитанникамъ этихъ заведеній и другимъ лицамъ доставить мнѣ объ этихъ закрытыхъ учебныхъ заведеніяхъ.

Позволяю себѣ надѣяться, что какъ бы ни относились строго къ настоящей книгѣ, какъ бы ни порицали ее въ томъ или другомъ отношеніи,—книга эта врядъ-ли представитъ основаніе обвинять меня въ нравственной или политической неблагонамѣренности. Ни умысла сказать что-либо вредное для юноше-

---

тельной проповѣди. Но вотъ что совсѣмъ кажется предано забвенію правовѣдовъ и врядъ-ли къ чести ихъ,—это слѣдующія слова, которыми столь торжественно огласились своды училищной залы 5-го декабря 1860 г.: «Мы собираемъ,—сказалъ одинъ изъ старѣйшихъ правовѣдовъ,—небольшой капиталъ для раздачи въ видѣ премій за лучшія практическія сочиненія по русскому гражданскому и уголовному праву»... Гдѣ же этотъ капиталъ и о чемъ свидѣтельствуетъ неосуществленіе по сіе время этого столь торжественно, публично заявленнаго благаго намѣренія? Имѣяй уши слышати теперь, да слышитъ!..

ства въ лицѣ воспитанниковъ того или другаго учебнаго заведенія, ни желанія обидѣть, кольнуть кого-либо я не имѣлъ и по правиламъ своимъ не могъ имѣть. Въ своемъ посильномъ небольшомъ трудѣ я стоялъ выше всего этого вслѣдствіе всегдашняго уваженія моего: къ личности человѣка какъ человѣка, къ современному принципу нашего Верховнаго Управленія и къ его просвѣщеннымъ приверженцамъ и наконецъ къ святымъ началамъ Христіанской религіи, доброй нравственности и истиннаго просвѣщеннаго патріотизма, насколько я его разумѣю.

П. У.

19 Февраля. 1869 г.

ПО ПОВОДУ ИЗДАНІЯ НАСТОЯЩЕЙ КНИГИ. (*)

„О высшихъ учебныхъ заведеніяхъ вообще и объ Училищѣ Правовѣдѣнія и правовѣдской корпораціи въ особенности".

1.

Въ отвѣтѣ своемъ на послѣднее изъ замѣчаній, сдѣланныхъ на мои записки объ Училищѣ Правовѣдѣнія однимъ изъ лучшихъ представителей нашего правовѣдскаго общества, я завершилъ свои сужденія словомъ весьма цѣннымъ для меня въ смыслѣ выраженія того глубокаго уваженія, которымъ проникнуты всѣ правовѣды къ общему учебному разсаднику ихъ и къ его Августѣйшему Основателю. Съ чувствомъ особеннаго удовольствія и какъ-бы гордости обратился я именно къ той высоко-нравственной человѣческой задачѣ, которая лаконически выражается въ двухъ словахъ, вырѣзанныхъ на медалькѣ, собственноручно жалуемой при каждомъ выпускѣ Августѣйшимъ Попечителемъ училища безразлично всѣмъ правовѣдамъ-товарищамъ, окончившимъ въ училищѣ курсъ наукъ. Мудрымъ словомъ, сказалъ я, Августѣйшаго Основателя и Попечителя Училища «respice finem» всѣмъ намъ правовѣдамъ завѣщано не дѣлать, не предпринимать ничего въ жизни, не обдумавъ своего

(*) Въ этой статьѣ, служащей и введеніемъ къ моимъ запискамъ, хотя я и говорю въ нихъ отъ своего лица, — мѣстами вмѣсто «я» употребляется по недосмотру множественное число. Надѣюсь, что извинятъ мнѣ и это упущеніе такъ же, какъ и разныя мои собственныя описки и ошибки (пропускъ слова и пр.) и типографскія опечатки и недосмотры. Особаго перечня ошибкамъ и опечаткамъ въ этой книгѣ не помѣщаю въ виду неважности ихъ и разсчета моего на невзыскательность читателя къ всему тому, что болѣе относится къ формальной, несущественной сторонѣ посильнаго труда моего.

дѣла, своего предпріятія, и разумною предусмотрительностью, дальновидностью никогда не упускать изъ виду того исхода, того конца, которымъ должно завершиться или къ которому должно насъ привести задуманное или уже начатое нами: въ семействѣ ли, на службѣ, или вообще на поприщѣ нашихъ житейскихъ отношеній и опытовъ, нашей всесторонней человѣческой дѣятельности. Такое по-истинѣ отеческое завѣщаніе по многозначительности своей и глубокому житейскому смыслу должно бы врѣзываться нетолько въ золотѣ какой-нибудь медальки, но и такъ-сказать въ самомъ сердцѣ молодаго человѣка, который, выступая школьникомъ на поприще кипучей человѣческой жизни съ ея страстями, суетой и неизвѣстностью, всегда на «respice finem» можетъ пріостановить свои мысли и чувства для того, чтобы въ душевномъ и умственномъ покоѣ «подумать, поразмыслить, предусмотрѣть» — и уже затѣмъ приступить къ дѣлу.

Изъ 740 молодыхъ людей, выпущенныхъ въ свѣтъ съ 1840 г., многіе безъ сомнѣнія и слѣдовали этому внѣшнему мудрому указанію столь способному, въ силу привычнаго къ нему обращенія, какъ-бы слиться съ внутреннимъ увѣщаніемъ разума и сдѣлаться существеннымъ условіемъ покойной въ насъ совѣсти при всякихъ начинаніяхъ, дѣлахъ и дѣйствіяхъ нашихъ. Этимъ указаніемъ руководствовался конечно и я въ 1860 году, когда по выпускѣ моемъ изъ училища составлялись мною предлагаемыя записки объ училищѣ, съ наименованіемъ ихъ «матеріалами для усовершенствованія училища», такъ и въ настоящее время, когда я рѣшился издать эти записки, считая ихъ по извѣстнымъ причинамъ только теперь удобными къ напечатанію. Въ 1862 году, давая запискамъ своимъ ходъ, какой я въ то время считалъ приличнымъ, я имѣлъ случай по этому поводу высказать между прочимъ слѣдующія мысли, вошедшія въ предисловіе, которое я въ то время предпослалъ своимъ запискамъ: 1) что въ своихъ желаніяхъ и предположеніяхъ относительно разныхъ преобразованій въ Училищѣ Правовѣдѣнія, я, какъ молодой человѣкъ, считалъ долгомъ какъ можно болѣе укрѣплять и просвѣщать себя зрѣлостью и опытностью особенно уважаемыхъ авторитетовъ, какъ въ лицѣ старѣйшихъ правовѣдовъ нашихъ, такъ и въ лицѣ профессоровъ; 2) что такъ какъ записки мои составлены при содѣйствіи мнѣ словомъ или дѣломъ столичныхъ и провинціальныхъ правовѣдовъ и профессоровъ, а однимъ изъ достойнѣйшихъ старѣйшихъ правовѣдовъ написаны и особыя замѣчанія на мои записки, то, благодаря всему этому, записки мои должны бы тѣмъ болѣе обратить на себя вниманіе кого слѣдуетъ; 3) что врядъ-ли лицамъ, не принадлежащимъ къ обществу правовѣдовъ, какъ бы ни были высоко поставлены эти лица, приходилось разсматривать существующіе порядки и особенности училища съ точки зрѣнія воспитанниковъ его, отъ которыхъ не всегда имѣешь случай узнать все, что имъ объ училищѣ извѣстно по опыту, а потому уже на основаніи одного этого обстоятельства, записки мои объ училищѣ имѣютъ казалось бы нѣкоторую цѣну; 4) что полезно было бы предоставить особой коммиссіи разсмотрѣть все мною изложенное и предположенное относительно Училища Правовѣдѣнія. Коммиссія, говорилъ я, всесторонне и съ должною основательностью разсматривая записки мои, будетъ конечно снисходительна къ ихъ недостаткамъ, такъ какъ, имѣя въ запискахъ своихъ въ виду преимущественно правдивый лишь анализъ состоянія училища, я развивалъ свои предположенія и мнѣнія другихъ со всегдашнею мыслью, что честь примѣненія въ училищѣ тѣхъ или другихъ улучшеній будетъ принадлежать не мнѣ, а коммиссіи, избранной Августѣйшимъ Попечителемъ училища.

Спустя почти три года съ тѣхъ поръ, какъ все это мною было письменно заявлено, писалъ я между прочимъ слѣдующее: «Записки мои всегда имѣли для меня большую

«цѣну, какъ первый неоффиціальный трудъ мой, представ-
«лявшій собою выраженіе общественнаго такъ-сказать мнѣ-
«нія нашей правовѣдской корпораціи и врядъ-ли не отвѣ-
«чавшій требованіямъ отечественной цивилизаціи. Несмотря
«на то, что въ стремленіи моемъ къ осуществленію моихъ
«надеждъ относительно болѣе полнаго и дѣйствительнаго
«процвѣтанія училища я не дѣйствовалъ самонадѣянно,
«совѣтовался и совѣщался съ авторитетами нашего круга
«и съ профессорами, несмотря на то, что я не настаивалъ,
«а просилъ, не навязывалъ, а предлагалъ, несмотря на всю
«такъ-сказать коллегіативность, осмотрительность и неза-
«висимость, отличавшія процесъ составленія моего труда,
«я до сихъ поръ остаюсь лишь при сознаніи посильнаго
«исполненія мною моего товарищескаго въ отношеніи къ
«училищу долга.»

Съ 1865 г. прошло еще три года печальнаго училищ-
наго statu quo, и мы наконецъ рѣшились издать свои записки
уже не для начальства училища, а для общества, въ со-
ставѣ котораго и бывшіе воспитанники Училища Правовѣдѣ-
нія двадцати девяти выпусковъ его, а также родители, род-
ственники и друзья правовѣдовъ нашихъ прежнихъ, насто-
ящихъ и даже будущихъ вѣроятно прочтутъ записки мои
съ интересомъ и съ полнымъ довѣріемъ къ совершенной бла-
гонамѣренности и безкорыстію автора ихъ.

2.

Записки свои я издаю почти въ томъ же видѣ, въ
какомъ онѣ изготовлены были къ 1862 г. Не малое съ
тѣхъ поръ въ училищѣ измѣнилось къ лучшему, а можетъ
быть кое-что въ немъ еще болѣе ухудшилось; такъ или

иначе, но я послѣ кратковременнаго пребыванія своего въ Петербургѣ мѣсяца два тому назадъ и посѣщенія тогда же Училища Правовѣдѣнія не нашелъ достаточнаго основанія передѣлывать свои записки примѣнительно къ нынѣшнимъ нѣкоторымъ видоизмѣненіямъ въ училищѣ. «У насъ все по старому», говорили мнѣ заслуженный директоръ и почтеннѣйшій инспекторъ воспитанниковъ училища, и въ сущности можно съ этимъ кажется и согласиться. Одно только обстоятельство, именно выбытіе изъ училища, болѣе 25 лѣтъ подвизавшагося въ немъ достойнѣйшаго законоучителя, доктора Богословія М. И. Богословскаго, указываетъ на возможность нѣкотораго обновленія въ училищѣ извѣстныхъ сторонъ педагогической части его какъ учебно-воспитательнаго заведенія. Но въ виду этого самаго, я и счелъ нужнымъ въ послѣдней части записокъ моихъ «воспитаніе въ училищѣ» совершенно опустить третій отдѣлъ ея, излагавшій «особыя отношенія законоучителя, какъ воспита«тельнаго лица, которыя, существуя только фактически, а «не по Уставу, пріобрѣли однакожъ право или силу какъ «бы закономъ установленнаго учрежденія.» Касаться значенія новаго священника училища въ дѣлѣ воспитанія училищнаго я не считалъ нужнымъ потому, что по отношенію къ этому предмету, училище болѣе или менѣе сравнялось теперь съ другими высшими закрытыми учебными заведеніями и не представляетъ уже и малой доли тѣхъ особенностей, которыми отличались времена духовно-свѣтской власти протоіерея М. И. Богословскаго. Власть эта, особенно заявлявшая себя при прежнихъ мирныхъ директорахъ училища Пошманѣ и князя Голицынѣ, должна была уступить нѣсколько позднѣйшей военной силѣ въ лицѣ генералъ-маіора А. П. Языкова, назначеннаго директоромъ училища въ 1848 году, когда политическое броженіе умовъ того времени, столь замѣтно отразилось и въ стѣнахъ замкнутаго училища съ весьма печальными и для него результатами...

Впослѣдствіи уже само время, сила обстоятельствъ стали понемногу давить въ училищѣ какъ духовную, такъ и военную власть, и не безъизвѣстно, что, начиная уже съ 1856 г., новый повѣявшій и въ училищѣ духъ, постепенно преобразовалъ воспитателей-артиллеристовъ, кавалеристовъ и—пѣхотинцевъ училища въ гражданскихъ чиновниковъ, вывелъ изъ моды военные училищные парады, сокращалъ по-возможности военную училищную формалистику и исподволь подготовлялъ училищу его настоящее мирное положеніе. Отъ хожденія воспитанниковъ «въ ногу», отъ молодцеватой выпрямки и вообще отъ нѣкотораго рода «soupçons» военнаго духа и теперь еще въ училищѣ отказаться какъ видно не совсѣмъ могутъ, но поддерживаемый чрезъ это духъ субординаціи не помѣшалъ однакожъ воспитанникамъ еще и въ прежнее, болѣе строгое время (лѣтъ пять тому назадъ), торжественно отказаться отъ цѣлованія всякій разъ руки бывшему священнику училища при входѣ его въ аудиторію на каѳедру и выходѣ съ нея. Съ этого случая, надѣлавшаго не мало шума, какъ нѣкогда (въ 1859 году) подача воспитанниками адреса доктору училища о нежеланіи ихъ къ нему обращаться, началось сильно колебаться непоколебимое дотолѣ значеніе училищнаго законоучителя: общее правило объ обязательномъ для всѣхъ воспитанниковъ субботнемъ и воскресномъ «стояньи» въ училищной церкви начало допускать все болѣе и болѣе исключеній сообразно несочувствію самого начальства этой системѣ духовнаго насилія; обычай соблюденія католическаго поста посредамъ и пятницамъ становился также чѣмъ-то весьма неладнымъ, въ родѣ того, какъ неладнымъ показалось и предоставленіе, никому болѣе какъ священнику, обучать воспитанниковъ психологіи и логикѣ и т. д.; во всемъ, гдѣ только болѣе рѣзко выражалась исключительность вліянія священническаго авторитета съ оттѣнками нѣкотораго педантизма и деспотизма, стало появляться все болѣе замѣтно начало новое, начало живое либеральное. Такъ и вездѣ отъ стараго переходятъ къ новому, отъ худшаго къ лучшему, отъ застоя къ движенію. Наконецъ и въ училищѣ духовная власть законоучителя вошла въ предѣлы, указываемые ей келейнымъ, скромнымъ значеніемъ священника какъ духовнаго отца и высокимъ призваніемъ его какъ проповѣдника Слова Божія и законоучителя. Въ этомъ смыслѣ въ училищѣ переходъ сдѣланъ дѣйствительно къ лучшему; къ лучшему сдѣланъ большой шагъ въ училищѣ и въ отношеніи къ радикальному ослабленію въ немъ военнаго элемента. Еслибъ можно было первый періодъ существованія училища назвать духовно-гражданскимъ, второй духовно-военнымъ, то настоящій текущій періодъ училищнаго благосостоянія слѣдовало бы именовать просто гражданскимъ. Но недостаточно училищу этой хотя и очень мирной характеристики. Училище, именуясь по Уставу «Училище Правовѣдѣнія», должно быть юридическимъ по преимуществу, а потому, въ виду значенія его и какъ воспитательнаго заведенія, желательно было бы наконецъ видѣть училище въ нормальномъ для него періодѣ, періодѣ «воспитательно-научно-юридическомъ».

3.

Положить начало нормальному ходу обще-воспитательнаго и спеціально-юридическаго образованія въ училищѣ и была цѣль нашихъ записокъ. Можетъ быть и безъ нашихъ записокъ училище многое сдѣлало въ научномъ отношеніи къ пользѣ воспитанниковъ, но съ своей стороны имѣемъ основаніе полагать, что въ немъ и наука такъ же какъ и воспитаніе не далеко ушли впередъ. Для старшаго курса училища тѣ же три года зубрежа, какъ было и прежде, то же почти распредѣленіе лекцій по шести въ день (кромѣ перваго класса), та же пассивность воспитанниковъ въ занятіяхъ, та же система балловъ, наградъ и наказаній, тотъ же безобразный вопреки Уставу училища непозволительный чуланъ, служащій карцеромъ для провинившихся воспитанниковъ (о которомъ также говорится въ запискахъ нашихъ) и пр., и пр. Правда, что въ составъ юридическаго курса входитъ теперь Политическая экономія, Исторія Философіи и теорія Судопроизводства, преподаваемая двумя юстицъ-чиновниками; и Остзейское право вѣроятно по несовременности «остзейскаго авторитета» преподается (подъ названіемъ «мѣстныхъ законовъ») уже гораздо слабѣе и уже не профессоромъ, какъ было прежде, и даже кажется готовится къ совершенному упраздненію. Есть въ училищѣ новости и по воспитательной части, какъ-то: болѣе частыя отлучки воспитанниковъ старшаго курса изъ училища и вслѣдствіе того большая свобода ихъ въ удовольствіяхъ внѣ стѣнъ училища въ трудовые будничные дни, которые такъ охотно завершаются воспитанниками даже и младшаго курса на представленіяхъ какой-нибудь «la belle Hélène», столь способной развращать нашу школьную молодежь на самомъ виду начальствующихъ и воспитывающихъ; устроена также особенная комната для курящихъ воспитанниковъ, слабостямъ которыхъ столь вреднымъ для ихъ здоровья начальство и въ этомъ находитъ современнымъ какъ-бы потворствовать. Въ отношеніи судебно-практическихъ занятій новому духу училища всего болѣе помогла судебная реформа, благодаря которой независимо отъ болѣе интереснаго и плодотворнаго преподаванія Судопроизводства въ училищѣ нетолько воспитанники, но и сами учителя могутъ въ качествѣ учениковъ съ большою пользою посѣщать публичныя судебныя засѣданія, эти столь популярные разсадники практическаго законовѣдѣнія. Что же касается до младшаго гимназическаго курса училища, неизвѣстно почему также отнесеннаго къ вѣдомству Министерство Юстиціи, то въ немъ и прежде преобладало смѣшанное реально-классическое направленіе. Такое направленіе, какъ чуждое крайностей, представляется самымъ раціональнымъ, если оно основано на дѣйствительно правильной организаціи курса и на разумномъ пониманіи значенія реализма и классицизма въ системѣ общаго образованія какъ образованія столько же учебнаго, сколько и воспитательнаго. Въ противномъ же случаѣ неудачная смѣсь того и другаго начала можетъ произвести такой винегретъ, который для удобоваримости своей потребуетъ слишкомъ много искусственныхъ приправъ. До этой крайности училищный гимназическій курсъ конечно не дошелъ, хотя по сродству съ другими quasi-гимназическими курсами другихъ высшихъ закрытыхъ учебныхъ заведеній онъ былъ не далекъ отъ того. Недавняя борьба классицизма съ реализмомъ отразилась впрочемъ и на училищѣ въ пользу направленія классическаго, но въ самомъ тѣсномъ смыслѣ этого слова, то есть въ смыслѣ изученія одного латинскаго языка. Нужно замѣтить однакожъ, что столь возможное по этому предмету заблужденіе начальства училища тѣсно связано съ заблужденіемъ большинства нашихъ передовыхъ мыслителей и педагоговъ насчетъ узкаго пониманія классицизма и крайняго въ силу преданія и привычки пристрастія къ древнимъ мертвымъ языкамъ, знаніе которыхъ считается главнѣйшимъ мѣриломъ для оцѣнки классичности образованія. Знаніе латинскаго языка, которое пріобрѣтено лишь настолько, насколько оно нужно напримѣръ для изученія Римскаго права, — такое знаніе этого древняго языка будетъ имѣть даже чисто реальное значеніе вслѣдствіе примѣненія этого знанія къ дѣлу положительному, къ дѣйствительности, какую для юриста и представляетъ практическая наука законовѣдѣнія. Такого реальнаго значенія будетъ вполнѣ чуждо изученіе древнихъ языковъ, когда оно имѣетъ въ виду свободное чтеніе древнихъ классиковъ въ силу одного уваженія къ нимъ и съ цѣлью облагородить ими свои понятія, свое общее образованіе. Знакомство съ древними классиками въ переводѣ на новѣйшихъ языкахъ считается еще доселѣ дѣломъ недостойнымъ, хотя никто у насъ ничего не находитъ нужнымъ говорить противъ чтенія въ Россіи всѣми и каждымъ нетолько не на еврейскомъ, нетолько не на греческомъ но даже и не на славянскомъ, а на житейскомъ русскомъ языкѣ той священной «Книги книгъ», которая цѣннѣе, важнѣе и практичнѣе всевозможныхъ классиковъ. Навязываемое учащимся усиленное чтеніе древнихъ классиковъ въ подлинникѣ, въ ущербъ изученію новѣйшихъ классиковъ гораздо болѣе существенныхъ даже и по отношенію къ одной практикѣ въ новѣйшихъ живыхъ языкахъ, желаютъ обратить въ какую-то филологическую спеціальность, безъ которой къ тому-же не отверзаются для образованнаго молодаго человѣка и двери университетскаго святилища. Ученые, посвятившіе себя латыни и изощрившіе свои способности на произношеніи латинской рѣчи, которая все-таки остается искаженіемъ стараго римскаго слога, хотятъ изъ всѣхъ образованныхъ людей создать какихъ-то латинистовъ; но эти кажущіеся латинисты тѣмъ неменѣе въ большей части случаевъ кончаютъ свое рабско-классическое ученіе тѣмъ, что предаютъ посмѣянію и совершенно забываютъ всю эту древне-греческую и древне-латинскую премудрость, которая несмотря даже на республиканскіе идеалы, встрѣчающіеся въ нѣкоторыхъ классикахъ, словно не замѣчаемые начальствомъ, не прибавляетъ ни капли жизни въ умѣ и дѣятельности современнаго молодаго человѣка. Къ природѣ, къ наукѣ, къ жизни — вотъ къ чему стремятся нынѣ, хотя правда болѣе наобумъ по винѣ дурныхъ воспитателей и бездарныхъ учителей. Въ естественныхъ наукахъ и новѣйшихъ языкахъ все болѣе и болѣе усматриваютъ наконецъ средство для развитія соображенія и упражненія ума, не говоря уже о математикѣ, всегда имѣющей свое почетное мѣсто въ системѣ общаго образованія, въ особенности когда знанія по этому предмету получаютъ извѣстное практическое примѣненіе. Къ нѣкоторымъ же, но далеко не ко всѣмъ древнимъ классикамъ, какъ къ безсмертнымъ по содержанію своему твореніямъ, всякій образованный человѣкъ будетъ относиться съ уваженіемъ, будетъ читать ихъ когда это для его занятій нужно или когда онъ найдетъ это себѣ пріятнымъ: въ этомъ смыслѣ лучшіе изъ древнихъ классиковъ будутъ вполнѣ достойнымъ украшеніемъ современнаго общаго образованія: но, къ явному ущербу своего практическаго, реальнаго образованія, приносить въ жертву латинской и греческой буквѣ чуть ли не половину своего времени въ дѣтскомъ и юношескомъ возрастѣ, тиранить свою память и соображеніе изъ-за мертвыхъ языковъ, долбить голову напр. на скучнѣйшемъ Корнеліѣ Ненотѣ или высокопарнѣйшей Иліадѣ Гомера и только слегка, шутя знакомиться хотя бы съ Шекспиромъ или Гете, да и то еще въ переводѣ ихъ на русскомъ языкѣ: давать предпочтеніе мертвому латинскому языку передъ языками новѣйшихъ образованнѣйшихъ націй, имѣющихъ за собою, сверхъ богатѣйшей литературы, и все лучшее, что только составляетъ славу нашего времени въ области наукъ, искуствъ и промышленности, — находить, что изученіе языковъ новѣйшихъ не можетъ и наполовину способствовать развитію соображенія и памяти воспитанника, какъ древніе языки, — наконецъ оставаться совершенно безучастнымъ къ пользѣ знакомства съ живыми восточными языками, изученіе которыхъ имѣетъ такую великую будущность для успѣховъ всемірной цивилизаціи, — все это можетъ происходить только при условіи своего рода крѣпостной зависимости: учащагося молодаго поколѣнія — отъ своего классическаго начальства, а сего послѣдняго — отъ классической древности. Неумѣстно очень распространяться здѣсь о томъ камнѣ преткновенія, которымъ сдѣлался у насъ вопросъ о значеніи реализма и классицизма въ дѣлѣ новѣйшаго образованія съ его истинными цѣлями и требованіями; въ запискахъ же нашихъ мы удерживаемъ латинскій языкъ для младшаго курса училища, какъ неизбѣжный еще къ сожалѣнію по сіе время ключъ для изученія Римскаго права, столь важнаго для юриста, а для старшаго курса считаемъ обязательное чтеніе и объясненіе «Институтовъ» Юстиніана вполнѣ достаточнымъ продолженіемъ въ упражненіяхъ латинскимъ языкомъ, примѣнительно къ требованіямъ юриста. Что же касается естественныхъ наукъ, то въ связи съ ними и полагалъ бы особенно полезнымъ преподаваніе въ училищѣ небольшаго курса практической общепонятной медицины, значеніе которой объяснено въ запискахъ. Вообще естественныя науки, которыя и теперь занимаютъ въ училищѣ весьма ничтожную роль въ системѣ общаго, воспитательнаго образованія воспитанниковъ, признаются и англійскими лучшими педагогами весьма богатымъ средствомъ для развитія соображенія и вмѣстѣ съ симъ любознательности дѣтей и юношей. Къ тому-же юношество наше при основныхъ познаніяхъ по предметамъ естественныхъ наукъ всегда будетъ имѣть въ нихъ на всю жизнь неисчерпаемый источникъ для самаго благаго препровожденія времени во время отдыха, путешествія и въ тѣ неизбѣжныя времена, когда при положительномъ взглядѣ на вещи столь охотно, хотя кратковременно, переходишь отъ участія въ суетѣ человѣческой къ созерцанію неизмѣнной, всегда мудрой, всегда прекрасной природы. Если начальство училища какъ-бы пренебрегаетъ Естественными науками, то причину этому скорѣе всего нужно искать въ самомъ духѣ и цѣли Училища Правовѣдѣнія, какъ нѣкотораго рода спеціальнаго Института Вѣдомства Министерства Юстиціи.

4.

В настоящее время уже не стѣсняются сознаться въ томъ, что всѣ тѣ закрытыя учебныя заведенія, которыя подъ однимъ кровомъ соединяютъ въ себѣ курсы гимназическій и спеціальный, страдаютъ односторонностью и пристрастіемъ къ предмету спеціальности заведенія. Насколько вправѣ мы, пользуясь малолѣтствомъ и безгласностью воспитанниковъ, преждевременно предназначать ихъ съ 11, 12 и 13 лѣтняго возраста къ извѣстной спеціальности, отъ которой впослѣдствіи имъ, и при сознаніи другаго призванія, поневолѣ трудно будетъ отказаться за затратою времени, расходовъ и по другимъ какимъ-нибудь независящимъ отъ воспитанника причинамъ, — это особый вопросъ. Но разсматривая фактъ завербованія къ себѣ дѣтей на выучку какимъ-нибудь спеціальнымъ вѣдомствомъ, чисто съ практической стороны, со стороны самой дѣйствительности въ системѣ обученія этихъ дѣтей, — нельзя не придти къ заключенію, что министерскій эгоизмъ даетъ свой весьма замѣтный отпечатокъ важнѣйшему и въ политическомъ отношеніи дѣлу «общевоспитательнаго образованія въ нашихъ служебныхъ сферахъ». Не буду распространяться здѣсь о томъ, что выноситъ на службу изъ мѣста своего обученія пажъ, лицеистъ и прочіе, скажу только, что изъ Училища Правовѣдѣнія мы, ей же ей, ничего почти не выносимъ, кромѣ чина, диплома съ длиннымъ перечнемъ всѣхъ предметовъ, которыми насъ просвѣщали и въ младшемъ и въ старшемъ курсѣ, и многозначительной медальки съ вышеозначенною надписью «respice finem». Этотъ знаменитый «respice finem» дѣйствительно долженъ бы заставить весьма глубокомысленно призадуматься насчетъ исхода въ жизни нашей или конца, подлежащаго предусмотрѣнію съ точки зрѣнія пріобрѣтеннаго нами жалкаго общаго образованія, далеко не пригоднаго къ истинно-просвѣщенному поприщу «человѣка». Съ этимъ согласится я думаю каждый правовѣдъ, такъ же какъ согласится онъ и съ тѣмъ, что спеціально-юридическое образованіе училища даетъ намъ нетолько серьезныя «знанія», сколько толчекъ къ пріобрѣтенію юридическихъ знаній въ тиши своего кабинета. Быть болѣе или менѣе хорошимъ юстицъ-чиновникомъ,— на это дѣйствительно способна большая часть нашихъ правовѣдовъ, да и то не безъ нѣкоторой спеціально-практической подготовки по выходѣ изъ училища. Но во всякомъ случаѣ развѣ чтобы быть положимъ даже и отличнымъ юстицъ-чиновникомъ или юристомъ-практикомъ нужно необходимо пройти четырехлѣтній (или считая съ приготовительнымъ классомъ 6-лѣтній) гимназическій курсъ, созданный училищемъ; наконецъ развѣ юридическіе факультеты нашихъ университетовъ не имѣютъ достаточныхъ средствъ для подготовки государству не менѣе чѣмъ правовѣды полезныхъ юстицъ-чиновниковъ или юристовъ. Можетъ ли оправдываться тотъ сепаратизмъ въ лицѣ спеціальнаго заведенія какого-нибудь министерства, который своимъ особенно покровительствуемымъ бытіемъ явно указываетъ какъ-бы на несостоятельность нашихъ университетовъ, между тѣмъ какъ на эти Императорскія всероссійскія ученыя учрежденія тѣмъ же государствомъ расходуется столько денегъ. Училище Правовѣдѣнія, какъ и правовѣды его, имѣетъ свой «cachet apart»,— скажутъ намъ на это. Этотъ «cachet» не упущенъ въ моихъ запискахъ, но въ приложеніяхъ къ нимъ, въ отвѣтѣ на замѣчаніе намъ сдѣланное о несправедливости привиллегіи, которою пользуются правовѣды на службѣ по вѣдомству министерства юстиціи и которая въ сущности и подаетъ поводъ высматривать въ правовѣдахъ какой-то особый отпечатокъ, читатель между прочимъ прочтетъ слѣдующее:

Привиллегія же собственно для правовѣдовъ по вѣдомству министерства юстиціи не лишена своего основанія и смысла. Училище Правовѣдѣнія создано для того, чтобы, привлекая къ себѣ дѣтей изъ сословія потомственнаго дворянства большими правами и преимуществами на службѣ, устроить для вѣдомства министерства юстиціи особый разсадникъ благовоспитанныхъ и образованныхъ чиновниковъ, въ качествѣ какъ бы института этого министерства. При такомъ значеніи своемъ, Училище Правовѣдѣнія должно было несомнѣнно пользоваться привиллегіею предъ университетомъ въ отношеніи способовъ для движенія питомцевъ своихъ по службѣ. Соглашаясь же приносить дѣтей своихъ въ жертву казенной системѣ семилѣтняго замкнутаго обученія, родители примирялись при этомъ лишь съ тою мыслью, что училище выпускаетъ прямо титулярнымъ совѣтникомъ, капитаномъ, что менѣе чѣмъ годъ спустя правовѣдъ дѣлается совѣтникомъ гражданской или уголовной палаты, легко попадаетъ въ камеръ-юнкеры и т. д. Тоже самое понимали и воспитанники училища, между которыми впрочемъ многіе предпочли бы свободное положеніе и болѣе самостоятельный трудъ студента праву на девятый классъ. Правда, что и безъ чина титулярнаго совѣтника служебное и общественное положеніе студентовъ были бы при весьма благопріятныхъ условіяхъ вслѣдствіе корпоративности правовѣдовъ и покровительства ей свыше; но политическій разсчетъ рѣшительной мѣрой ослабить виды плебейскаго университетскаго элемента въ личномъ составѣ низшей юстиціи и въ особенности какъ можно выше поставить образованнаго молодаго благороднаго юстицъ-чиновника среди подъяческой грязи сенатской канцеляріи и губернскихъ судебныхъ учрежденій—всѣ эти соображенія должны были на-время взять верхъ надъ требованіями хотя бы и самой справедливости въ «воздаяніи каждому по заслугамъ» безъ лицепріятія. Насколько же эта временная потребность минувшихъ лѣтъ должна удовлетворяться и въ настоящее время послѣ двадцатипятилѣтія училища правовѣдѣнія, объ этомъ да судятъ высшіе.

5.

Итакъ и мы, читатель, какъ видите, не стоимъ за необходимость дальнѣйшаго существованія того самаго Училища Правовѣдѣнія, которое въ свое время принесло не малую пользу государству, но которое никого не удивитъ теперь даже и капитанскимъ чиномъ своимъ, въ особенности послѣ замѣтнаго улучшенія нашихъ гимназій и университетовъ и послѣ осуществившейся уже столь либерально-политической судебной реформы. Судебная реформа привлекаетъ такую массу учащихся въ юридическіе университетскіе *) факультеты и заявляетъ настоятельную потребность въ такомъ множествѣ образованныхъ дѣятелей, что какихъ-нибудь 25 или 30 выпущенныхъ правовѣдовъ въ годъ очень мало значатъ, въ особенности если принять на видъ, что тѣ же правовѣды могли бы при самыхъ нормальныхъ условіяхъ выйти даже изъ одного петербургскаго юридическаго факультета. Воспитанники училища принадлежатъ въ общемъ правилѣ къ семействамъ болѣе или менѣе состоятельнымъ, и если еще теперь много сдается дѣтей на попеченіе училища, то это дѣлается благо есть такое заведеніе, въ которомъ такъ выгодно безъ всякихъ заботъ просодержать дѣтей въ теченіе семи или менѣе лѣтъ и благо правовѣды по выходѣ изъ училища нерѣдко въ старшихъ товарищахъ своихъ по училищу, въ силу корпоративнаго правовѣдскаго

---

*) Напр. въ московскомъ юридическомъ факультетѣ въ настоящемъ году считается 922 студента, изъ коихъ на I-мъ курсѣ 279, а на II-мъ 291.

начала, находятъ протекцію для движенія по службѣ. О степени честности такихъ видовъ пусть судятъ неправовѣды.

Въ смыслѣ пріюта, въ смыслѣ благотворительнаго заведенія для бѣдныхъ, всякое закрытое учебное заведеніе можетъ быть терпимо и будетъ можетъ быть благодѣтельно; понятно даже о такомъ закрытомъ учебномъ заведеніи какъ напр. школа топографовъ (вѣдомства Министерства Юстиціи) при ея исключительной спеціальности и при особенныхъ условіяхъ личнаго ея состава — какъ образующагося изъ дѣтей болѣе бѣдныхъ семействъ средняго и даже низшаго класса. Межевому институту напримѣръ, принадлежащему также къ вѣдомству Министерства Юстиціи, какъ высшему закрытому учебному заведенію, нельзя уже вполнѣ извинить ненормальности его организаціи, какъ представляющаго также неосновательное и недолжное соединеніе двухъ курсовъ quasi-гимназическаго (тождественнаго почти съ курсомъ школы топографовъ) и спеціальнаго. Но опять и для Межеваго Института, какъ спеціально-техническаго учебнаго заведенія и также существующаго болѣе для дѣтей бѣднаго класса общества, есть хоть какая-нибудь оттоверка при нападкахъ на его ненормальную организацію.

О Петербургскомъ Александровскомъ Лицѣ, принадлежащемъ съ своими поразительными особенностями къ совсѣмъ особому вѣдомству, къ вѣдомству женскихъ учебныхъ заведеній, мы поговоримъ въ другомъ мѣстѣ, но юное Училище Правовѣдѣнія, всѣ это знаютъ, никакъ не болѣе юридично нашихъ старыхъ юридическихъ факультетовъ, въ которыхъ именно и имѣютъ завѣтную осѣдлость юридическія науки. Если того же самаго профессора въ юридическомъ факультетѣ слушаютъ сотни человѣкъ, а въ училищѣ только десятки, то это показываетъ лишь, какъ неблагодаренъ и скупъ профессорскій трудъ въ этихъ тайникахъ нашего привиллегированнаго воспитанія и какъ мало производительно тратятся деньги, отпускаемыя на учебную часть ихъ. Вообще и со стороны финансовой вопросъ о необходимости дальнѣйшаго существованія Училища Правовѣдѣнія въ настоящемъ его видѣ не разрѣшится въ пользу приверженцевъ училища. Напримѣръ на нынѣшній годъ училищу отпущено изъ суммъ Государственнаго Казначейства 82 т. р. на 255 воспитанниковъ и такимъ образомъ не считая 73 слишкомъ тысячъ, поступившихъ за воспитанниковъ не казенно-коштныхъ, каждый выпускной правовѣдъ училища обходится одной казнѣ болѣе чѣмъ въ 3000 руб.: если же положить извѣстный процентъ на умирающихъ правовѣдовъ и выходящихъ въ отставку, то цифра эта конечно увеличится. При этомъ можно бы имѣть въ виду еще и то, что нѣкоторые правовѣды тотчасъ или вскорѣ по выходѣ изъ училища поступаютъ въ другія вѣдомства и даже въ военную службу и такимъ образомъ не отвѣчаютъ уже вовсе назначенію Училища Правовѣдѣнія, и кромѣ того бываютъ и такіе правовѣды (семья не безъ урода), которые никакой пользы государству не приносятъ. Вообще при болѣе обстоятельномъ разсчетѣ вышеозначенную цифру можно бы довести почти до 3.500 р. с., не менѣе. Но было бы односторонне при разсчетѣ стоимости образованія воспитанниковъ училища принимать въ соображеніе только то, во что обходится оно казнѣ: слѣдуетъ по справедливости имѣть въ виду всю цифру стоимости его какъ обществу, такъ и казнѣ вмѣстѣ взятымъ. Вмѣсто означенныхъ 83,000 казенныхъ и 73,000 частныхъ, принимая въ общей сложности 150,000 р., расходуемыхъ ежегодно училищемъ, и раздѣливъ эту сумму на 26, среднее примѣрно число выпускаемыхъ ежегодно изъ училища воспитанниковъ, мы и придемъ къ тому выводу, что выпускъ въ свѣтъ каждаго воспитанника училища обходится болѣе 5.500 р. с. Если же принять во вниманіе еще и то, что отъ приготовительнаго класса, существующаго для училища же, поступаетъ въ пользу его иногда около 5000 р., да еще взять въ соображеніе случаи, выше приведенные при разсчетѣ стоимости училищнаго образованія казнѣ, то представится очевиднымъ, что каждый выпускной правовѣдъ стоитъ государству около 6,000 р. Изъ младшаго курса могутъ выходить на службу воспитанники на правахъ оканчивающихъ курсъ въ гимназіи, но такіе случаи составляютъ весьма рѣдкое исключеніе; принимать ихъ въ соображеніе при разсчетѣ стоимости выпускнаго правовѣда нѣтъ почти и основанія такъ же, какъ нѣтъ достаточнаго основанія придавать значеніе крайне-рѣдкимъ случаямъ поступленія воспитанника прямо въ старшее спеціальное отдѣленіе училища или въ старшій классъ младшаго отдѣленія его. Слѣдуетъ имѣть въ виду, что чѣмъ больше воспитанниковъ училища выпускалось бы изъ младшаго отдѣленія, тѣмъ меньше было бы число выпускныхъ правовѣдовъ, и такимъ образомъ стоимость сихъ послѣднихъ все-таки опредѣлится суммою отъ 5,000 до 5,500 или 6,000 р. с. Сумма эта довольно значительна, въ особенности если принять въ соображеніе, что за эту сумму воспитанники обучаются, воспитываются и содержатся въ училищѣ не 7 лѣтъ, а всего 4 года и $3\frac{1}{2}$ мѣсяца, такъ какъ на одни лѣтніе каникулы въ теченіе шести лѣтъ идетъ 15 мѣсяцевъ, да на воскресные и праздничные дни, считая по $2\frac{1}{2}$ мѣсяца на академическій годъ изъ $9\frac{1}{2}$ мѣсяцевъ, выйдетъ за всѣ семь лѣтъ $17\frac{1}{2}$ мѣсяцевъ. Въ итогѣ это и составитъ 2 года и $8\frac{1}{2}$ мѣсяцевъ времени, въ теченіе котораго воспитанники воспитываются и содержатся дома на иждивеніи и попеченіи родителей. Такимъ образомъ платя за дѣтей своихъ въ училищѣ по 450 р. въ годъ, а всего за 7 лѣтъ 3150 р. с., родители, собственно говоря, платятъ эту сумму за 4 года и $3\frac{1}{2}$ мѣсяца. Родители для того только, чтобы сбыть съ рукъ своихъ дѣтей, или для того, чтобы въ силу обычая пріютить ихъ съ дѣтства въ виду будущихъ служебныхъ благъ, въ казенномъ, хотя и школьномъ еще, мѣстечкѣ извѣстнаго вѣдомства, могутъ жертвовать и большими деньгами, и чѣмъ угодно, но пусть эти жертвы дѣлаются безъ обремененія казны. Мы видимъ, что сверхъ 3,150 р. с. казна доплачиваетъ еще болѣе 2,000 р. с. на каждаго выпускнаго правовѣда; а къ чему это нужно, если надобность въ особой такъ-сказать породѣ людей для вѣдомства Юстиціи миновала. Правда, что и выпускной студентъ-юристъ обходится государству не дешево, если принять въ разсчетъ гимназическое его образованіе, воспитаніе и содержаніе дома и образованіе спеціальное, такъ что стоимость всего этого въ сложности составитъ болѣе 4,000 р. с., несмотря на то, что въ гимназіи за ученіе платятъ 15 р. въ годъ, а въ университетѣ 50 р. Собственно же для казны стоимость (напр. въ Москвѣ) выпускнаго студента-юриста, получившаго общее образованіе въ гимназіи, не превыситъ суммы 2,000 р. с. Но именно въ виду того, что уже существуютъ общенародныя дорого стоющіе для казны гимназіи и университеты и вмѣстѣ съ тѣмъ столь доступныя для учащихся, и слѣдуетъ по-возможности избѣгать такія казенныя учебныя заведенія, которыя учатъ тому, чему можно прекрасно научиться въ гимназіи или университетѣ, и которыя поэтому представляются совершенно лишними, въ обремененіе казны. Объяснюсь нагляднѣе. Возьмите напр. всѣхъ 160 воспитанниковъ младшаго, т. е. гимназическаго отдѣленія училища и распредѣлите ихъ по всѣмъ семи классическимъ гимназіямъ Петербурга; возьмите засимъ 100 воспитанниковъ спеціальнаго отдѣленія училища и распредѣлите также и ихъ по четыремъ курсамъ петерб. юридическаго факультета *). Что же изъ этого выйдетъ? скажете вы. Изъ этого выйдетъ то, что отъ столь незначительнаго приращенія личнаго состава учениковъ озна-

---

*) Я не говорю уже о московскихъ гимназіяхъ и Московскомъ Юридическомъ Факультетѣ, въ которыхъ могли бы обучаться воспитанники училища изъ семействъ московскихъ, жительствующихъ въ Москвѣ или переѣхавшихъ въ Петербургъ единственно изъ-за Училища Правовѣдѣнія.

ченныхъ гимназій и петерб. Университета расходъ не увеличится для государства ни на копейку, а сумма, отпускаемая казною на Училище Правовѣдѣнія, сбережется: тѣ же учителя гимназіи за то же жалованье будутъ обучать бывшихъ воспитанниковъ училища; на тѣхъ основаніяхъ, какъ и въ настоящее время, будутъ читаться профессорами лекціи въ университетской аудиторіи съ увеличеннымъ только числомъ слушателей. Еслибъ означенную операцію учинить и съ Петерб. Александровскимъ Лицеемъ, то оказались бы тѣ же результаты,— и по обоимъ этимъ высшимъ закрытымъ заведеніямъ составилось бы, съ упраздненіемъ ихъ, сбереженія болѣе чѣмъ въ 150,000 р. с. Отъ перемѣщенія воспитанниковъ изъ классовъ спеціальнаго курса училища въ аудиторіи университетскія, такъ же, какъ и петербургскихъ лицеистовъ конечно, произошла бы и немаловажная выгода для профессорскаго дѣла (хотя и не для матеріальныхъ выгодъ профессоровъ): что профессоръ, читающій лекціи около 300 студентовъ разомъ въ одной аудиторіи, не отрывался бы отъ своихъ научныхъ кабинетныхъ занятій для того, чтобы то на Петербурской сторонѣ, въ Лицеѣ, то въ другомъ концѣ, въ Училищѣ Правовѣдѣнія читать лекціи какимъ-нибудь 25, 30 привиллегированнымъ воспитанникамъ. Профессоровъ у насъ совсѣмъ не такъ много, чтобы злоупотреблять ихъ временемъ и зазывать ихъ то въ одно, то въ другое заведеніе для назиданія какихъ-то избранныхъ юношей, къ которымъ, въ ихъ важной педагогической сферѣ, для слушанія лекцій профессора никто изъ постороннихъ и присоединиться не можетъ. Не профессору бѣгать къ ученикамъ, а ученикамъ къ профессору, домъ котораго есть домъ науки, — университетъ или равная ему спеціально-ученая академія. Но на все изложенное конечно готовы возразить мнѣ безчисленными замѣчаніями самостоятельной важности и даже превосходства Училища Правовѣдѣнія, какъ воспитательнаго и вмѣстѣ съ тѣмъ спеціально-практическаго заведенія и пр.

и пр., а потому пойду далѣе. Замѣчу только (такъ какъ въ этой главѣ касаюсь финансовой стороны по разбираемому мною предмету), что, при болѣе полныхъ и точныхъ матеріалахъ по части нашихъ внѣшнихъ и среднихъ гражданскихъ учебныхъ заведеній, можно было бы гораздо удовлетворительнѣе выяснить невыгоду училища и въ финансовомъ отношеніи для казны, хотя на это собственно обстоятельство я не очень налегаю по отсутствію у насъ кажется вообще какой-либо финансовой системы въ оборотахъ государственныхъ суммъ. Но у насъ какъ-то съ трудомъ даются статистическія свѣдѣнія о приходахъ и расходахъ по тому или другому учрежденію съ вытекающими изъ оборота суммъ и назначенія ихъ выводами. Не даромъ цифры, какъ правда, иногда глаза колятъ. Служащіе, къ которымъ обращаешься за этими свѣдѣніями, такъ словно и смотрятъ, не подъѣзжаютъ ли подъ ихъ благосостояніе подобными обращеніями, которыя могутъ еще пожалуй имѣть для нихъ результатомъ сокращенія штатовъ и другія неожиданныя непріятности въ финансовомъ отношеніи.

6.

Еслибъ было дѣйствительно вѣрно то, что правовѣды училища въ общемъ правилѣ болѣе образованы и полезны, чѣмъ университетскіе студенты-юристы, если бы на самомъ дѣлѣ и въ настоящее время на службѣ по вѣдомству юстиціи въ правовѣдахъ имѣлась особенная потребность и сознавалось ихъ превосходство передъ студентами, — ну, въ такомъ случаѣ пусть подвизается училище, хотя бы только въ угоду его приверженцамъ, но въ дѣйствительности мы видимъ совсѣмъ иное, какъ это и объяснено въ запискахъ нашихъ. Какія бы ни были несовершенства въ организаціи университетскихъ курсовъ и въ разныхъ учебныхъ порядкахъ университета съ его слабыми экзаменами и пр., все это будетъ лишь временнымъ зломъ, между тѣмъ какъ принципъ университетскаго образованія и основныя условія его всегда нормальны. Къ тому-же кандидатъ университетскій можетъ быть поощряемъ возможностью держать непосредственно экзаменъ на магистра, тогда какъ правовѣдамъ нашимъ несмотря на девятый классъ нельзя безъ экзамена получить и кандидатскую степень, и въ общемъ правилѣ только чинъ да чинъ, да высшій чинъ и остается въ ихъ перспективѣ. Не безъ основанія говорится, между прочимъ, въ объясненіяхъ на замѣчанія намъ сдѣланныя, что «наука въ училищѣ только гоститъ и какъ гость болѣе болтаетъ, чѣмъ дѣло дѣлаетъ, а хозяйничаетъ она и производитъ нигдѣ болѣе какъ въ университетахъ и въ сродственныхъ имъ академіяхъ.»

Въ защиту громадной пользы, приносимой Училищемъ Правовѣдѣнія государству, любятъ указывать на памятную книжку училища, заключающую въ себѣ перечень всѣхъ должностей, занимаемыхъ всѣми безъ исключенія правовѣдами, на службѣ находящимися. Сколько училище создало сенаторовъ, оберъ-прокуроровъ, губернаторовъ, предсѣдателей палатъ и пр.!—самодовольно говорятъ вамъ начальники училища. Да развѣ правовѣды, занимающіе эти болѣе или менѣе высокіе посты, были бы писцами, булочниками, сапожниками, солдатами и пр., еслибъ они окончили курсъ наукъ не въ училищѣ, а въ университетѣ напримѣръ. Да и что хвастаться тѣмъ, что въ значительной степени составляетъ результатъ правъ и привиллегій правовѣдовъ въ особенности по вѣдомству юстиціи, по которому притомъ первые годы службы обязательны для правовѣдовъ и, конечно, не даромъ ими отслуживаются. Въ объясненіяхъ къ нашимъ запискамъ, между прочимъ, говорится: «особенности въ дѣятельности воспитанника послѣ выпуска могутъ быть вполнѣ независимы отъ образованія, полученнаго въ училищѣ: онѣ могутъ происходить отъ индивидуальнаго развитія молодаго человѣка, причемъ то, что многіе будутъ относить къ заслугамъ училищнаго воспитанія, можетъ относиться лишь къ условіямъ общественнаго положенія воспитанника, къ богатству его, связямъ и пр. И дѣйствительно, нѣтъ основанія исключительно сообразоваться съ тѣмъ, откуда кто вышелъ, изъ университета или напримѣръ изъ училища правовѣдѣнія. Личность всякаго должна говорить сама за себя своими способностями въ дѣлѣ. Встрѣчаются же теперь на поприщѣ новаго суда дѣятели, весьма полезные, хотя бы напримѣръ изъ окончившихъ курсъ въ военной академіи и др. не юридическихъ учебныхъ учрежденіяхъ. И въ настоящее время весьма правильно обращается кажется вниманіе лишь на индивидуальность человѣка, независимо отъ того, существуетъ ли какая-нибудь правовѣдская корпорація, много ли сенаторовъ или губернаторовъ вышло изъ воспитанниковъ того или другаго заведенія и пр., лишь бы избираемое для службы по способностямъ своимъ лице не принадлежало къ доступному для всѣхъ приходу «вредныхъ людей». Засимъ уже само собою разумѣется изъ способныхъ людей слѣдуетъ для того или другаго спеціальнаго дѣла, избирать лицъ со спеціальными знаніями.

Въ прежнее время удивлялись назначенію молодаго правовѣда въ товарищи предсѣдателя гражданской или уголовной палаты съ жалованьемъ 900 или 1100 р. и нисколько не удивлялись тому, что кандидатъ университета долженъ былъ поступить на службу чуть не въ писцы уѣзднаго суда или губернаторской канцеляріи, а теперь весьма спокойно слышимъ и передаемъ мы: что двухгодовой или даже однолѣтній служака изъ студентовъ назначается прямо товарищемъ прокурора съ жалованіемъ 2,000 и болѣе, что образованный и работящій коллежскій регистраторъ или способный и достойный административный чиновник определяется членом и даже предсѣдателемъ окружнаго суда; что джентльменъ хотя и съ образованіемъ юнкерской гвардейской школы, но съ опытностью по судебной части удостоивается должности прокурора окружнаго суда; что доказавшій способности свои на дѣлѣ коллежскій совѣтникъ (также не изъ правовѣдовъ) послѣ десятилѣтней службы повышается въ прокуроры судебной палаты. Случается у насъ также видѣть, что отличившійся статскій совѣтникъ изъ правовѣдовъ, состоя въ семъ чинѣ всего около двухъ лѣтъ, достигаетъ внезапно высшаго судейскаго положенія, званіе сенатора и пр.; что старый служака-правовѣдъ остается въ низшихъ судебныхъ должностяхъ, а даровитый юноша, едва успѣвшій окончить курсъ въ высшемъ учебномъ заведеніи, возводится на прокурорскую трибуну и т. д.,—но всему этому вѣроятно не очень изумляются въ виду того, что въ наше время, въ «силу принципа личныхъ способностей, какъ мѣрила для повышеній и отличій», даровитый и доблестный дѣятель-администраторъ (изъ студентовъ) можетъ быть, и въ четырнадцать лѣтъ службы, возведенъ на постъ министра юстиціи.

7.

Вообще времена измѣнились и ужъ намъ въ порывѣ къ быстрому движенію по службѣ нечего какъ видно ссылаться на громкую, славную репутацію роднаго нашего заведенія съ его геніями и полугеніями въ лицѣ великихъ администраторовъ и юристовъ-чиновниковъ идеальной честности, не говоря уже о великихъ его поэтахъ, дипломатахъ и пр. Наука и ученіе въ школѣ или университетѣ, дѣло и польза на службѣ или въ работѣ вообще—вотъ въ чемъ вся суть, безъ всякаго лицепріятія и предразсудковъ въ отношеніи къ кому бы то ни было. Это должны бы строго усвоить себѣ всѣ монопольныя высшія закрытыя учебныя заведенія наши и не менѣе Училища Правовѣдѣнія, также и Петербургскій Александровскій Лицей, тотъ самый Лицей, въ которомъ и нынѣ еще, согласно уставу его, внушаютъ воспитанникамъ о предназначеніи ихъ къ высшимъ должностямъ губернаторовъ и даже министровъ и въ которомъ вмѣстѣ съ симъ аристократическая молодежь весьма удобно готовится въ гусары и кавалергарды. Здѣсь кстати замѣтить, что какъ Училище Правовѣдѣнія ссылается на многозначительную ежегодную памятную книжку свою, такъ и означенный Лицей любитъ основывать славу свою на тѣхъ знаменитостяхъ, которыя обучались нѣкогда въ стѣнахъ его и которыхъ онъ такъ сказать создалъ. Но дѣло въ томъ, что пріятныя ощущенія и благородное самолюбіе Лицея въ данномъ случаѣ никакъ не могутъ служить доводами особенной пользы или необходимости этого заведенія для государства. Гдѣ бы ни обучались геніи природные, они всегда составятъ славу Россіи: при условіяхъ же университетскаго образованія и школы геніальные соотчичи наши вмѣстѣ съ отечествомъ своимъ, можетъ быть, были бы еще болѣе въ выигрышѣ, и тогда весьма возможно, что старый лицеистъ геніальный Пушкинъ напр. менѣе занимался бы своею родословной и камеръ-юнкерствомъ и пр. Пусть въ оправданіе заслугъ Лицея не указываютъ мнѣ также на славныя имена Князя А. М. Горчакова, Барона М. А. Корфа, А. П. Безака съ ихъ извѣстностью какъ замѣчательныхъ русскихъ государственныхъ дѣятелей, а также на современныхъ намъ достойнѣйшихъ министровъ: народнаго просвѣщенія и финансовъ. Разъ всѣ эти лица, а также бывшій министръ юстиціи Д. Н. Замятнинъ, воспитывались въ Лицеѣ, то конечно и дѣлаютъ честь этому заведенію, но существенной связи ихъ дѣятельности и заслугъ съ системой воспитанія и обученія роднаго заведенія ихъ врядъ-ли можно усмотрѣть. Дальновидность въ этомъ случаѣ имѣла бы слишкомъ обратную силу, хотя нельзя здѣсь кстати не замѣтить, что отъ стараго Царскосельскаго Лицея по тогдашнему значенію и направленію его весьма и весьма отличается метаморфоза этого заведенія на Петербургской сторонѣ.

О замѣчательныхъ дѣятеляхъ изъ нашихъ правовѣдовъ по скромности въ похвалахъ «своимъ» говорить подробно конечно не буду, но замѣчу только, съ чѣмъ и они согласятся, что университетское образованіе и воспитаніе никакъ не послужило бы къ ущербу ихъ призванія и способностей, ихъ нравственнаго достоинства и вообще той прекрасной репутаціи, которою они къ чести своей пользуются. Коснусь только нѣкоторыхъ изъ правовѣдовъ всѣмъ извѣстныхъ съ отличнѣйшей стороны, для которыхъ поэтому и слово мое не будетъ словомъ лести, какимъ не можетъ конечно считаться и вышесказанное мною о шести знаменитостяхъ Лицея. Извѣстный и въ ученомъ мірѣ К. П. Побѣдоносцевъ врядъ-ли сдѣлалъ бы менѣе чести университетскому воспитанію, еслибъ онъ былъ питомцемъ напримѣръ славнаго Московскаго Университета и въ его оживленныхъ, просторныхъ стѣнахъ, а не въ замкнутой, изолированной и сонной училищной аудиторіи развивалъ свои замѣчательныя дарованія.

Одинъ достойнѣйшій весьма способный и свѣдущій юристъ правовѣдъ (и не онъ одинъ) въ разговорѣ со мною объ училищѣ приходилъ всегда въ особенное раздраженіе, вспоминая тотъ вредъ, который причинило ему Училище Правовѣдѣнія, совсѣмъ почти забившее и извратившее его способности (какъ выражался онъ); почти въ томъ же смыслѣ относился въ бесѣдѣ со мною и другой правовѣдъ, несмотря на блестящую въ свѣтскомъ смыслѣ карьеру, случайно ему открывшуюся.

Замѣчательные наши юристы-практики и спеціалисты: въ гражданской судебной практикѣ Н. И. Стояновскій и въ военно-судебной практикѣ В. Д. Философовъ, а также П. Н. Глѣбовъ, М. Е. Ковалевскій, Д. Г. фонъ-Дервизъ, М. В. Поленовъ, П. А. Зубовъ, В. А. Арцымовичъ, Е. И. Старицкій, О. В. фонъ-Эссенъ, К. Я. Яневичъ-Яневскій и другіе юристы — врядъ-ли всѣ они вышли бы съ меньшими силами на пользу общества изъ среды университетской. Среда эта столь благодарно вознаграждаетъ труды даровитыхъ и трудолюбивыхъ юношей и столь благотворно дѣйствуетъ на общее свободное ихъ развитіе для разумнаго ихъ самоусовершенствованія въ той или другой спеціальности, что врядъ-ли въ этомъ отношеніи Училище Правовѣдѣнія и ему подобныя искусственныя заведенія могутъ съ университетомъ сравниваться. Тоже, что замѣчено о вышеупомянутыхъ достойнѣйшихъ личностяхъ, можно бы кажется сказать и примѣнительно къ знаменитому публицисту и славянофилу И. С. Аксакову, истинному другу нашего отечества. И даровитѣйшій адвокатъ нашъ К. К. Арсеньевъ, столь рѣзко выдающійся по направленію своему изъ туманной петербургской адвокатской сферы, врядъ-ли съ особеннымъ благоговѣніемъ можетъ относиться къ училищу, гдѣ обыкновенно всего болѣе цѣнится и поощряется одна память, которою начальникамъ заведенія такъ удобно пощеголять передъ любопытными посѣтителями. А замѣчательный композиторъ нашъ Сѣровъ, не будутъ ли и его считать обязаннымъ училищу за его знаменитыя оперы? При многочисленности лицъ, вышедшихъ изъ Училища Правовѣдѣнія, нельзя допустить, чтобы не было даровитыхъ и полезнѣйшихъ правовѣдовъ на всевозможныхъ поприщахъ общественной и государственной дѣятельности, на поприщѣ наукъ и искусствъ и пр. Тоже слѣдуетъ въ равной степени допустить и относительно нетолько старыхъ лицеистовъ бывшаго Царскосельскаго Лицея, но и питомцевъ новаго Лицея, между которыми столь отличаетъ себя молодой, но даровитѣйшій Государственный Секретарь нашъ. Но чѣмъ обязаны правовѣды и лицеисты собственно родимому заведенію своему — вотъ вопросъ, который въ большей части случаевъ врядъ-ли рѣшится въ пользу Училища и Лицея. И если нѣкоторые честнѣйшіе государственные дѣятели наши какъ кн. Д. А. Оболенскій, С. А. Танѣевъ, Б. А. Мансуровъ, Д. Н. Набоковъ, К. К. Петерсъ и другіе изъ сферъ болѣе или менѣе высокихъ и обращаютъ на себя вниманіе къ пользѣ училища, то врядъ-ли не сознаютъ эти почтенныя придворныя и непридворныя личности, и счастливыя изъ нихъ по службѣ въ особенности, что въ отношеніи нравственнаго направленія всего болѣе развивается и въ училищѣ, какъ отчасти и въ другихъ нашихъ высшихъ учебныхъ заведеніяхъ, расположеніе, порождающее: чиновное тщеславіе, малодушіе и несамостоятельность въ трудѣ и бездарность внѣ заказнаго дѣла. Недостатки эти, а пожалуй на другой взглядъ и качества ставятъ иногда напр. спокойную министерскую дѣятельность столь многихъ изъ насъ въ условія такой отрицательной пользы, что иной разъ въ минуту внутренняго самосознанія можно бы и намъ, подобно дѣвицамъ пресловутыхъ «Институтовъ», призадуматься надъ тѣмъ, «да въ самомъ ли дѣлѣ родимое з мянутое заведеніе было для насъ и отечества нашего благодѣяніемъ»? И въ нашемъ правовѣдскомъ кругѣ видѣли мы не одну жертву мономаніи тщеславія, такъ же какъ и разныхъ, гнуснѣйшихъ пороковъ; и въ нашемъ quasi-товарищескомъ обществѣ знаемъ мы не мало вполнѣ незаслуженно повышенныхъ, награжденныхъ и возвышенныхъ чиновниковъ; и въ нашемъ судебномъ мірѣ тоже издавна знакомы и съ такими личностями — какъ правовѣдами такъ и студентами и др., которыя или долгое время или вовсе оставались непознанными, неоцѣненными и неупотребленными къ истинной пользѣ служебнаго дѣла. Все это, скажутъ намъ, такія явленія, которыя конечно нельзя относить исключительно къ правовѣдамъ и которыя встрѣчаются во всякомъ человѣческомъ обществѣ, во всякой служебной сферѣ. Это такъ, но нечего и ставить въ этомъ отношеніи студенческое общество ниже правовѣдскаго и сему послѣднему придавать заслугу распространенія и въ настоящее время какой-то особой породы людей, которою правовѣды могли казаться въ прежнее старое время, да и то преимущественно лишь тѣмъ грязнымъ судебнымъ канцеляріямъ и темнымъ провинціальнымъ сферамъ, очищеніе или просвѣщеніе которыхъ было назначеніемъ училица. Теперь же при совсѣмъ другихъ условіяхъ нашего времени, какъ-то уравнивающихъ заслуги личнаго состава нашихъ учебныхъ корпорацій университетской, правовѣдской, лицейской и пр., обращаетъ на себя вниманіе всего болѣе самый фактъ существованія напр. Училища Правовѣдѣнія. Какъ теряетъ значеніе свое врачъ въ домѣ, гдѣ больной его паціентъ уже выздоровѣлъ, такъ точно и учрежденіе, созданное по вызову обстоятельствъ, уже не существующихъ, дѣлается излишнимъ. Въ силу этого не трудно кажется объяснить себѣ, насколько нужно и Училище Правовѣдѣнія въ настоящее время: — когда общество въ этомъ врачебномъ нѣкогда заведеніи уже надобности не имѣетъ; когда чиновникъ-неворъ не считается еще заслуженнымъ и честнѣйшимъ чиновникомъ; — когда дипломъ заведенія съ чиномъ титулярнаго совѣтника не получаетъ уже значенія счастливаго талисмана на службѣ и въ жизни; наконецъ когда чиновникъ по модѣ одѣтый съ значкомъ своей корпораціи не признается необходимостью sine qua non успѣховъ государственной службы и пользы отечества. Но Училище, какъ видно, еще и теперь смотритъ вокругъ себя съ точки зрѣнія 35 года и продолжаетъ признавать правовѣдовъ за особую породу людей, хотя эта порода въ лицѣ молодаго поколѣнія правовѣдовъ до такой степени омельчала «по духу и по плоти» *), что ужъ не въ этомъ поколѣніи, съ его маніею къ служебнымъ повышеніямъ и отличіямъ, искать того мужественнаго духа, серьезности и — скажу даже — той рыцарской доблести, которая отличала старое поколѣніе правовѣдовъ.

8.

Вообще вліяніе нашихъ высшихъ закрытыхъ учебныхъ

---

*) Въ одномъ министерствѣ говорили мнѣ, что и по познаніямъ своимъ и малограмотности воспитанники Училища позднѣйшихъ выпусковъ рѣшительно срэмятъ Училище, или же — скажу я — само Училище ихъ срамитъ.

заведеній на образованіе юношества никакъ не можетъ считаться полезнымъ именно въ силу системы этихъ заведеній, какъ имѣющихъ въ виду, съ тяжелой руки блаженной памяти Бецкаго, создавать какія-то особыя породы людей. Всякое заведеніе хочетъ имѣть въ виду свою собственную породу. Между сродственными и съ виду заведеніями, какъ напримѣръ Лицей и Училище Правовѣдѣнія, существуетъ какой-то даже антагонизмъ, въ силу котораго Лицей отказывается отъ породы правовѣдской, а Училище отворачивается отъ породы лицейской. Какъ то, такъ и другое заведеніе разсчитываетъ въ особенности на успѣхи не массы своихъ воспитанниковъ, а отдѣльныхъ способныхъ личностей, благодаря которымъ такъ легко хотя и не совсѣмъ правильно составляется хорошая «репутація заведенія», хотя бы изъ того же заведенія новыходила на свѣтъ Божій и цѣлая масса весьма жалкой посредственности, не говоря уже о личностяхъ никуда не годныхъ. Также говорится и въ приложеніи къ запискамъ нашимъ, что «въ дѣйствительности репутація цѣлыхъ десятковъ дурныхъ людей изъ правовѣдовъ какъ-то заглушается хорошею молвой двухъ трехъ, очень хорошихъ и вполнѣ достойныхъ изъ нихъ. Между тѣмъ всякій согласится, что если есть основаніе изъ-за трехъ, четырехъ достойнѣйшихъ правовѣдовъ (хотя бы одного и того же выпуска) хвалить училище, то не менѣе права имѣютъ и порицать его изъ-за десяти или пятнадцати крайне посредственныхъ правовѣдовъ (хотя бы двухъ или трехъ выпусковъ вмѣстѣ).»

Здѣсь присовокуплю еще, что, строго говоря, заведенію даютъ репутацію только хорошіе питомцы его, такъ какъ о дурныхъ, если они уже не слишкомъ обращаютъ на себя вниманіе, и говорить не хотятъ. Если общество въ томъ случаѣ такъ деликатно къ правовѣдамъ въ силу того, что семья не безъ урода, то отчего эта же поговорка не примѣняется къ выпускамъ университетскимъ. За что такъ охотно въ особенности прежде осуждали молодежь университетскую, между тѣмъ какъ, если допустить равное достоинство Университета и Училища, то между студентами само собою разумѣется должно быть конечно болѣе посредственныхъ и плохихъ личностей вслѣдствіе уже одной большой массы студентовъ, не подлежащей и сравненію съ незначительнымъ количествомъ правовѣдовъ. Вспомнимъ, что политическое броженіе юныхъ умовъ, котораго у насъ такъ страшились, да и теперь отчасти опасаются, заявило себя и въ Училищѣ Правовѣдѣнія въ 1848 году, и еслибъ училище съ тѣхъ поръ не было поставлено на военную ногу, то врядъ-ли оно было бы застраховано отъ политическихъ демонстрацій, хотя можетъ быть и не такихъ, которыя вызвали столь рѣшительныя мѣры въ особенности въ Петербургскомъ Университетѣ. Демонстраціи напримѣръ Петербургскаго Университета, при всей непозволительности своей, не представляя ничего нечестнаго и низко безнравственнаго, являли собою иногда и нѣчто свойственное юной легко увлекающейся молодежи, въ силѣ энергіи и смѣлыхъ порывахъ къ лучшему, хотя и ложно понимаемому, къ прекрасному, хотя и извращенному пылкимъ воображеніемъ или просто къ недостижимому. Во всякомъ случаѣ, имѣя дѣло съ университетскою молодежью, правительство и общество знаютъ, съ кѣмъ онѣ имѣютъ дѣло. Университетъ, какъ открытое и возможно свободное учрежденіе, даетъ видѣть все свое хорошее и все дурное; вредныя проявленія излишняго увлеченія студентовъ уничтожаются такъ же легко, какъ легко онѣ и создаются,—и враждебно извнѣ задѣтыя и растревоженныя благородныя начала ихъ остаются непоколебимыми. Наши же повидимому столь вѣрные патріотизму тайники высшаго воспитанія—незамѣтнымъ распространеніемъ въ молодомъ поколѣніи тщеславной чиноманіи, замаскированнаго бюрократизма, фатства, прислужничества и тунеядства, противоестественныхъ пороковъ и всякихъ скандальностей—вносятъ въ общество такое зло, съ которымъ по скрытности его и медленности его ядовитаго дѣйствія, гораздо труднѣе бороться. Къ счастью, Училище Правовѣдѣнія гораздо менѣе другихъ заведеній должно отвѣтствовать за это несчастное зло, съ которымъ уже никакъ не совмѣстно ни гражданское мужество и твердость убѣжденій, ни честный трудъ и чистота нравовъ, ни вообще тѣ гражданскія доблести, которыя такъ рѣзко отличаютъ порядочныхъ людей отъ сволочи, человѣка отъ животнаго. На это, можетъ быть, скажутъ мнѣ, что люди вездѣ люди и только время и обстоятельства однихъ улучшаютъ, другихъ портятъ. Но въ такомъ случаѣ зачѣмъ же создавать особыя породы людей, зачѣмъ приводить въ хаотическое состояніе молодыя силы нашего общества, распредѣленіемъ ихъ по своему произволу съ самаго начала ихъ развитія въ спеціальныя клѣтки для того или другаго вѣдомства; зачѣмъ общему, воспитательному образованію не предоставляется того мѣста и того значенія, съ которымъ оно, въ виду не породы, а природы человѣка, должно сохранить человѣка просто человѣкомъ, способнымъ познать себя и избрать себѣ спеціальность и трудъ согласно своему призванію. Итакъ, народныя училища, прогимназіи и гимназіи да будутъ нормальными разсадниками элементарнаго и высшаго общаго образованія; университеты и учрежденія имъ подобныя да будутъ святилищами научно-спеціальнаго образованія. Внѣ этого нормальнаго круга народнаго просвѣщенія, ввѣреннаго вполнѣ компетентному высшему центральному правительственному органу, пусть допускаются только спеціально-техническія школы и тѣ наши академіи высшаго спеціальнаго образованія, генеральнаго штаба, военно-юридическая, медицинская и пр., которыхъ процвѣтаніе хотя и не въ предѣлахъ вѣдомства Министерства Народнаго Просвѣщенія столь тѣсно связано съ существеннѣйшими интересами государства.

9.

Еслибъ на углу набережной Фонтанки и Сергіевской улицы въ прекрасномъ зданіи нынѣшняго Училища Правовѣдѣнія, вмѣсто этого заведенія, устроилась Академія юридическая съ упраздненіемъ, конечно, и привиллегированнаго приготовительнаго класса Училища, занимающаго также казенное зданіе на Сергіевской, то врядъ-ли такая метаморфоза встрѣтила бы много недовольныхъ. Конечно при существованіи такого высшаго учебнаго спеціально-юридическаго учрежденія, петербургскій юридическій факультетъ былъ бы не нуженъ, такъ же точно какъ вслѣдствіе существованія медико-хирургической академіи нѣтъ медицинскаго факультета въ Петербургскомъ Университетѣ. Еслибъ не признано было возможнымъ суммы поступающія на петербургскій юридическій факультетъ обратить въ пользу предполагаемой юридической академіи, то въ такомъ случаѣ суммы (71,000 р.), которыми содержится нынѣ Александровскій Лицей, могли бы съ большою пользой пойти на усиленіе средствъ этой академіи, по упраздненіи Лицея, какъ заведенія вполнѣ не современнаго и врядъ-ли позволительнаго въ его нынѣшнихъ условіяхъ.

10.

Читатель моихъ записокъ объ училищѣ, вѣроятно, замѣтитъ, что и въ нихъ проглядываетъ мысль о томъ, чтобы совсѣмъ вытѣснить изъ училища такъ-называемый гимназическій курсъ его; можетъ быть даже читатель, по прочтеніи записокъ съ приложеніемъ къ нимъ, скажетъ себѣ:

какъ тамъ ни разсуждай авторъ, а въ самомъ-то дѣлѣ оказывается изъ данныхъ, имъ представленныхъ, что самое лучшее закрыть совсѣмъ училище при существующихъ въ немъ условіяхъ какого-то смѣшаннаго, сборнаго и крайне шаткаго образованія, какой-то фабрично-учебной работы, при которой гуртовой надзоръ за массою воспитанниковъ можетъ быть только пародіею воспитанія. Я дѣйствительно въ составленіи записокъ своихъ въ 1862 г. согласно тогдашнему плану примѣненія ихъ къ дѣлу не могъ и не хотѣлъ говорить и половины того, что я смѣлѣе говорю теперь, поддерживаемый болѣе благопріятными условіями нашего времени; къ тому-же въ настоящее время безполезность Училища Правовѣдѣнія находитъ себѣ еще болѣе доводовъ, чѣмъ прежде. Одна судебная реформа, столь сближающая сословія, столь обобщающая политическое значеніе ихъ со всѣми ихъ существеннѣйшими правами и обязанностями, достаточно кажется поучительна въ смыслѣ примѣра для уничтоженія сепаратизма нашихъ учебно-министерскихъ, училищныхъ, институтскихъ и лицейскихъ корпорацій, со всѣми ихъ исключительными правами и преимуществами и разнаго рода особенностями и претензіями. Собственно же для Училища Правовѣдѣнія новый публичный судъ имѣетъ также громадное значеніе и въ смыслѣ пособія для судебно-практическихъ занятій, не говоря уже о нравственно-политическомъ вліяніи новаго суда на интеллигенцію нашего юношества. Нигдѣ, конечно, ни въ какой аудиторіи нельзя въ такой степени усвоить себѣ практическія знанія по судопроизводству, какъ въ залѣ судебнаго засѣданія для лицъ всякаго возраста доступной; никакое педагогическое искусство, никакая профессорская каѳедра, никакія служебныя льготы не могли привлечь столько молодежи къ изученію юридическихъ наукъ, сколько привлечено къ нимъ судебною реформой, оказавшеюся вразумительнѣе, краснорѣчивѣе и вліятельнѣе всякихъ педагоговъ, профессоровъ и отцовъ-начальниковъ; никакіе ораторы, никакія зрѣлища не могли такъ заинтересовать и привязать къ себѣ общество, какъ это побѣдоносно сдѣлалъ гласный судъ. Такое великое явленіе явно свидѣтельствуетъ и о присутствіи весьма значительной воспитательной силы для развитія юношества во всѣхъ тѣхъ либеральныхъ государственныхъ реформахъ, которыя, удовлетворяя требованіямъ вѣчной правды, гражданской свободы и національнаго самолюбія, умѣряютъ въ молодомъ поколѣніи политическое броженіе умовъ и страсти, имъ возбуждаемыя. Пробуждая дремлющія духовныя силы общества и поощряя ихъ развитіе и производительность, либеральныя политическія учрежденія дѣйствуютъ такимъ образомъ такъ же крайне благотворно на ученое, педагогическое сословіе, въ его трудахъ на пользу общественнаго умственнаго и нравственнаго образованія. И чѣмъ дальше, тѣмъ болѣе убѣдимъ мы себя въ томъ, что *одно изъ самыхъ могучихъ пособій для воспитанія юношества составляютъ истинно либеральныя* *) *учрежденія Государства*.

11.

Итакъ рѣшительно не вижу, въ чемъ заключается существенное основаніе необходимости Училища Правовѣдѣнія и тѣхъ похвалъ, которыми привыкли чествовать, и въ настоящее время преимущественно, такъ-называемую правовѣдскую корпорацію. Правда, замѣтить нужно, что на основаніи существующаго положенія объ училищѣ и приготовительномъ классѣ его, въ эти нераздѣльныя по значенію

---

*) Въ замѣнъ этого выраженія, которое можетъ инымъ показаться слишкомъ либеральнымъ, пусть скажутъ: политическое благоустройство государства.

XXXVII

своему заведенія принимаются только дѣти изъ сословія потомственнаго дворянства, внесеннаго въ 5 или 6 часть родословной книги, а также сыновья военныхъ чиновъ не ниже полковника, а гражданскихъ — 5 класса или Статскаго Совѣтника. Но еще до учрежденія крѣпостнаго права когда дворянство потомственное имѣло свое значеніе, дѣлались въ училищѣ рѣзкія исключенія изъ этого общаго правила, на что обращали вниманіе и воспитанники; въ настоящее уже время, въ особенности въ виду этихъ исключеній, казалось бы и училище могло бы тѣмъ болѣе не отставать отъ современнаго взгляда на сословныя преимущества. Не имѣя ничего общаго съ одинаковыми для всѣхъ условіями свободнаго національнаго воспитанія, кажущіяся сословныя преимущества наши чужды, даже, и въ отношеніи практическаго смысла, претензіи на право привиллегированнаго воспитанія юношества въ силу какихъ-то родословныхъ книгъ, торжественно замѣненныхъ книгами: крестьянской, земской и судебной реформъ. Въ добавокъ же эта послѣдняя, судебная реформа наплодила и продолжаетъ разводить несмѣтное множество чиновъ V класса, пользующихся всѣми правами и преимуществами, этому классу присвоенными. Вслѣдствіе этого хотя дворянамъ 5 и 6 части родословной книги и осталось въ утѣшеніе чуть ли не одно право помѣщенія дѣтей на свои деньги въ нѣкоторыя закрытыя высшія учебныя заведенія, но нѣтъ сомнѣнія, что уже теперь право это для потомственныхъ дворянъ далеко не лестно, въ виду, какъ скажутъ они, «плебеизма всѣхъ цвѣтовъ, несмѣняемо утверждающагося въ новомъ судейскомъ сословіи съ его грядущимъ поколѣніемъ».

Дѣйствительно, оставляя въ сторонѣ столь преувеличенныя опасенія потомственныхъ дворянъ извѣстной партіи насчетъ разрушительнаго будто-бы дѣйствія новаго суда на политическое благосостояніе Россіи, нельзя не согласиться, что насколько родословная книга и генерализмъ могутъ быть принимаемы въ соображеніе въ пажескомъ корпусѣ напримѣръ, какъ въ нѣкоторaго рода придворномъ заведеніи, настолько Училище Правовѣдѣнія не должно бы по скромному значенію своему допускать особаго ограниченія въ пріемѣ воспитанниковъ. Мало ли нетолько Полковниковъ и Статскихъ Совѣтниковъ, но и Тайныхъ Совѣтниковъ, которые достигали этого чина лишь въ силу обстоятельствъ, а не истинныхъ заслугъ; да много ли въ числѣ самыхъ 75 Дѣйствительныхъ Статскихъ Совѣтниковъ, вышедшихъ изъ одного Училища Правовѣдѣнія, истинно достойныхъ служителей отечеству. Памятная книжка училища, хотя ежегодно и выводитъ на показъ желающимъ, сколько въ числѣ правовѣдовъ чиновъ 3 и 4 класса, чиновъ придворныхъ, почетныхъ мировыхъ судей*) и пр., и какія кто должности занимаетъ, и въ какихъ вѣдомствахъ и губерніяхъ и т. д.; но дѣло-то не въ томъ, сколько въ какомъ министерствѣ или съ тѣмъ или другимъ чиномъ Ивановъ, Петровъ, Матвѣевъ и пр., а сколько, гдѣ и въ какомъ положеніи людей полезныхъ и достойныхъ, какъ изъ окончившихъ курсъ въ Училищѣ Правовѣдѣнія, такъ и изъ Университетовъ и другихъ учебныхъ заведеній. Оффиціальная статистика многое говоритъ, но не всегда договариваетъ. Такъ точно, какъ число преступленій въ обществѣ, въ дѣйствительности совершающихся, не можетъ никогда быть выведено оффиціальною уголовною статистикой, въ виду бездны скрытыхъ или юридически необнаруживающихся преступленій, неизбѣжныхъ и въ самыхъ высшихъ сферахъ общества, такъ и оффиціальная статистика о рангѣ, чинахъ и разныхъ званіяхъ и отличіяхъ правовѣдовъ и лицеистовъ при всемъ своемъ крас-

---

*) Лица, удостоенные званія почетнаго гражданина, которыхъ расплодилось такое множество вслѣдствіе безобразнaго устройства нашего городскаго управленія, означены въ памятной книжкѣ безъ этого лестнаго отличія;— какое упущеніе!

норѣчіи свидѣтельствуетъ далеко не о всемъ существенномъ и отнюдь не объ однихъ истинныхъ заслугахъ и дѣйствительныхъ способностяхъ того или другаго въ связи съ успѣхами училищнаго или лицейскаго образованія и воспитанія.

12.

Есть впрочемъ стороны и въ оффиціальной статистикѣ, хотя бы напримѣръ въ предѣлахъ памятной книжки училища, которыя указываютъ на факты интересные. Извѣстно напримѣръ, что Остзейское право преподается въ училищѣ на положеніи какъ-бы особенной юридической науки: растянутое на три курса, право это преподается воспитанникамъ въ составѣ исторіи его, учрежденій и мѣстнаго гражданскаго права; при этомъ нѣмецкій языкъ преподается какъ въ младшемъ, такъ и въ старшемъ классѣ, и для практики въ нѣмецкомъ языкѣ (такъ нужно полагать) всѣ воспитатели, кромѣ одного, и инспекторъ классовъ — нѣмцы. Такія условія чего лучше, казалось бы, могли бы благопріятствовать образованію въ училищѣ молодыхъ людей для службы въ прибалтійскихъ губерніяхъ или по-прежнему въ Остзейскомъ краѣ. Лучшимъ орудіемъ для національной русской политики были бы конечно русскіе образованные и честные дѣятели, знакомые съ мѣстными законами его и съ нѣмецкимъ языкомъ; а между тѣмъ кто бы ожидалъ, что, какъ значится по послѣдней памятной книжкѣ училища, въ прибалтійскихъ губерніяхъ служатъ всего четыре правовѣда, да и то изъ своихъ же остзейцевъ. Также и въ сѣверо-западныхъ губерніяхъ ужъ какъ нужны образованно-честные, русскіе дѣятели, хотя бы даже и изъ семействъ внесенныхъ въ 5 и 6 часть родословной дворянской книги, а между тѣмъ изъ того же источника видимъ мы, что въ сѣверо-западномъ краѣ всего 12 правовѣдовъ. Въ при-вислянскомъ краѣ изъ 19 правовѣдовъ большая почти часть приходится на довольно оригинальную по личному составу своему юридическую коммиссію, которая изумительно-выгодными служебными условіями своими способна сбить съ передоваго пути и привлечь къ себѣ даже и лицъ весьма свѣдущихъ и гораздо болѣе полезныхъ внѣ этой коммиссіи. Съ другой стороны незамѣтно, чтобы Училище Правовѣдѣнія щедро надѣляло питомцами своими ту нутрь и окраины Россіи, въ которыхъ правовѣды, взятки не берущіе, могли бы быть весьма не безполезны съ своимъ громкимъ назначеніемъ: очищать грязь губернскихъ и уѣздныхъ судебныхъ инстанцій. Въ губерніи отдаленныя правовѣды-бѣлоручки нетолько не охотно ѣхали, но и неохотно туда посылались; на должность же уѣзднаго судьи, уѣзднаго стряпчаго (или уѣзднаго прокурора), секретаря судебной палаты и даже губернскихъ стряпчихъ правовѣдъ былъ необыкновенною рѣдкостью, и еще въ памятной книжкѣ училища 1860 года правовѣдовъ, занимавшихъ всѣ эти должности, значится всего въ совокупности 9, а между тѣмъ кто не знаетъ, какъ важна была хотя бы напримѣръ должность уѣзднаго стряпчаго, извѣстнаго и въ народѣ подъ именемъ царскаго ока, и никогда почти не занимавшаяся правовѣдомъ. Правда, что до вступленія въ министерство правовѣда въ строгомъ смыслѣ этого слова—Н. И. Стояновскаго Министерство Юстиціи носило на себѣ отпечатокъ, какъ-то особенно располагавшій правовѣдовъ удаляться въ другія вѣдомства, несмотря на то, что правовѣды имѣли прежде больше хода въ вѣдомствѣ юстиціи, чѣмъ со времени г. Стояновскаго. Замѣтить нужно, что по принятіи должности товарища министра юстиціи, Н. И. Стояновскій на первыхъ же порахъ объявилъ только-что выпущеннымъ правовѣдамъ, что онъ считаетъ правовѣдами всѣхъ вѣдающихъ право на самомъ дѣлѣ, изъ какого бы они ни были учебнаго заведенія. Но какъ бы то ни было, Петербургъ былъ всегда главнымъ мѣстомъ дѣятельности правовѣдовъ, которые и отъ Москвы даже старались всячески отдѣлаться. Въ департаментѣ Министерства Юстиціи сбирались обыкновенно, такъ сказать, сливки съ каждаго правовѣдскаго выпуска, и такъ какъ по поводу вкуса на эти сливки никогда не спорили между правовѣдами, то безъ всякой и тѣни оскорбленнаго самолюбія самая большая часть изъ каждаго выпуска поступала прямо въ Сенатъ, считавшiйся не безъ основанія прекрасною судебно-практической трудовою школой для молодыхъ людей въ противоположность совсѣмъ другаго характера школѣ департаментской съ ея въ то время докторальнымъ тономъ, шикомъ и всегдашней чистенькой министерской работой.

13.

Главнымъ, собственно говоря, поприщемъ для дѣятельности правовѣдовъ была всегда сенатская канцелярія,—Сенатъ, тотъ самый Сенатъ, который по судебнымъ департаментамъ, благодаря судебной реформѣ, все болѣе и болѣе приходитъ въ самоуничтоженіе и окончательному закрытію котораго душевно порадуются во всѣхъ концахъ Россіи не смотря на заслуги, оказанныя въ немъ правовѣдами, тѣмъ болѣе, что напослѣдокъ, вслѣдствіе неблагопріятнаго для Сената отлива въ личномъ составѣ сенатской канцеляріи, эта высокая инстанція, кажется, возвращается чуть-ли не къ временамъ 35 года. Сенатъ, полагать нужно, былъ даже болѣе всего въ виду при основаніи Училища Правовѣдѣнія, для воспитанниковъ котораго положено было закономъ и дополнительное жалованье, послѣ занятія извѣстнаго числа (кажется пяти) лѣтъ должности сенатскаго оберъ-секретаря, врядъ-ли впрочемъ когда-либо занимавшейся правовѣдомъ столь продолжительное время. Въ Сенатъ стекалась милліонная масса дѣлъ со всѣхъ концовъ Россіи и неудивительно, если мысль объ улучшеніи личнаго состава департаментскихъ Сената канцелярій была тѣснѣйшимъ образомъ связана съ мыслью объ основаніи училища, какъ разсадника юристовъ-практиковъ преимущественно для Сената, а затѣмъ и для губернскихъ судебныхъ установленій. Правовѣды дѣйствительно выдержали свое главное назначеніе въ Сенатѣ, хотя еще долго и долго въ обществѣ не переставали говорить, что одного правовѣдскаго крикливаго отвращенія ко взяткамъ недостаточно и что всецѣло честная служба должна выражаться: въ совершенномъ безпристрастіи и въ скромно-честной трудовой работѣ, чуждой фешенебельнаго far niente, вліянія хорошенькихъ женскихъ глазокъ, разсчета на трудъ доки помощника и пр. Позже стали больше говорить объ успѣхахъ правовѣдовъ въ другихъ вѣдомствахъ, еще позже перестали совсѣмъ говорить о правовѣдахъ, которые весьма понятно все болѣе и болѣе сливались съ общею массою болѣе или менѣе полезныхъ дѣятелей съ высшимъ образованіемъ, изъ какого бы они ни были учебнаго заведенія. Наконецъ съ введеніемъ судебной реформы начали уже открыто говорить: «довольно правовѣдовъ», разумѣя, конечно, подъ этимъ именемъ не правовѣдовъ въ собственномъ смыслѣ этого слова, т. е. юристовъ, а воспитанниковъ привиллегированнаго правовѣдскаго института вѣдомства Министерства Юстиціи.

14.

Еще лѣтъ 6 тому назадъ говорилъ мнѣ одинъ молодой весьма благовоспитанный князь изъ правовѣдовъ: «къ чему держаться намъ спеціальности; намъ нужно быть готовыми на всякія мѣста, гдѣ бы онѣ ни были, съ тѣмъ, чтобы, переходя отъ хорошаго къ лучшему, стараться только быть ближе къ солнцу». Такое замѣчаніе было въ глазахъ моихъ равносильно отрицанію необходимости училища, которое и дѣйствительно вовсе не предназначалось быть разсадникомъ подобныхъ мыслителей, носящихъ можетъ быть и медальку «respice finem», только въ видѣ брелока. Практическій вѣкъ нашъ повлекъ многихъ по пути такихъ не столько дѣятелей сколько лишь мыслителей правовѣдовъ, ставящихъ себѣ какъ-бы задачей ничему никогда не выучиться, а просто подъ лучами солнца искать счастья гдѣ-нибудь и какъ-нибудь; но вмѣстѣ съ путемъ ложнымъ есть всегда и путь истинный, отъ дѣятелей котораго слышишь и болѣе дѣльныя сужденія. «Времена измѣнились, говорятъ эти дѣятели-правовѣды: студенты-юристы такіе же правовѣды, какъ мы; общіе воспитатели наши семейство, общество и мы сами; общіе учители наши наука, законы и новый судъ; общее поприще нашей дѣятельности одно отечественная юстиція; права и обязанности наши однѣ служить и трудиться; гордость и награда наша одна сознавать пользу своей дѣятельности и въ силу своихъ личныхъ заслугъ поддвигаться впередъ безъ всякой опоры на какія-либо исключительныя привиллегіи въ прошедшемъ и милостивое покровительство въ будущемъ.» Съ такимъ прекраснымъ настроеніемъ живой мысли, съ такимъ благороднымъ направленіемъ человѣческаго чувства, съ такою доблестною чертой гражданскаго мужества и самостоятельности какъ нельзя лучше должны были бы вторить возвышенныя нравственно-политическія начала, одушевляющія наши судебные уставы. Признавая одно образованіе — высшее и не допуская никакихъ привиллегій для какого бы то ни было учебнаго заведенія, эти уставы провозглашаютъ равенство сословій и даже принципъ справедливой равномѣрности въ движеніи по службѣ. Но стойкое, благодаря какимъ-нибудь особаго свойства обстоятельствамъ, Училище Правовѣдѣнія не смущается никакими явленіями современнаго истиннаго прогресса, какъ бы вразумительно ни свидѣтельствовали онѣ противъ этого ненормальнаго привиллегированнаго института; и въ то время, какъ въ другихъ высшихъ и всякихъ учебныхъ заведеніяхъ совершается цѣлый рядъ полезныхъ реформъ, въ то время, какъ тотъ или другой университетъ издаетъ ежегодно какіе-нибудь ученые труды, Училище Правовѣдѣнія съ какою-то педантическою точностью и самонаслажденіемъ, все съ тѣмъ же спокойнымъ постоянствомъ выпускаетъ въ свѣтъ къ 24 ноября (церковный праздникъ училища) памятную книжечку свою съ разными вычисленіями относительно личнаго состава правовѣдовъ. Всѣхъ правовѣдовъ поближе къ солнцу дѣйствующихъ, то есть въ самомъ Петербургѣ, считается по этой книжкѣ 284; подальше отъ солнца, въ Москвѣ, 44, еще дальше въ 42 губерніяхъ и областяхъ 459, и наконецъ, въ самыхъ отдаленныхъ окраинахъ Европейской Россіи 34. Училищная статистика въ своихъ вычисленіяхъ доходитъ до тончайшихъ подробностей по любимому предмету «правовѣдской карьеры», такъ что уже теперь можно вывести, сколько между правовѣдами кавалеровъ Станислава 2-й степени съ Императорской короной и пр. и пр. Но какъ бы то ни было, цѣль училищной статистики похвастаться «своими» дѣйствительно вполнѣ достигается памятными книжками училища, въ особенности если такая книжка, разсылаемая обыкновенно и туда, «гдѣ она должна произвести эффектъ», попадетъ въ руки какого-нибудь легкомысленнаго и односторонняго господина. Личность эта съ привычкою судить о людяхъ по чинамъ, званіямъ и орденамъ и при особенномъ пристрастіи къ правовѣдамъ не попадетъ пожалуй и на ту простую мысль, что еслибъ напримѣръ университетъ или другое высшее хотя бы закрытое учебное заведеніе составило свою памятную книжку о службѣ своихъ питомцевъ, то матеріалъ этотъ былъ бы также не менѣе интересенъ и можетъ быть не менѣе блестящъ. Пробѣгая памятную книжку училища, дѣйствительно увидишь за правовѣдами много почестей и заслугъ въ орденахъ, высшихъ чинахъ и пр., но такъ такъ правовѣдское общество не составляетъ государства въ государствѣ, то всѣ эти отличія, сливаясь съ отличіями и внѣшними выраженіями заслугъ питомцевъ университетскихъ и другихъ учебныхъ заведеній, еще ничего особеннаго не доказываютъ.

15.

Можетъ быть повторятъ мнѣ еще разъ, что та же судебная реформа, мною такъ превозносимая, почти обязана существованіемъ своимъ правовѣдской корпораціи, демократическое направленіе которой стремилось выразиться въ возможно скорѣйшей выработкѣ конституціонныхъ началъ, наполняющихъ новые судебные уставы къ униженію де высшихъ сословій и возвышенію низшихъ. Съ своей стороны прежде всего скажу (въ чемъ нѣтъ и сомнѣнія конечно), что иниціатива судебной реформы, какъ и всего хорошаго въ

Россіи, принадлежитъ Тому, Кто путемъ либеральныхъ реформъ систематически ведетъ Россію къ радикальному хотя и постепенному преобразованію Государственнаго ея Управленія, а работниковъ для судебной реформы явилось много отовсюду, такъ же какъ было ихъ много для великаго труда упраздненія крѣпостнаго права. Провинція въ лицѣ представителей мѣстныхъ обществъ, властей и спеціалистовъ обыкновенно очень мало поощряется въ расположеніи своемъ участвовать въ петербургскихъ работахъ по законодательной части, не говоря уже объ отсутствіи вліянія на эти работы Русскаго народа вообще, для котораго не осуществилось еще по сіе время и требованіе Екатерины Великой: «чтобы законы были какъ букварь доступны для народа».

Еслибъ и въ составленіи популярнаго уголовнаго кодекса для русскаго простолюдина чинамъ Судебнаго Вѣдомства пришлось принять дѣятельное участіе, то въ этомъ не было бы ничего удивительнаго, также какъ весьма естественно, что тѣ же чины вѣдомства юстиціи, по компетентности своей въ составѣ лицъ юридическаго образованія Университетскаго и Училищнаго и можетъ быть и Лицейскаго призваны къ участію въ составленіи Судебныхъ Уставовъ. Правда, что въ Коммиссію по составленію этихъ уставовъ 20 ноября 1864 г. приглашалось не мало правовѣдовъ, но приглашенія эти, какъ извѣстно, часто истекаютъ изъ личныхъ отношеній знакомства съ лицами, вліяющими на назначеніе въ члены Коммиссіи. И поэтому если изъ даровитыхъ лицъ одни призываются къ дѣлу, другіе нѣтъ, тогда какъ въ число избранныхъ попали и весьма недаровитые или даровитые лѣнтяи съ высокимъ лишь чиномъ и положеніемъ, то и этому нечего удивляться. Тутъ учебное заведеніе, изъ котораго вышли данныя личности съ тою или другою ролью, ничего не значитъ. Фирма учебнаго заведенія не имѣетъ фактически и особеннаго значенія даже и на томъ славномъ поприщѣ открытомъ судебною реформой, которое успѣло уже довольно ясно заавить себя чуждымъ пристрастія къ какимъ-либо партіямъ или корпораціямъ, основаннымъ на молвѣ о томъ или другомъ учебномъ заведеніи. Въ настоящее время на поприщѣ новаго суда стекается со всѣхъ сторонъ пропасть людей всякаго образованія и правъ, всякихъ убѣжденій и разсчетовъ благодаря порядочному обезпеченію судей и тому праву quasi-несмѣняемости, которое при всѣхъ своихъ выгодахъ для пользы службы служитъ однакожъ для немалаго числа какою-то спасительною ширмой, Богъ вѣсть что скрывающей. На важный и столь представительный трудъ прокурорскаго надзора, въ которомъ право несмѣняемости пріобрѣтается лишь въ силу личныхъ способностей и хорошихъ качествъ, также очень много желающихъ изъ всѣхъ высшихъ учебныхъ заведеній безразлично. Тоже самое должно бы имѣть мѣсто и на благородномъ поприщѣ адвокатской дѣятельности, гдѣ только лицеистовъ вовсе почти не видать: но существующее въ настоящее время направленіе на этомъ большомъ трактѣ такъ еще не выяснилось въ общемъ правилѣ, что уже не тутъ конечно искать блестящихъ результатовъ воспитанія Училища Правовѣдѣнія или какого бы то ни было высшаго учебнаго заведенія, какъ бы ни были умственно даровиты многіе изъ нашихъ адвокатовъ.

Въ нѣкоторыхъ отношеніяхъ нетолько на поприщѣ «новаго суда», но и на всевозможныхъ поприщахъ служебной и общественной дѣятельности много общаго между собою представляютъ питомцы нашихъ высшихъ учебныхъ заведеній. Невѣжество въ знаніяхъ, индиферентизмъ въ религіи, свое корыстіе въ трудѣ, безуміе въ удовольствіяхъ, не это ли характеристика нравовъ нашего дѣйствующаго молодаго поколѣнія и отъ кого какъ не отъ новыхъ силъ домашняго воспитанія и общественнаго образованія, отъ дѣльнаго развитія спеціальныхъ знаній и нравственно-политическаго вліянія либеральныхъ государственныхъ учрежденій ожидать лучшаго въ ближайшемъ настоящемъ и будущемъ, со всегдашнею мыслію о томъ, что насколько реформы нужны для людей, настолько и люди нужны для реформъ.

16.

Послѣ всего изложеннаго мною не слѣдуетъ однакожъ еще заключать, что слово мое о несостоятельности Училища Правовѣдѣнія въ настоящихъ условіяхъ какъ организаціи его, такъ и нашего времени вообще, далеко неравносильно какому-нибудь «delenda Carthago». Въ новомъ проектированномъ мною состояніи его въ качествѣ юридической Академіи, училище могло бы даже сохранить и нынѣшнее названіе свое, подобно Парижской «Ecole de droit». Дѣло не въ названіи, и въ силу этого нисколько неудивительно, что напримѣръ вновь учрежденный Ярославскій Демидовскій юридическій Лицей носитъ это названіе, будучи собственно говоря какъ-бы юридическимъ Университетскимъ факультетомъ, или что прекрасный кажется по началамъ своимъ и направленію Московскій лицей Цесаревича Николая есть или будетъ въ сущности лишь образцовою гимназіею. Вотъ приготовительный классъ Училища, состоящій при немъ въ качествѣ какого-то привиллегированнаго для подготовки въ правовѣды пансіона, представляется совершенно излишнимъ. По сродству, по солидарности своей съ училищемъ въ отношеніи учебномъ и воспитательномъ, по общности съ нимъ и въ хозяйственныхъ интересахъ, пансіонъ этотъ составляетъ ничто иное какъ младшій классъ училища. Хотя ученики и другихъ частныхъ пансіоновъ могутъ поступать въ училище, но это еще ничего не доказываетъ, такъ какъ они же могутъ поступать и въ старшіе классы младшаго отдѣленія училища, чего не случается съ воспитанниками приготовительнаго класса. Если замѣтятъ мнѣ, что воспитанники приготовительнаго класса могутъ, какъ и воспитанники другихъ частныхъ пансіоновъ, никогда и не попасть въ училище, если не выдержатъ экзамена не допускающаго исключеній для кого бы то ни было и ни малѣйшаго предпочтенія своихъ передъ «не своими» (то есть изъ другихъ заведеній), то и это ничего не объясняетъ, такъ какъ: 1) воспитанникъ 7-го класса училища можетъ не быть переведеннымъ въ 6 классъ, а воспитанникъ 6 класса — въ 5, а 5 — въ 4, и 2) на переходныхъ экзаменахъ всѣхъ этихъ классовъ также не дается никакого преимущества своимъ воспитанникамъ передъ учениками, поступающими со стороны. Можетъ быть существованіе приготовительнаго класса имѣетъ основаніемъ своимъ благотворительную цѣль, въ силу которой, всего только за 450 руб. сер. въ годъ, дается возможность воспитанникамъ, съ пуговицами и зеленымъ сукномъ Министерства Юстиціи, приготовиться къ поступленію въ училище, но, и принимая мальчиковъ въ 7 классъ свой, училище также за тѣ же условія даетъ имъ возможность приготовиться къ поступленію въ 6 классъ, и т. д. Какъ ни смотрѣть на приготовительный классъ, онъ все-таки представляется младшимъ *) классомъ того же Училища Правовѣдѣнія, такъ что излишне было бы и толковать о нарушеніи имъ справедливой конкуренціи частныхъ заведеній на пріемныхъ экзаменахъ училища. Самое слово «пріемный» здѣсь только одно слово, которое равносильно слову «переходный» изъ младшаго приготовительнаго класса въ 7 классъ училища. Еслибъ въ училищѣ было свободное мѣсто для 2 классовъ и 70 до 80 кроватей, то нѣтъ сомнѣнія, что и въ мысль

---

*) Когда въ 1860 году праздновался юбилей двадцатипятилѣтія училища, то въ число его участниковъ какъ въ самомъ зданіи училища, такъ и во дворцѣ Августѣйшаго Попечителя его приглашены были въ училище по два воспитанника и во дворецъ по одному, нетолько отъ каждаго класса училища, но и отъ приготовительнаго класса: фактъ самъ говорящій за себя.

не пришло бы никому покупать особое зданіе и устраивать въ немъ учебное заведеніе съ единственною спеціальною цѣлью подготовки дѣтей къ переходу въ 7 классъ училища. Существуй въ училищѣ вмѣсто этого приготовительнаго пансіона еще два низшіе класса, которые при нынѣшнихъ семи классахъ училища составили бы 8 и 9 классы, то отъ этого только полнѣе, нераздѣльнѣе и связнѣе представился бы общій, гимназическій курсъ училища; но такой большой нумераціи классовъ училища испугались бы родители да и самые дѣти, которые никакъ бы не могли примириться съ мыслью, что имъ придется девять лѣтъ сидѣть въ училищѣ; къ тому-же такой многолѣтній курсъ могъ бы навлечь уже слишкомъ большое нареканіе на училище, какъ вербующее къ себѣ въ правовѣды чуть не съ младенческаго возраста. Можетъ быть для устраненія этихъ неудобствъ и придумано устройство совсѣмъ съ виду отдѣльнаго отъ училища заведенія, которое, не имѣя будтобы ничего общаго съ училищемъ, представляется лишь приготовительнымъ классомъ для опредѣленія дѣтей въ училище настолько, насколько таковымъ считаются напримѣръ прекрасный пансіонъ В. Я. Филипова (нынѣ уже къ сожалѣнію не существующій) и другіе, приготовляющіе однакожъ нетолько въ училище, но и во всѣ высшія учебныя заведенія. Довольно продолжительное время приготовительный классъ укомплектовывался нѣсколько слабо и приносилъ ущербъ средствамъ училища, но потомъ какъ стали убѣждаться, что училище во всѣхъ отношеніяхъ есть не болѣе и не менѣе какъ подмладшее отдѣленіе училища, какъ совокупность самыхъ низшихъ первоначальныхъ классовъ его, то постепенно набралось въ этотъ такъ-называемый приготовительный классъ столько воспитанниковъ, что кажется вскорѣ въ дортуарахъ его будутъ устроены антресоли для кроватей, а садъ его уже теперь обратился въ единственный рекреаціонный залъ воспитанниковъ за неимѣніемъ помѣщенія въ самомъ зданіи. Зато теперь уже не училище помогаетъ средствами своими приготовительному классу, а наоборотъ, и вмѣстѣ съ тѣмъ, что и составляетъ суть дѣла, училище вполнѣ покойно насчетъ вѣрнаго обезпеченія со стороны средствъ укомплектованія личнаго состава своего и поддержанія своего существованія столь выгоднаго для начальства училища. Не будь приготовительнаго класса, пріемъ воспитанниковъ дѣлался бы по неволѣ изъ однихъ частныхъ пансіоновъ и изъ гимназическихъ классовъ, соотвѣтствующихъ по ученію классу приготовительному, но училищу именно и не желается какъ видно допускать къ себѣ духа гимназическаго, слишкомъ вѣроятно плебейскаго, или ставить себя въ зависимость отъ какого-нибудь пансіона, который можетъ посовѣтовать родителямъ отдать сына не въ училище, а въ лицей или университетъ. Училище хочетъ имѣть «des notres» въ самомъ раннемъ возрастѣ воспитанниковъ, съ тѣмъ, чтобы развитіе ихъ и направленіе было вполнѣ и безповоротно въ его распоряженіи и чтобы они, съ пуговицами министерства юстиціи и съ зеленымъ въ одеждѣ сукномъ этого вѣдомства, оставались безусловно вѣрными духу русскаго юстицъ-чиновника съ самаго ранняго возраста.

17.

Забываемъ къ сожалѣнію училище, что если съ нашимъ общественнымъ воспитаніемъ и можно еще кое-какъ примириться, то лишь подъ тѣмъ условіемъ, чтобы мальчикъ поступалъ въ заведеніе уже тогда, когда въ немъ нѣсколько установились путемъ домашняго воспитанія добрыя начала нравственности, съ нѣкоторою уже твердостью, привычностью въ нихъ, а это врядъ-ли можетъ въ общемъ правилѣ имѣть мѣсто ранѣе 12-ти, даже 13-ти, 14 лѣтняго возраста;

между тѣмъ въ приготовительный классъ училища принимаются дѣти 10, 11 и даже кажется 9 лѣтъ и раньше; да и въ самомъ училищѣ бывали случаи, конечно рѣдкіе, что поступали на 12-мъ году отъ рожденія. Но при условіи большаго возраста всего раціональнѣе было бы допускать общественное воспитаніе лишь настолько, насколько оно не мѣшало бы и текущему, на естественномъ авторитетѣ основанному, домашнему воспитанію; всего лучше поэтому было бы пансіонерское положеніе воспитанниковъ въ заведеніи допускать лишь какъ исключеніе для безпріютныхъ, для дѣтей присылаемыхъ издалека и въ другихъ чрезвычайныхъ случаяхъ. При положеніи воспитанника въ учебномъ заведеніи въ качествѣ экстерна, т. е. вольноприходящаго, дѣйствіе общественнаго образованія всего гармоничнѣе сольется съ вліяніемъ воспитанія домашняго и отъ совокупности этихъ нравственно-духовныхъ силъ, какъ отъ причинъ равно нормальныхъ, должны произойти и вполнѣ нормальныя послѣдствія. Теперь же, когда это положеніе экстерна столь завидное для пансіонеровъ допускается лишь въ крайнемъ случаѣ, когда воспитанники принимаются въ приготовительный классъ училища въ вышеприведенномъ возрастѣ, не можетъ преуспѣвать ни домашнее ни общественное воспитаніе, и обстоятельство это далеко не можетъ опровергаться фактомъ усиленной и въ нынѣшнее время сдачи дѣтей (какъ говорилось это) въ казенную собственность. Еслибъ въ зданіи, занимаемомъ нынѣ Екатерининскимъ институтомъ дѣвицъ, устроился вмѣсто этого института какой-нибудь съ большими правами и преимуществами институтъ мальчиковъ, такой же организаціи какъ нынѣшніе институты дѣвицъ, то и такой разсадникъ «новѣйшей породы людей» нашелъ бы себѣ также много приверженцевъ. Мало ли у насъ еще такихъ вполнѣ обезпеченныхъ родителей, которые готовы какъ только можно рано отдѣлаться отъ своихъ дѣтей, а когда правительство имъ въ томъ какъ-бы содѣйствуетъ, и даже, хотя неумышленно, поощряетъ эту слабость, то этимъ въ обществѣ конечно и пользуются, но устраните родителямъ возможность «пользоваться случаемъ» для такого образа дѣйствій, и они, покоряясь необходимости, сами будутъ воспитывать дѣтей своихъ и не разъ въ душѣ сами порадуются, что имъ, а не чужимъ людямъ, не казнѣ приходится это дѣлать. Конечно могутъ быть случаи нежеланія и нравственной неспособности родителей посвящать себя семейному очагу своему, которому иногда предпочитается нѣчто совсѣмъ противоположное, но это уже будетъ относиться къ исключеніямъ, а не къ общему правилу. Къ тому же на случай такихъ печальныхъ исключеній и должны бы между прочимъ существовать пріюты при учебныхъ заведеніяхъ, въ которые при содѣйствіи представителей тѣхъ сословій, къ коимъ принадлежатъ какіе-нибудь развратные или несчастные родители, помѣщались бы въ качествѣ сиротъ дѣти этихъ лицъ. Тогда развѣ та будетъ бѣда, что изъ-за неаристократическаго слова «пріютъ» дѣтей будутъ держать дома.

18.

Во всякомъ дѣлѣ нужно прежде всего имѣть въ виду общее правило, но слѣдуетъ имѣть наготовѣ и нужныя мѣры, вызываемыя исключеніями, которыхъ также нельзя не предусматривать. Разъ правительство принимаетъ на себя иниціативу, всю власть и въ большей части случаевъ и средства въ дѣлѣ народнаго просвѣщенія, то обществу остается только положиться на то, что правительственная въ данномъ случаѣ опека будетъ неусыпно заботиться объ осуществленіи, во всемъ по праву принадлежащемъ ему обширнѣйшемъ районѣ дѣятельности, дѣйствительныхъ требованій воспитанія и образованія юношества, а чрезъ него и всего общества. Эта же опека не должна допускать тѣхъ печальныхъ явленій, которыя способны создать «просвѣщеніе внѣ просвѣщенія» такъ же, какъ возможны были напр. «полиція внѣ полиціи» и «юстиція внѣ юстиціи». Въ настоящее время, благодаря успѣхамъ нашего времени, уже не говорятъ болѣе объ этихъ явленіяхъ или вѣрнѣе о томъ, что могло бы болѣе или менѣе напоминать ихъ; но злые языки (а они не всегда лживы) могутъ заговорить напр. и объ «инъюстиціи въ юстиціи», такъ же какъ укажутъ намъ и на «темноту въ просвѣщеніи», если вѣдомство народнаго просвѣщенія допуститъ въ себѣ изъ-за неправильныхъ претензій или просто рутины другихъ вѣдомствъ пробѣлы или темноту, несовмѣстную съ своимъ всеобъемлющимъ въ дѣлѣ общественнаго воспитанія и образованія свѣтомъ. Вѣдомство народнаго просвѣщенія въ особенности у насъ представляетъ гораздо больше значенія, чѣмъ вообще полагаютъ. Будучи скромнымъ съ виду, оно въ сущности выше всѣхъ другихъ, по причинѣ той подчиненной зависимости, въ которой въ отношеніи «образованія», а стало быть и успѣха дѣйствій, находится къ нему личный составъ всѣхъ другихъ вѣдомствъ. Образованные и хорошо воспитанные люди нужны для всѣхъ отраслей государственнаго управленія, для всѣхъ вѣдомствъ; безъ нихъ ничего не сдѣлаетъ даже и новая юстиція «съ своимъ гласнымъ судомъ»; каждое вѣдомство несмотря на хорошія реформы будетъ безъ нихъ несостоятельно, а между тѣмъ, гдѣ же главный разсадникъ этихъ лицъ, какъ не въ вѣдомствѣ народнаго просвѣщенія. Положимъ, что на высшія должности назначаются у насъ лица чаще изъ спеціальныхъ военныхъ вѣдомствъ, хотя прекрасное академическое образованіе ихъ не всегда соотвѣтствуетъ требованіямъ извѣстнаго рода гражданской службы; но ужъ юридическое образованіе должно бы быть во всякомъ случаѣ всецѣло въ рукахъ Министерства Народнаго Просвѣщенія. Столь популярныя при нынѣшнемъ судѣ должности судей, прокуроровъ и адвокатовъ пусть замѣщаются лицами, выходящими изъ среды народа въ лицѣ все болѣе и болѣе популярныхъ общихъ училищъ, гимназій и университетовъ, — тогда и народъ лучше пойметъ многоглаголъствующихъ представителей нашего публичнаго гласнаго суда, такъ же, какъ и эти юристы будутъ говорить и дѣйствовать съ большимъ знаніемъ житейскихъ отношеній и нравовъ всѣхъ сословій, если только, конечно, на трибуны въ нашихъ судебныхъ засѣданіяхъ не будутъ возводиться мальчики-юристы. Врядъ-ли многіе отдавали себѣ отчетъ въ значеніи словъ, столь часто повторяемыхъ: «бѣда, нѣтъ людей для реформы», между тѣмъ такой ропотъ просто означаетъ: «бѣда, какъ жалко и не производительно наше народное просвѣщеніе». Вопросъ о народномъ просвѣщеніи имѣетъ такую великую важность; застой и стѣсненность просвѣщенія такъ сильно отражаются на успѣхъ развитія народныхъ силъ и на благосостояніе всего государства, что странно было бы восемь почти лѣтъ спустя по упраздненіи крѣпостнаго права не обратить, въ пользу успѣховъ вѣдомства этой благороднѣйшей отрасли государственнаго управленія, самыя щедрыя коронныя и общественныя средства. Болѣе чѣмъ тысячелѣтнее по древности изреченіе — «земля наша велика и обильна, а порядка въ ней нѣтъ» имѣетъ, болѣе чѣмъ то полагаютъ, самымъ главнымъ основаніемъ какъ невѣжественность народной массы, съ ея лѣнью и суевѣріемъ, такъ и полуобразованность и ту недоученость въ среднемъ и высшемъ сословіи, которая, при свойственной неучамъ неувѣренности въ своихъ силахъ или излишней самоувѣренности, еще болѣе можетъ вредить «порядку», чѣмъ природный крестьянскій умъ въ своей первобытной простотѣ.

19.

Къ счастью нынѣшнее Министерство Народнаго Просвѣщенія вполнѣ, кажется, постигаетъ свое великое назначеніе для успѣховъ другихъ вѣдомствъ, для блага отечества, и я, руководимый здѣсь въ своихъ сужденіяхъ преимущественно предметомъ однихъ моихъ записокъ объ училищѣ, съ удовольствіемъ остановлюсь только на позднѣйшемъ произведеніи этого министерства, въ лицѣ Ярославскаго юридическаго лицея. Въ то время какъ въ богатомъ Петербургѣ, въ этомъ европейскомъ городѣ, преспокойно существуетъ въ позднѣйшее время и считается процвѣтающимъ, управляемое военнымъ генераломъ семи-классное, а съ приготовительнымъ пансіономъ девяти-классное съ высшими правами смѣшанно-спеціальное, закрытое, учебно-практическое и вмѣстѣ воспитательное (ужъ не знаю какъ и назвать его) Училище Правовѣдѣнія вѣдомства Министерства Юстиціи, — въ бѣдненькомъ и тихонькомъ Ярославлѣ учреждается правительствомъ на одинаковомъ основаніи съ Московскимъ Университетомъ подъ директорствомъ одного изъ ординарныхъ профессоровъ высшее учебное заведеніе съ четырехъ-годичнымъ университетскимъ курсомъ «для доставленія обучающимся въ немъ высшаго юридическаго образованія». Изъ однихъ означенныхъ здѣсь въ сравнительномъ сопоставленіи этихъ обоихъ учебныхъ заведеній существенныхъ признаковъ значенія и смысла каждаго изъ нихъ, кажется, видно уже съ разу, въ чемъ тутъ диковина. Какимъ образомъ допустить совмѣстное существованіе въ одномъ и томъ же государствѣ такихъ различныхъ заведеній для одного и того же въ сущности дѣла, — для пользы государственной службы и уже, конечно, всего болѣе по вѣдомству нашей Юстиціи, въ которомъ юридическое образованіе всего ближе можетъ имѣть примѣненіе. Вотъ многозначительно говорящая сама за себя великая разница между старою эпохой учрежденія училища въ 1835 и перерожденія его въ 1848 и эпохой новыхъ современныхъ потребностей въ 1868 году. Цѣль основанія училища въ 1835 году имѣла, какъ объяснено уже выше, свой глубокій политическій смыслъ, ясно истекавшій изъ благороднѣйшихъ пожеланій Основателемъ его добра отечеству и мудрой предусмотрительности покойнаго Императора Николая I, хотя тѣмъ не менѣе въ основаніи училища врядъ-ли представилась бы существенная надобность, еслибъ тогдашнее Министерство Народнаго Просвѣщенія желало или могло поставить университеты, по крайней мѣрѣ юридическіе факультеты ихъ, на надлежащую ногу. Въ 1848 году, времени военно-террорическаго духа, также было понятно нетолько назначеніе въ директоры училища бывшаго полицеймейстера и градоначальника, почтеннаго генерала Языкова, но и назначеніе (во измѣненіе устава училища) особаго военнаго инспектора училища сверхъ инспектора классовъ, обязательное докторское званіе котораго естественно было весьма недостаточно для требованій тогдашней новой училищной тактики. Все это такимъ образомъ имѣло, хорошо ли то было или дурно, свое положительное основаніе въ обстоятельствахъ времени, въ историческихъ причинахъ; такъ же какъ не безъ основанія произвели благопріятное вліяніе на училище умиротворительный духъ, повѣявшій въ Россіи съ 1855 года, и общее либеральное направленіе, открывшееся государственнымъ переворотомъ 1861 года.

Но что теперь заставляетъ училище сохранять statu quo своей оригинальной, чтобы не сказать иначе, организаціи? Неужели же пріятно училищу стоять теперь лицемъ къ лицу съ какимъ-нибудь провинціальнымъ Демидовскимъ Юридическимъ Лицеемъ, неожиданное появленіе котораго съ своимъ прекраснымъ раціональнымъ уставомъ должно было вполнѣ озадачить училище въ старомодномъ его видѣ и несостоятельности. Не говоря уже объ Александровскомъ Лицеѣ съ своимъ военнымъ директоромъ и военнымъ изъ моряковъ инспекторомъ классовъ, что скажетъ теперь училище, узнавъ между прочимъ изъ устава Демидовскаго Юридическаго Лицея: 1) что въ немъ нѣтъ гимназическаго курса (для обученія которому у насъ гимназіи à libre choix), а только одинъ спеціальный юридическій курсъ, въ который входятъ также полицейское право и международное. 2) Что воспитанники лицея пользуются положеніемъ студентовъ, а къ слушанію лекцій сверхъ студентовъ допускаются и постороннія лица. 3) Что директоръ лицея избирается совѣтомъ его на четыре года изъ ординарныхъ профессоровъ, а инспекторъ избирается совѣтомъ на три года также изъ профессоровъ и пр. и пр. Скажутъ ли напримѣръ, что Училище Правовѣдѣнія требуетъ совсѣмъ другую организацію, какъ заключающее въ себѣ и дѣтскіе гимназическіе классы и вообще какъ воспитательное заведеніе съ цѣлою массою исключительно однихъ пансіонеровъ; но вѣдь и юридическій лицей имѣетъ по уставу своихъ пансіонеровъ, находящихся подъ непосредственнымъ надзоромъ ученаго инспектора. Во всякомъ случаѣ, какіе бы ни были недостатки устава Демидовскаго Юридическаго Лицея, если таковые усматриваются, слѣдуетъ имѣть въ виду, что это высшее учебное заведеніе только начинаетъ свое существованіе, которое и обнаружитъ, что въ немъ хорошаго и дурнаго, тогда какъ Училище Правовѣдѣнія послѣ своего двадцатипятилѣтія имѣло слишкомъ достаточно времени усмотрѣть изъ собственнаго опыта свои несовершенства и несовременность своихъ особенностей. Независимо отъ какихъ-либо назидательныхъ и какъ-бы даже укорительныхъ для себя уставовъ другихъ учебныхъ заведеній, Училище Правовѣдѣнія, кажется, могло бы подчиниться требованіямъ реформъ и вообще успѣховъ нашего времени. Насколько умѣстенъ Лицей для высшаго юридическаго образованія именно въ Ярославлѣ, это другой вопросъ. Собственно говоря, довольно непонятно появленіе въ провинціальномъ городѣ такого высшаго учебнаго заведенія, которое требуетъ не мало профессоровъ и притомъ хорошихъ, обиліемъ которыхъ мы и въ столицахъ нашихъ не можемъ похвастаться. Извѣстно, что Одесса и даже Харьковъ испытываютъ большой недостатокъ въ профессорахъ, и врядъ-ли есть основаніе полагать, что достаточно открыть гдѣ-либо высшее спеціальное учебное заведеніе (что весьма не трудно) для того, чтобы вслѣдъ же засимъ словно выросли изъ-подъ земли ученые просвѣтители юношества. Правда, что учрежденіе Юридическаго Лицея и въ Москвѣ напр. было бы вполнѣ излишне въ виду существованія столь хорошаго Московскаго юридическаго факультета. Развѣ пришлось бы въ этомъ случаѣ соединить оба эти юридическія учрежденія въ одну «Московскую Юридическую Академію», но это нарушило бы волю Демидова, въ силу которой высшее учебное заведеніе его имени должно быть въ Ярославлѣ, а не въ Москвѣ. Въ подобныхъ случаяхъ, конечно, воля завѣщателя не всегда можетъ во всей точности своей исполняться на вѣчныя времена, тѣмъ болѣе, что самъ завѣщатель, простирая волю свою на предметы государственнаго, а не семейнаго, домашняго значенія, не можетъ не имѣть въ виду, что соблюденіе воли его впослѣдствіи должно быть въ зависимости отъ обстоятельствъ и требованій государства, лишь бы только правительство не уклонялось отъ назначенія завѣщаннаго въ существѣ, напр. отъ «народнаго просвѣщенія» (какъ въ данномъ случаѣ). Ставить же виды государства и интересы общества въ зависимость отъ точнаго исполненія воли завѣщателя и изъ-за этой точности учреждать напр. юридическій факультетъ или лицей съ прибавкой на то большой казенной суммы въ таком мѣстѣ, гдѣ процвѣтаніе такого высшаго учебнаго заведенія невозможно и гдѣ существованіе его по неимѣнію напр. хорошихъ профессоровъ будетъ даже скорѣе вредно обществу, чѣмъ полезно,—это врядъ-ли представится правильнымъ и справедливымъ. И въ этомъ смыслѣ врядъ-ли основательно терпѣтъ въ нынѣшнее время и Нѣжинскій Лицей и вообще такъ-называемыя высшія учебныя заведенія съ именемъ ихъ основателей, въ такихъ мѣстахъ провинцій, гдѣ недостатокъ въ ученомъ и педагогическомъ личномъ составѣ не благопріятствуетъ ихъ процвѣтанію.

20.

Если училищу предстоитъ отпраздновать еще и пятидесятилѣтіе свое, то чѣмъ дальше тѣмъ все больше и больше училище будетъ дѣлаться предметомъ удивленія и (чего не дай Богъ) насмѣшки.

Одна правовѣдская треуголка, столь непозволительная на дѣтяхъ младшихъ классовъ училища, уже бросается теперь въ глаза своею оригинальностью. Особенно въ Петербургѣ при огромной массѣ учащихся въ немъ, странно видѣть только правовѣдовъ да лицеистовъ, облеченныхъ въ какую-то особенную не то военную, не то гражданскую форму и словно на показъ заявляющихъ фирму своего заведенія и знакъ своей привиллегированной и какъ-будто сектаторской школы. Въ прежнее время когда, какъ уже объяснялось мною, Училище Правовѣдѣнія имѣло свой серьезный смыслъ,—костюмъ ихъ не обращалъ на себя особаго вниманія, но такъ какъ во всякомъ предметѣ при отсутствіи содержанія главную роль играетъ форма, внѣшность, то и правовѣды, какъ и лицеисты, со своими треуголками становятся просто смѣшными.

Одинъ лицеистъ, говоря объ Училищѣ Правовѣдѣнія и своемъ лицеѣ, замѣтилъ съ увѣренностью въ правдивости своихъ словъ: «удивительно, какой парикмахерскій типъ приняли новыя поколѣнія правовѣдовъ и лицеистовъ». Другіе же, не зная, чѣмъ ужъ доказать пользу заведенія тѣхъ и другихъ питомцевъ въ настоящее время, обращаютъ вниманіе противниковъ этихъ заведеній на то, что правовѣды, а въ особенности лицеисты вносятъ въ русское общество элементъ порядочности по манерамъ, хорошей одеждѣ, опрятности и легкости въ разговорѣ на французскомъ языкѣ. «Уже это одно много значитъ, — говорятъ нѣкоторые, — въ особенности если принять въ соображеніе, что напр. Лицей все-таки даетъ общее энциклопедическое образованіе, съ которымъ лицеистъ при содѣйствіи начальствующихъ и товарищей «изъ своихъ» можетъ всегда имѣть и хорошее мѣсто и position sociale и пр., а Училище Правовѣдѣнія также старается не отставать ни отъ лицея, ни отъ петербургскаго юридическаго факультета.»

Что говорятъ о Лицеѣ и что это въ сущности за заведеніе, это вопросъ, которымъ я здѣсь спеціально не занимаюсь, но умѣстно будетъ вспомнить, что въ комитетѣ для празднованія торжества 50 лѣтняго юбилея Петерб. Лицея было между прочимъ предложено отъ одного лицейскаго выпуска (кажется 24): «Лицей, какъ выполнившій свое назначеніе и отжившій свое время, закрыть», на что директоромъ замѣчено было: «что доводы для упраздненія славнаго Лицея хотя можетъ быть и основательны, но самоотверженіе не должно доходить до самоубійства...» Что же касается до Училища Правовѣдѣнія, то не вижу, въ чемъ оно можетъ не отставать отъ Университета, когда принципъ, существо, жизнь университетскаго ученья и сферы совсѣмъ другія. Самое лучшее было бы, еслибъ или спеціальное отдѣленіе Училища примкнуло къ университету, оставивъ свое мѣсто для своихъ пансіонеровъ и гимназіи (*), или чтобы юридическій факультетъ слился съ училищемъ, вытѣснивъ изъ него вмѣстѣ съ 4 классами гимназическаго отдѣленія все лишнее и ненужное, все искусственное и несовременное, наросшее въ немъ въ силу разныхъ обстоятельствъ... Тогда конечно совсѣмъ уничтожился бы и тотъ оригинальный административный разрядъ петерб. юрид. факультета, который безъ Римскаго права и съ болѣе легкимъ преподаваніемъ другихъ спеціальныхъ предметовъ врядъ-ли дѣлаетъ честь ученой сферѣ университетской юридической спеціальности. Не буду повторяться, а скажу только: какъ было бы желательно, чтобы почетное званіе «императорскаго» для Петерб. Университета, какъ и Училища Правовѣдѣнія, украсило собою одно всеобщее нераздѣльное дѣло высшаго юридическаго образованія, подобно тому, какъ Императорская Медико Хирургическая Академія, будучи основательно организована, не допускаетъ существованія въ Петербургѣ ни Медицинскихъ Училищъ, ни Медицинскаго Факультета. При Императорской Петербургской Юридической Академіи, для которой, какъ уже замѣчено, готовы нетолько средства, но и зданіе, могли бы помѣщаться на полномъ содержаніи Академіи молодые люди, для которыхъ по особеннымъ ихъ обстоятельствамъ это было бы полезно и даже благодѣтельно. Итакъ не долголѣтіе, а истинное достоинство и польза заведенія даютъ ему славное имя. Училище навсегда оставитъ по себѣ добрую память вслѣдствіе заслуги, имъ оказанной въ отношеніи облагороженія чиновнаго міра нашей старой юстиціи и нравственнаго возвышенія

(*) Образцовая гимназія подъ общимъ вѣдѣніемъ министерства народнаго просвѣщенія и попечительствомъ Особаго Лица составилась бы въ такомъ случаѣ изъ преобразованнаго младшаго отдѣленія училища въ соединеніи съ приготовительнымъ классомъ его. Вмѣстѣ съ тѣмъ въ томъ же зданіи теперешняго училища помѣщались бы подъ надзоромъ особаго инспектора-профессора пансіонеры петербургскаго юридическаго факультета.

службы въ немъ, — и довольно. «Довольно!» какъ-бы говорятъ училищу и наша молодая юстиція, и сами питомцы училища, которые, составляя прежде нѣкотораго рода корпорацію, теперь представляютъ уже не болѣе какъ разъединенное общество, несмотря на все одну и ту же общую правовѣдскую медальку и все болѣе скудные по сочувствію, съ трудомъ устраиваемые правовѣдскіе обѣды 5 декабря. Если и Александровскій Лицей высоко цѣнитъ свой 50-лѣтній юбилей, то вѣроятно болѣе благодаря вспоминаніямъ о старомъ прошломъ, когда онъ дѣйствительно имѣлъ свое значеніе, а не вслѣдствіе сознанія необходимости его въ настоящемъ и современности его устройства и назначенія. Такъ же какъ менѣе поминали бы лихомъ Александровскій Лицей (удобный развѣ для преобразованія также въ хорошую гимназію), еслибъ онъ въ мирѣ и съ добрымъ именемъ покончилъ существованіе на своемъ пятидесятилѣтіи, такъ точно и училищу благородно было бы не злоупотреблять средствами казны и слѣпою въ силу преданія и привычки довѣренностью къ себѣ извѣстной части нашего общества и не ослаблять своего значенія по прежней заслугѣ своей дальнѣйшимъ своимъ прозябаніемъ.

«Respice finem» сказалъ бы и я самъ училищу. Завѣщавъ намъ предусматривать во всѣхъ дѣйствіяхъ нашихъ и дѣлахъ нравственную сторону ихъ и конецъ всего, ты само, родное училище, предусмотри тотъ печальный нравственный исходъ, который предстоитъ для твоей славы, если ты съ честнымъ именемъ не захочешь преобразоваться радикально, или убоишься, благовременно, почетнымъ образомъ ликвидировать свои дѣла съ обращеніемъ своихъ суммъ и имуществъ на болѣе современныя потребности отечественнаго просвѣщенія... Итакъ «Respice finem» старому, но увы! отжившему свое время честному Министерскому Училищу! и исходомъ такого мудраго самосознанія да будетъ начало новаго преобразованнаго въ Россіи истиннаго правовѣдѣнія. Вспоминая слова, провозглашенныя К. П. Побѣдоносцевымъ на юбилеѣ училища, повторю и я: «Пусть этотъ старый домъ процвѣтетъ новою жизнью.» Въ наслѣдіе училищу нашему да учредится въ этомъ домѣ и процвѣтаетъ Императорская Юридическая Академія во благо Новому Суду, столь блестящему по своимъ началамъ, но столь бѣдному въ личномъ составѣ своихъ дѣятелей. Новое академическое юридическое образованіе, въ новомъ просторѣ «науки» и въ прочной силѣ разумнаго столько же классическаго сколько и реальнаго труда, да освѣтитъ всецѣло новую судебную практику и живую, неразрывную связь ея съ образованіемъ народа; съ правдою и милостью да царствуетъ въ судахъ и наука, и да разовьется и у насъ юридическая спеціальность на степень торжества науки, а не диплома,—дѣла, а не слова; и да обогатится поприще новаго суда дѣятелями-юристами достойными уставъ 20 ноября,—дѣятелями-гражданами, достойными благодѣяній Великаго законодателя, возлюбленнаго нашего Царя-Просвѣтителя.

П. У.

Москва, 1 декабря 1868 г.

Предпосылая запискамъ нашимъ объ Училищѣ Правовѣдѣнія, вмѣсто предисловія, самое краткое соображеніе о современномъ состояніи вопроса о воспитаніи и образованіи вообще, мы должны сказать, что касаемся этого предмета только по отношенію къ существенной цѣли нашихъ записокъ. Цѣль же эта состоитъ въ томъ, чтобы выяснить, насколько это отъ насъ зависитъ, необходимость преобразованія Училища Правовѣдѣнія, права и преимущества котораго отнюдь не должны ставить его внѣ реформъ по народному просвѣщенію, возбужденныхъ ко благу отечества эпохою возрожденія царствованія нашего Государя.

Авторитетъ министерства народнаго просвѣщенія въ реформахъ по предметамъ его вѣдомства, предположенія и дѣйствія другихъ министерствъ по отношенію къ учебнымъ заведеніямъ, находящимся въ ихъ вѣдѣніи, и наконецъ общественное мнѣніе образованнаго класса, выражаемое въ разныхъ сочиненіяхъ и журнальныхъ статьяхъ по вопросамъ общественнаго воспитанія и образованія въ Россіи, — вполнѣ достаточно доказываютъ необходимость преобразованій по части отечественнаго просвѣщенія. Всматриваясь въ характеръ и направленіе этихъ преобразованій, не трудно замѣтить, что онѣ имѣютъ цѣлью удовлетворить тремъ требованіямъ: 1) Вывести дѣло воспитанія изъ подчиненности дѣлу обученія и напротивъ сіе послѣднее поставить въ подчиненную зависимость отъ воспитанія. Въ нашихъ же закрытыхъ учебныхъ заведеніяхъ, въ особенности въ высшихъ и среднихъ военныхъ, понятія о воспитаніи и обученіи вполнѣ смѣшиваются и первое вполнѣ подчинено второму; воспитаніе при этомъ въ собственномъ смыслѣ большею частію совсѣмъ не существуетъ, будучи замѣнено какою-то дрессировкою, т. е. выдержкою учениковъ въ порядкахъ, заведенныхъ начальствомъ съ цѣлью одной внѣшней дисциплины. Въ виду—одинъ только внѣшній человѣкъ, внутренній же предоставленъ не воспитанію, а судьбѣ (*).

Но причину отсутствія воспитанія въ нашихъ закрытыхъ заведеніяхъ не всегда составляетъ невѣжество воспитывающихъ; причину тому искать нужно нерѣдко въ трудности выполненія воспитательской задачи при тѣхъ условіяхъ, обычаяхъ и началахъ, на которыхъ зиждется наше національное воспитаніе. Можетъ ли въ самомъ дѣлѣ дежурный воспитатель, хотя бы весьма образованный, быть дѣйствительно воспитателемъ, когда его заставляютъ надзирать за 40, 60, 80 и даже болѣе 100 воспитанниками. Притомъ возможенъ ли успѣхъ въ воспитаніи даже 15 или 10 учениковъ для тѣхъ воспитателей, которые ни по призванію, ни по образованію, ни по безкорыстію въ сознаніи своего долга не могутъ имѣть никакого нравственнаго, а тѣмъ болѣе педагогическаго авторитета для ввѣряемыхъ имъ питомцевъ. Родители, увлекаясь тѣми внѣшними выгодами, которыя доставляются воспитанникамъ закрытыхъ учебныхъ заведеній какъ во время пребыванія въ нихъ, такъ и при выпускѣ, конечно забываютъ, что быть чиновникомъ или техникомъ не значитъ еще быть человѣкомъ; кромѣ того (¹) закрытыя учебныя заведенія представляютъ родителямъ прекрасный случай сбыть съ рукъ заботы и труды воспитанія дѣтей, между тѣмъ какъ нравственный воспитательный авторитетъ есть даръ данный родителямъ и рѣдко кому другому самою природою. Въ этомъ случаѣ закрытыя учебныя заведенія (²) потворству-

---

(*) Профессоръ Пироговъ прекрасно указалъ на это заблужденіе нашихъ quasi-педагоговъ.

(¹) Цифры, подобно этой единицѣ, отмѣченныя въ порядкѣ изложенія всѣхъ частей настоящихъ записокъ, означаютъ нумерацію замѣчаній, которыя были сдѣланы намъ на наши записки и которыя изложены съ отвѣтами на нихъ въ особомъ приложеніи къ запискамъ нашимъ.

ют слабостямъ по крайней мѣрѣ тѣхъ родителей, которые имѣютъ средства дать дѣтямъ домашнее воспитаніе. Давать общественное образованіе дѣтямъ, это другое дѣло, такъ какъ рѣдко кто въ состояніи образовывать ихъ дома; да и это не представляется необходимымъ. Также бываютъ и такіе случаи, когда Правительство или общество должно нетолько дать дѣтямъ образованіе, но даже и воспитаніе; напр. когда наступаетъ пора для образованія сиротъ или дѣтей такихъ родителей, которые, по отдаленности своего мѣстожительства отъ столицъ или лучшихъ губ. городовъ, вполнѣ лишены средствъ дать своимъ дѣтямъ образованіе дома или близъ себя. Въ случаяхъ такой крайности, вызванной необходимостью, закрытыя учебныя заведенія или лучше сказать пансіоны при гимназіяхъ представляются конечно благотворными, но опять при извѣстныхъ условіяхъ, какъ то напримѣръ: когда воспитатель, будучи развитъ и образованъ, понимаетъ значеніе своихъ нравственныхъ обязанностей и имѣетъ въ своемъ попеченіи не болѣе 10 или 12 питомцевъ (³); когда для руководства воспитателямъ существуютъ обстоятельныя педагогическія инструкціи и правила, опредѣляющія, въ чемъ долженъ состоять трудъ воспитательской дѣятельности, причемъ должна быть опредѣлена и раціональная, такъ-сказать законная система взысканій, исключающая изъ воспитанія вмѣстѣ съ унижающими наказаніями всякій личный начальническій произволъ, дабы вселить въ воспитанникахъ съ-дѣтства уваженіе ни къ чему болѣе (⁴) какъ къ закону и основанному на немъ порядку; когда путемъ правильно организованнаго товарищества школьнаго быта развивается въ воспитанникахъ сознаніе правъ общественныхъ и уваженіе къ достоинству человѣческой личности, равно и уваженіе къ законной власти и авторитету старшихъ; наконецъ когда дѣло обученія, имѣя тѣсную связь съ дѣломъ воспитанія, находится въ надлежащемъ къ нему отношеніи, такъ чтобы предметы общеобразовательнаго курса служили вмѣстѣ съ тѣмъ и однимъ изъ средствъ воспитанія. Только при всѣхъ этихъ условіяхъ высокое дѣло воспитательской практики и можетъ быть производительно. Уставъ гимназій полагаетъ на каждаго надзирателя 15 воспитанниковъ. Въ гимназіяхъ Кіевскаго Учебнаго Округа введенъ воспитательный уголовный кодексъ, который можетъ служить образцомъ, конечно не безъ измѣненій, и во всѣхъ воспитательныхъ заведеніяхъ. Несмотря однакожъ на необходимость пансіоновъ въ крайнихъ случаяхъ, Министерство Народнаго Просвѣщенія, усматривая вѣроятно трудность воспитанія дѣтей при большомъ числѣ ихъ въ пансіонѣ гимназіи, предполагаетъ въ своемъ проектѣ новаго устава низшихъ и среднихъ учебныхъ заведеній допустить воспитаніе вольноприходящихъ учениковъ на частныхъ домовыхъ квартирахъ, но каковому предположенію всякое лице, извѣстное Правительству, могло бы воспитывать у себя не болѣе однакожъ 10 учениковъ.

Наконецъ противъ воспитанія въ закрытыхъ учебныхъ заведеніяхъ, допускаемаго какъ общее правило, говорятъ нетолько частнымъ образомъ, но и оффиціально многія рѣшительныя реформы по части учебно-воспитательной, напр. въ Институтѣ Путей Сообщенія, Морскомъ Корпусѣ и Горномъ Институтѣ.

И не безъ основанія одинъ профессоръ въ рѣчи своей, произнесенной на торжественномъ актѣ юбилея пятидесятилѣтія Института Путей Сообщенія, обозрѣвъ исторически и критически существованіе этого высшаго закрытаго учебнаго заведенія, рѣшился довести рѣчь свою къ тому заключенію, что первоначальная организація Института Путей Сообщенія, когда онъ былъ открытымъ учебнымъ заведеніемъ, есть именно та, къ которой съ пользой слѣдовало бы обратиться въ настоящее время.

Насколько однакожъ вообще много говорятъ и пишутъ о превосходствѣ естественнаго родительскаго воспитанія надъ искусственнымъ воспитаніемъ закрытыхъ учебныхъ заведеній, настолько въ разсужденіи о дисциплинарномъ воспитаніи у насъ совсѣмъ не коснулись еще одной весьма важной потребности нашего общества—организовать особеннаго рода воспитательное, исправительное заведеніе на тѣ несчастные, но неизбѣжные случаи, когда развращенный юноша, несмотря на всѣ труды родителей и все искусство дрессированнаго воспитанія закрытыхъ заведеній, оказывается рѣшительно неисправимымъ. Учредить такое заведеніе подобное находящемуся близь Гамбурга, къ которому въ крайности прибѣгаютъ и наши русскія семейства, было бы полезно въ Россіи не менѣе чѣмъ въ Германіи или гдѣ-либо, вслѣдствіе жалкаго состоянія нашего общественнаго воспитанія. Само собою разумѣется, что предмета этого касаюсь я здѣсь въ виду непосредственнаго отношенія его и къ Училищу Правовѣдѣнія, которое также имѣло несчастіе лишиться нѣсколькихъ заблудшихся воспитанниковъ по недостаточности своихъ средствъ къ ихъ исправленію.

2) Второе требованіе. Отдѣлить гимназическое общечеловѣческое образованіе (воспитательное) отъ спеціальнаго (ученаго), причемъ дѣло общаго образованія всѣхъ и каждаго ввѣрить исключительно попеченію Министерства Народнаго Просвѣщенія, которое и по названію и по назначенію своему имѣетъ на то неотъемлемое право. Смѣшеніе этихъ двухъ родовъ образованія составляетъ обыкновенное явленіе въ нашихъ высшихъ закрытыхъ учебныхъ заведеніяхъ и среднихъ военныхъ. Въ военномъ вѣдомствѣ уже существуютъ рѣшительныя предположенія о реформахъ по этому предмету. По морскому вѣдомству составленъ даже проектъ о томъ, чтобы общему образованію поступающіе въ морскія учебныя заведенія обучались не въ этихъ спеціальныхъ заведеніяхъ, но въ особой гимназіи, которую предполагается учредить въ морскомъ вѣдомствѣ съ тѣмъ, чтобы по прошествіи нѣсколькихъ лѣтъ она перешла въ вѣдомство народнаго просвѣщенія. Согласно съ тѣмъ предполагается опредѣлить и бо́льшій возрастъ для поступленія въ морскія учебныя заведенія. Также по другим вѣдомствамъ, напр. Путей Сообщенія, предположеніе о возможности отдѣленія къ вѣдомству Министерства Народнаго Просвѣщенія общихъ классовъ Института Путей Сообщенія уже выражается въ томъ, что студенты математическаго факультета по выдержаніи экзамена въ Институтѣ Путей Сообщенія принимаются прямо въ спеціальные классы.

Нераціональность смѣшенія общаго образованія со спеціальнымъ и подчиненіе перваго послѣднему слишкомъ, кажется, очевидна, чтобъ ее доказывать. Не нова та истина, что человѣкъ долженъ прежде всего быть человѣкомъ, а потомъ уже спеціалистомъ (⁴). Вести же образованіе съ-дѣтства и настраивать его съ низшихъ классовъ въ тонѣ той или другой спеціальности по меньшей мѣрѣ неосновательно. Ясно также то, что Министерство ли Путей Сообщенія, Министерство ли Юстиціи, Министерство ли Государственныхъ Имуществъ, Военное ли или Морское и пр., имѣя въ виду въ дѣлѣ образованія своихъ будущихъ содѣятелей не человѣка собственно, а спеціалиста, т. е. инженера ли, юстицъ-чиновника, агронома, моряка, военнаго и т. д., всегда будутъ обращать преимущественное вниманіе на спеціальное образованіе, а общее, гимназическое образованіе останется на заднемъ планѣ.

Поэтому (*) мы и видимъ въ подобныхъ закрытыхъ учебныхъ заведеніяхъ, что логика, психологія, физіологія человѣка, эстетика, статистическая географія и пр. вовсе не преподаются, а языкознаніе, знакомство съ исторіею, Закономъ Божіимъ, естественными науками и словесностями весьма ограниченно. Спеціально-военныя, техническія и особыя спеціально-практическія учебныя заведенія конечно болѣе будутъ на мѣстѣ въ вѣдомствѣ того министерства, къ которому спеціальность относится, чѣмъ въ вѣдомствѣ Министерства Народнаго Просвѣщенія, противъ чего нѣтъ и возраженій. Что же касается до того, что при нынѣшней организаціи нашихъ спеціальныхъ закрытыхъ учебныхъ заведеній воспитанникамъ (кромѣ спеціальности) даются и средства приготовиться къ спеціальному образованію, то вовсе не будетъ потерей лишиться этихъ средствъ, вопервыхъ потому, что онѣ представляются не столь самостоятельными и полными какъ отдѣльное общечеловѣческое образованіе, а вовторыхъ средства приготовить себя къ спеціальному образованію указаны въ прямомъ къ нему пути — гимназическомъ образованіи; кромѣ того нѣкоторые частные пансіоны, домашнее приготовленіе или приготовленіе въ томъ родѣ, какое существуетъ въ Харьковскомъ Университетѣ, гдѣ безденежно каждый день весьма успѣшно читаются лекціи для всѣхъ желающихъ поступать въ университетъ, представляются вѣрными путями къ спеціальному образованію.

Указывая однакожъ на смѣшеніе общаго образованія со спеціальнымъ какъ на коренной недостатокъ спеціальныхъ закрытыхъ заведеній, нельзя не обратить вниманія и на то, что въ нѣкоторыхъ университетахъ, напр. по юридическому факультету, замѣтно подобное же смѣшеніе, но только не въ ущербъ общечеловѣческому образованію, а спеціальному, или тому и другому вмѣстѣ.—Петербургскій Юридическій факультетъ съ нѣкотораго времени представляетъ счастливое исключеніе въ этомъ отношеніи. Всѣ предметы, въ немъ преподаваемые, не исключая и политической экономіи, излагаемой по отношенію ея къ Юридическимъ наукамъ, составляютъ вполнѣ предметы юридической спеціальности, и только одна русская исторія къ ней собственно не относится, также и логика, которая объявлена необязательною для студентовъ. Впрочемъ подобная организація спеціальнаго курса предполагаетъ полный и правильно организованный курсъ общаго образованія въ гимназіяхъ, чего на самомъ дѣлѣ нѣтъ, какъ это и видно въ заботахъ Министерства Народнаго Просвѣщенія, издавшаго уже проектъ новаго устава низшихъ и среднихъ учебныхъ заведеній. Когда наши гимназіи будутъ давать полное общее энциклопедическое образованіе, то не представится надобности систематически дополнять его въ университетѣ, и тогда все вниманіе на себя обратитъ факультетская спеціальность, какъ напр въ Петербургскомъ Юридическомъ факультетѣ.

Отъ несовершенства же курса гимназическаго и происходитъ смѣшеніе энциклопедическаго образованія со спеціальнымъ, дурно дѣйствующее на успѣхи какъ общаго, такъ и спеціальнаго образованія, и смѣшеніе это, существуя на самомъ дѣлѣ, отражается и на общественное мнѣніе, въ томъ смыслѣ, что многіе даже педагоги, не исключая кажется и г. Пирогова, придаютъ иногда университетскому образованію значеніе образованія общаго; и дѣйствительно подобное мнѣніе можетъ истекать изъ ложнаго положенія большей части факультетовъ нашихъ, которые не по уставу, а на самомъ дѣлѣ даютъ не столько спеціальное, сколько общее образованіе, но лишь въ высшемъ развитіи, и вмѣстѣ съ симъ даютъ извѣстный толчекъ къ той или другой спеціальности. Окончившій курсъ по юридическому факультету вовсе не выходитъ юристомъ, а только тѣмъ отличается отъ студентовъ другихъ факультетовъ, что какъ-то болѣе выказываетъ способности и охоты сдѣлаться поскорѣе чиновникомъ. Окончившій курсъ по математическому факультету чувствуетъ себя такимъ слабымъ математикомъ, что тотчасъ ищетъ мѣста въ канцелярію какого-нибудь судебнаго мѣста; а ужъ студентъ съ дипломомъ по камеральному факультету самъ кажется не знаетъ, какой спеціальности онъ научился, и готовъ поступить всюду, гдѣ не требуется никакой спеціальности.

3) Третье требованіе. Кромѣ распространенія грамотности и элементарныхъ познаній посредствомъ воскресныхъ школъ, школъ грамотности и народныхъ училищъ, организовать на правильныхъ основаніяхъ курсъ общаго образованія, которое, въ отношеніи образованія, должно сдѣлать человѣка прежде всего человѣкомъ образованнымъ. (⁷) Удовлетворить этому требованію въ точности представляется весьма труднымъ потому, что мнѣнія о томъ, какимъ наукамъ въ курсѣ общечеловѣческаго образованія должно отвести большую важность, что къ какому возрасту подходитъ, какіе положить предѣлы этому курсу, наконецъ какъ и на сколько лѣтъ распредѣлить преподаваніе учебныхъ предметовъ, — мнѣнія обо всемъ этомъ весьма различны. Министерство Народнаго Просвѣщенія кромѣ проекта новаго устава низшихъ и среднихъ учебныхъ заведеній издало еще планъ преподаванія въ нихъ учебныхъ предметовъ и распредѣленія лекцій. — Планъ этотъ вѣроятно не минуетъ разныхъ измѣненій, такъ какъ Министерство Народнаго Просвѣщенія всѣ труды свои по преобразованію учебной части предоставляетъ критикѣ какъ общественнаго мнѣнія, такъ въ особенности всѣхъ лицъ, служащихъ въ вѣдомствѣ Министерства Народнаго Просвѣщенія. Такимъ образомъ оффиціальная и частная педагогическая литература значительно обогащается на пользу общую; и нельзя ею не руководствоваться въ разсужденіяхъ объ улучшеніяхъ и реформахъ и въ тѣхъ учебныхъ и воспитательныхъ заведеніяхъ, которыя находятся внѣ Министерства Народнаго Просвѣщенія. Къ симъ заведеніямъ относится и Училище Правовѣдѣнія.

Находя удобнымъ сдѣлать здѣсь переходъ отъ общаго къ частному, т. е. отъ требованій въ реформахъ по предметамъ образованія и воспитанія вообще къ требованіямъ въ коренныхъ измѣненіяхъ по Училищу Правовѣдѣнія въ особенности, я предпосылаю нижеизложеннымъ своимъ замѣчаніямъ объ Училищѣ Правовѣдѣнія то предположеніе, что Коммиссія, которая можетъ-быть учредится для обсужденія вопросовъ объ улучшеніи учебной и воспитательной организаціи Училища Правовѣдѣнія, вполнѣ воспользуется разнообразными по педагогической части произведеніями современной печати и литературы и въ особенности авторитетомъ Министерства Народнаго Просвѣщенія въ дѣлѣ его профессіи.

Я также предполагаю нѣкоторое значеніе и въ настоящихъ запискахъ своихъ, какъ основанныхъ преимущественно на собственномъ опытѣ и наблюдательности, пріобрѣтенныхъ мною въ особенности въ 7-ми лѣтнее пребываніе въ Училищѣ, равно и на свѣдѣніяхъ, извлеченныхъ мною изъ читаннаго и слышаннаго отъ свѣдущихъ, опытныхъ людей и въ особенности профессоровъ.

ЧАСТЬ I.

ОТДѢЛЪ ОБЩЕ-ВОСПИТАТЕЛЬНАГО, ГИМНАЗИЧЕСКАГО ОБРАЗОВАНІЯ УЧИЛИЩА ПРАВОВѢДѢНІЯ.

ЧАСТЬ I.

Отдѣлъ обще-воспитательнаго, гимназическаго образованія Училища Правовѣдѣнія.

Характеръ направленія общаго образованія согласно требованіямъ отечественнаго воспитанія.—Составъ курса.—Учебные предметы: важность однихъ передъ другими и преимущественное значеніе нѣкоторыхъ.—Основанія для правильности организаціи гимназическаго курса Училища.—Гармоническое направленіе преподаванія гимназическаго курса по всѣмъ предметамъ его.—Возрастъ воспитанниковъ.—Отношеніе курса къ приготовительному классу Училища, къ спеціальности Училища и къ службѣ по выпускѣ изъ нынѣшняго 4-го класса.—Связь общаго образованія съ воспитаніемъ.—Воспитательныя отношенія начальства къ занятіямъ воспитанниковъ.

ГЛАВА I.

Объ Училищѣ Правовѣдѣнія какъ учебномъ заведеніи, дающемъ общее воспитательное образованіе (гимназическое), т. е. о нынѣшнемъ младшемъ курсѣ Училища, состоящемъ изъ четырехъ классовъ.

§ 1. Слѣдуетъ принять въ особое разсмотрѣніе преподаваніе въ Училищѣ Правовѣдѣнія по тѣмъ учебнымъ предметамъ, которые преимущественно должны имѣть нравственное вліяніе на образованіе ученика въ духѣ просвѣщеннаго патріотизма, именно:

А. Законъ Божій.
Б. Статистическая Географія Россіи.
С. Исторія Русской Словесности.
D. Исторія русскаго народа.

А. Въ разсужденіи о преподаваніи Закона Божія мы вполнѣ согласны съ тѣмъ, что мы не вправѣ требовать измѣненія въ догматическомъ воззрѣніи на Библію и на исторію Церкви по поводу преобразованій въ настоящую пору; но отъ преподавателя Священной Исторіи можно требовать, чтобы преподаватель ея относился съ полною жизнью къ столь глубокому источнику поэзіи и житейской мудрости, который находится въ книгахъ Ветхаго и Новаго Завѣта, не говоря уже о значеніи этихъ книгъ въ смыслѣ Божественнаго откровенія къ спасенію рода человѣческаго. Мы также находимъ, что относительно Священной Исторіи Ветхаго Завѣта слѣдуетъ внести въ учебный курсъ этого предмета элементъ по преимуществу прагматическій, дабы объясненіемъ всѣхъ проявленій внутренней жизни народовъ представить полное развитіе идей о религіи въ ученіи о Вѣрѣ и въ дѣлахъ Вѣры, въ нравственныхъ правилахъ жизни и высшихъ, духовныхъ цѣляхъ ея. Съ такимъ возврѣніемъ и магистръ Богословія Кудрявцевъ, въ педагогическомъ вѣстникѣ въ критическомъ разборѣ хронологической Священной Исторіи Ветхаго Завѣта Протоіерея М. Богословскаго, прекрасно представилъ значеніе и планъ преподаванія этого важнаго предмета въ дѣлѣ Христіанскаго образованія. Относительно собственно Священной Исторіи Новаго Завѣта нужно замѣтить, что такъ какъ Евангеліе, Дѣянія Апостольскія и Посланія Апостоловъ составляютъ болѣе предметъ правоучительный и какъ-бы руководительный кодексъ къ наукѣ жизни, то и самое преподаваніе Священной Исторіи Новаго Завѣта должно быть организовано на особыхъ основаніяхъ:— нравственное вліяніе, которое съ преподаваніемъ Ново-Завѣтной Исторіи должно дѣйствовать на сердце воспитанниковъ, лучше выразится въ религіозныхъ бесѣдахъ священника какъ пастыря, чѣмъ въ лекціяхъ его какъ профессора, лекціяхъ, одноформенныхъ съ какими-нибудь лекціями Географіи. При этомъ система цифирной оцѣнки и баллопромышленничество здѣсь въ особенности излишни, какъ несовмѣстныя съ тѣмъ безкорыстіемъ и безъинтересничествомъ, съ которымъ воспитанникъ пріобщается, такъ сказать, святости Закона Божія, истинъ Св. Вѣры. Было бы конечно очень желательно, чтобы Законъ Божій вообще пересталъ быть наукой съ уроками, экзаменами и пр., но справедливо замѣчаютъ, что трудно примѣнить это къ нашей педагогической системѣ, когда повсюду еще и заграницей Законъ Божій разумѣютъ въ смыслѣ «предмета» обученія и науки. Далѣе ученіе о Божественной литургіи. Исторія всѣхъ вѣроисповѣданій и Исторія Греко-Россійскаго Православія представляются также предметами первой необходимости, но такъ какъ въ курсъ ихъ входитъ болѣе элементъ научный, то съ этимъ обстоятельствомъ и организація ихъ должна быть согласована: строгая взыскательность имѣетъ здѣсь свои права.

По предмету Греко-Россiйскаго Православiя въ особенности, нужно замѣтить, что существующее нынѣ обязательнымъ рабское изученiе исполненнаго текстуальными выписками изъ Библiи Православнаго Катихизиса рѣшительно вселяетъ особенное равнодушiе къ изученiю своей Вѣры; возбуждаемый чрезъ это школьный зубрежъ, замѣняющiй сознательное, непринужденное и рацiональное изученiе, дѣйствуетъ на одну память въ ущербъ соображенiю, а такъ какъ вскорѣ послѣ экзамена измѣняетъ и самая память, то въ результатѣ и остается, вмѣстѣ съ крайне смутнымъ понятiемъ о пестротѣ библейскихъ текстовъ, какое-то мертвое чувство къ предмету и его преподавателю.

Вообще при нѣсколько пристальномъ взглядѣ на религiозность нашего молодаго поколѣнiя нельзя не замѣтить, что она въ жалкомъ состоянiи; не говоря уже о томъ эпикуреизмѣ современныхъ нравовъ, въ силу котораго все измѣривается по отношенiю къ личному эгоизму въ удобствахъ жизни, въ удовольствiяхъ и комфортѣ, у насъ къ стыду русскаго патрiотизма существуетъ рѣшительное невѣдѣнiе объ Исторiи Христiанской Церкви и догматики Русскаго Православiя въ особенности; вообще въ русскомъ обществѣ въ дѣлѣ Вѣры или необыкновенный индиферентизмъ или одно грубѣйшее ханжество. Въ Германiи и Англiи, вѣроятно, болѣе понимается, что въ дѣлѣ религiи индиферентизмъ близокъ къ атеизму, а ханжество еще ближе къ языческому невѣжеству; поэтому тамъ въ воспитанiи юношества и несравненно болѣе заботятся о нацiональной религiозности своихъ соотечественниковъ. Пусть молодые люди вѣруютъ или не вѣруютъ какъ имъ угодно, но да будетъ въ томъ и другомъ случаѣ основою личное убѣжденiе, а убѣжденiя безъ знанiя дѣла быть не можетъ.

В. Преподаванiе Географiи въ связи со Статистикою тѣмъ болѣе важно для изученiя отечественнаго края, что безъ статистики это изученiе, будучи болѣе дѣломъ памяти, чѣмъ соображенiя, возбудитъ одинъ скучный зубрежъ, исключающiй всякiй интересъ необходимый въ особенности—въ знакомствѣ съ своимъ краемъ. Сравнительный методъ при этомъ былъ бы, конечно, и здѣсь несомнѣнно полезенъ.

С. По предмету русскаго языка и словесности слѣдуетъ обратить вниманіе на то, чтобы воспитанники, вмѣстѣ съ успѣхами въ пониманіи Исторіи Отечественной Словесности и въ разборѣ разныхъ литературныхъ произведеній, пріучались правильно, чисто и ясно выражаться на русскомъ языкѣ. Неумѣнье смѣло, правильно и плавно говорить по-русски составляетъ недостатокъ общій всѣмъ нашимъ учебнымъ заведеніямъ. Отсюда весьма основательно указываютъ на то, весьма не отрадное явленіе, что, вслѣдствіе стремленія къ знакомству со многими языками, у насъ дошли до пренебреженія къ собственному отечественному языку, на которомъ безъ всякаго стыда говорятъ крайне неудовлетворительно. Въ виду этого полезно было бы организовать литературные сеансы, на которыхъ съ одной стороны профессоръ прочитывалъ бы съ критическимъ разборомъ какое-нибудь литературное произведеніе, а воспитанники предлагали бы профессору разные вопросы по предметамъ Теоріи или Исторіи Словесности; съ другой стороны воспитанники устно передавали бы содержаніе составленныхъ ими на извѣстную тему сочиненій, причемъ всякому было бы позволено дѣлать возраженія на замѣчанія другихъ воспитанниковъ. Такимъ образомъ присутствующее на этихъ вечерахъ начальство могло бы въ оживленныхъ разговорахъ и преніяхъ воспитанниковъ слѣдить за пониманіемъ ими литературныхъ произведеній и за правильностію и чистотою ихъ рѣчи, не говоря о томъ, что здѣсь представляется и прекрасный случай для педагогическихъ наблюденій.

Въ виду предстоящаго можетъ быть вскорѣ и нашимъ правовѣдамъ прокурорскаго и адвокатскаго поприща начальство тѣмъ болѣе должно позаботиться о томъ, чтобы воспитанники серьезно подготовлялись къ важному и вмѣстѣ простому дѣлу — умѣть говорить защищая или обвиняя подсудимаго. Справедливо говорятъ, что искусство выражать мысли свои въ словѣ или на письмѣ есть не болѣе какъ самодѣятельность мысли и что у насъ этой самодѣятельности очень мало. Нужно дѣйствительно много усилій, много счастливыхъ условій, чтобы вызвать ее къ дѣлу и направить ее къ логической связи. Для воспитанника тутъ безъ сомнѣнія все будетъ зависѣть отъ рукодства, живой бесѣды—не объ одной литературѣ, какъ справедливо замѣчаютъ, а обо всѣхъ отрасляхъ знанія прилагаемаго къ жизни, обо всемъ, что прочитано съ интересомъ, и по всѣмъ предметамъ допускающимъ упражненія, напр. въ диспутахъ по юридическимъ вопросамъ, извлеченнымъ изъ дѣлъ, по научнымъ наблюденіямъ, развившимся по прочтеніи книги, по сдѣланіи какихъ-либо опытовъ, изысканій и пр.

D. Въ курсъ Русской Исторіи слѣдовало бы вводить элементъ прагматическій раньше, чѣмъ это дѣлается теперь. Изученіе однихъ фактовъ, будучи необходимымъ только въ извѣстной мѣрѣ, можетъ дѣйствовать исключительно на память воспитанника въ ущербъ соображенію и легко вселяетъ въ воспитанникѣ скуку и нерасположеніе къ изученію Отечественной Исторіи. Теперь напр. одинъ такъ-называемый удѣльный періодъ по несовершенству его преподаванія располагаетъ воспитанниковъ далеко не въ патріотическомъ духѣ, при изученіи зубрежомъ этого отдѣла Отечественной Исторіи, составляющаго по трудности своей какъ-бы камень преткновенія для воспитанниковъ.

§ 2 и 3. Математика въ настоящее время, далеко не такъ какъ прежде, считается предметомъ первой важности въ дѣлѣ развитія соображенія воспитанника. Въ этомъ отношеніи упражненія въ изученіи Языковъ не ставится ниже математическихъ упражненій, — и дѣйствительно грамматическія и въ особенности синтаксическія упражненія при чтеніи и переводахъ въ языкахъ латинскомъ, нѣмецкомъ, французскомъ, не говоря уже о русскомъ, представляютъ также прекрасную трудовую практику для развитія соображенія. Главное же преимущество упражненій въ языкознаніи то, что онѣ составляютъ дѣло, несравненно болѣе приложимое въ жизни, чѣмъ математическія упражненія, которыя, не имѣя въ Училищѣ Правовѣдѣнія никакого примѣненія къ естественнымъ наукамъ, а стало быть и ни къ чему, теряютъ почти всякое значеніе для воспитанниковъ. Поэтому, не исключая Математики изъ учебныхъ предметовъ, слѣдуетъ, однакожъ, обратить преимущественное вниманіе на изученіе языковъ, имѣющее самое практичное значеніе въ жизни человѣка. При этомъ вопреки существующему обычаю не слѣдуетъ придавать французскому языку особаго значенія въ ущербъ языку нѣмецкому. При большей легкости своей французскій языкъ кромѣ того болѣе или менѣе знакомъ уже воспитанникамъ при поступленіи въ Училище, да и практику въ немъ они большею частью не перестаютъ имѣть дома; между тѣмъ нѣмецкій языкъ въ русскихъ семействахъ въ крайнемъ пренебреженіи, такъ что единственное средство усвоить его воспитанникамъ,—это сдѣлать преподаваніе его такъ же обязательнымъ, основательнымъ и строгимъ, какъ преподаваніе русскаго языка и латинскаго. Ктому-же для юриста польза нѣмецкаго языка очевидна. Изученіе латинскаго языка должно быть непремѣнно доведено до полнаго знакомства съ классиками путемъ самостоятельнаго труда въ разборѣ писателей и переводахъ,—иначе потеряется и самый интересъ въ изученіи этого языка и кромѣ того воспитанникъ лишенъ будетъ возможности изучать римское право по его источникамъ.

По предположеніямъ Министерства Народнаго Просвѣщенія для гимназій будетъ кажется признанъ исключительно обязательнымъ нѣмецкій языкъ, а въ проектируемой по Морскому вѣдомству гимназіи англійскій языкъ. Сообразно со спеціальностью Училища Правовѣдѣнія былъ бы полезенъ также и англійскій языкъ, но такъ какъ этотъ языкъ по изученіи другихъ языковъ можетъ быть усвоенъ въ весьма непродолжительное время, если нѣкоторое время серьезно посвятить себя его изученію, то англійскій языкъ и не долженъ быть предметомъ для всѣхъ въ Училищѣ обязательнымъ. Давать же возможность воспитаннику заниматься англійскимъ языкомъ и даже итальянскимъ, для юриста весьма не маловажнымъ, было бы нелишнее; но при этомъ воспитанникъ взявшій на себя новый трудъ по этому предмету не долженъ быть допускаемъ до какого-то шуточнаго съ нимъ обращенія, какъ это до смѣшнаго допускается въ Училищѣ на приватныхъ урокахъ англійскаго языка. Строжайшее наблюденіе за этимъ весьма важно и въ видахъ воспитательныхъ.

Относительно же Математики я только замѣчу то, что въ старшемъ классѣ младшаго отдѣленія нужно бы ввести особо отъ Тригонометріи повторительный курсъ тройнаго правила, процентовъ и учетовъ векселей, каковые предметы, будучи необходимыми въ практической жизни, гораздо лучше усвоятся воспитанниками послѣ знакомства съ Алгеброю и Геометріею.

§ 4. Преподаваніе французской и нѣмецкой словесностей нельзя оставить въ настоящемъ его въ Училищѣ видѣ. Вмѣсто того, чтобы разбирать въ 4-мъ классѣ Ла-Брюера и Мольера, что уже требуетъ порядочнаго развитія, почему бы не преподавать въ немъ Исторію Французской Словесности напр. до эпохи Людовика XIV; по предмету же Нѣмецкой Словесности, при лучшей организаціи преподаванія нѣмецкаго языка въ предшествующихъ классахъ, можно бы преподавать Исторію нѣмецкой словесности до эпохи Шиллера и Гете. Чрезъ это сократились бы нѣсколько занятія словесностями въ старшемъ курсѣ, гдѣ по случаю юридической спеціальности, исключительно занимающей воспитанниковъ да и самое начальство, словесности не могутъ преподаваться съ пользою, а будутъ какъ и теперь въ пренебреженіи съ непозволительнымъ въ этомъ отношеніи равнодушіемъ и послабленіемъ преподавателей ихъ и начальства. Вообще, чѣмъ болѣе отдѣляется общее образованіе отъ спеціальнаго, тѣмъ лучше потому, что при нѣсколько неудачномъ смѣшеніи ихъ произойдетъ ущербъ или тому или другому; и лучше вовсе не преподавать предмета чѣмъ допускать явно безплодное преподаваніе его на смѣхъ воспитанникамъ и къ ущербу нравственнаго вліянія его на нихъ.

§ 5. Насколько важны Физика и Физіологія въ дѣлѣ общаго образованія, о пользѣ которыхъ мы не считаемъ нужнымъ и говорить, настолько казались бы нужны образованному человѣку Логика и Психологія, какъ открывающія ему въ примѣненіи къ жизни законы мышленія и вообще явленія міра внутренняго, духовнаго. Если въ Петербургскомъ юридическомъ факультетѣ Логика, преподаваемая въ связи съ Психологіею въ старшемъ классѣ гимназическаго курса, признана предметомъ необязательнымъ, такъ это развѣ потому собственно, что предметы эти, составляя отдѣлъ общаго образованія, не должны входить въ курсъ спеціальнаго образованія. Съ своей стороны полагаю, что мѣсто Логики и Психологіи въ системѣ образованія должно опредѣлиться возрастомъ воспитанника, который обучается этимъ предметамъ. Собствено говоря это суть предметы общаго образованія, но если приходится обучаться имъ въ возрастѣ 14 и 15 лѣтъ въ старшемъ классѣ гимназическаго курса, какъ это видимъ напр. въ Училищѣ по отношенію къ Логикѣ, то въ такомъ случаѣ лучше перенести предметъ этотъ въ спеціальный курсъ, гдѣ онъ, хотя и не совсѣмъ на своемъ мѣстѣ по крайней мѣрѣ не пропадетъ даромъ для воспитанника. Въ юридическомъ курсѣ Психологія во всякомъ случаѣ можетъ быть умѣстна по отношенію ея къ наукѣ Уголовнаго права. Что касается до системы преподаванія Логики и Психологіи, то при свѣтскомъ преподавателѣ ея, могущемъ имѣть по жизни своей и образованію болѣе многостороннія и свободныя познанія, чѣмъ священникъ, курсы по этимъ предметамъ вѣроятно будутъ лучше организованы. Нѣкоторые не безъ основанія полагали бы весьма полезнымъ замѣнить въ старшемъ курсѣ Логику и Психологію курсомъ энциклопедіи философіи, такъ какъ 1) изученіемъ Логики еще не образуется логическій складъ ума, развитіе котораго, будучи въ тѣсной зависимости отъ опыта самодѣйствующей мысли, не можетъ образоваться отъ изученія школьной логики, и 2) Психологія, будучи весьма интересна и полезна при свободномъ, обширномъ, а не школьномъ преподаваніи ея, не можетъ какъ наука имѣть свое надлежащее значеніе въ системѣ образованія Училищнаго, при множествѣ другихъ спеціально-юридическихъ предметовъ. Все это болѣе или менѣе справедливо, но если руководствоваться выраженнымъ здѣсь взглядомъ въ оцѣнкѣ значенія преподаванія другихъ предметовъ въ старшемъ курсѣ Училища, то придется придти къ заключенію, что при множествѣ предметовъ въ Училищѣ всякій вообще предметъ теряетъ то значеніе, какое онъ имѣлъ бы при условіи свободнаго и обширнаго преподаванія столь необходимомъ по каждой наукѣ и столь неудобоосуществимомъ въ нашихъ такъ-сказать фабрично-учебныхъ закрытыхъ заведеніяхъ. Во всякомъ случаѣ преподаваніе въ старшемъ курсѣ Училища Исторіи Философіи было бы весьма полезно, какъ въ силу самостоятельной важности этого предмета, такъ и для курсовъ Логики и Психологіи.

§ 6. Для того, чтобъ осмыслить теперешній курсъ Географіи, нужно бы преподавать ее въ связи со Статистикою; тогда каждое названіе, фактъ, цифра будетъ имѣть болѣе живое значеніе для воспитанника, имѣя отношеніе не къ одной памяти его, но и къ соображеніямъ, сравненіямъ и разнымъ выводамъ. Географію же, отдѣльно взятую безъ Статистики, составятъ предварительныя свѣдѣнія Математической и Физической Географіи и общее обозрѣніе, въ которомъ указывалось бы болѣе на общее чѣмъ на частное, такъ какъ частное будетъ особо разсмотрѣно и узнано статистически и сравнительно, а не такъ какъ оно зазубривается теперь въ политической географіи.

Космографія, преподаваемая и въ гимназіяхъ въ высшемъ классѣ, должна бы войти въ курсъ теперешняго 4-го класса, такъ какъ свѣдѣнія о Физической Географіи, сообщаемыя въ 7-мъ классѣ, только предварительныя и крайне скудныя, да по неразвитости воспитанниковъ въ то время онѣ другими и быть не могутъ; Физическая же Географія собственно, или Космографія, составляющая вступленіе въ Астрономію, должна бы конечно входить въ курсъ общаго образованія.

Что касается до преподаванія Статистики, то весьма странно находить этотъ столь важный предметъ лишнимъ въ настоящее время. Статистика, имѣющая какъ извѣстно предметомъ основательное изученіе общества, разсматриваемаго по его природѣ, составнымъ частямъ, хозяйственной дѣятельности, положенію и движенію, можетъ быть весьма полезна дѣятельному просвѣщенному члену общества. Конечно разборъ всѣхъ теорій Статистики есть уже дѣло спеціальности, равно какъ и изученіе Статистики въ примѣненіи къ жизни человѣческой вообще, но имѣть теоретическія понятія о Статистикѣ для того, чтобъ быть въ состояніи познать силы своего отечества (выражаясь словами Фишера) частью по ихъ природѣ, частью по ихъ совокупному дѣйствію, частью со стороны пользованія ими представляется положительно необходимымъ въ частной и общественной жизни образованнаго человѣка. Въ Училищѣ, гдѣ предлагаются воспитанникамъ на каникулярное время статистическія занятія, тѣмъ болѣе необходимо преподаваніе Статистики съ теоретической весьма удобопонятной стороны ея потому, что только при этомъ условіи статистическія занятія воспитанниковъ будутъ осмыслены научнымъ, жизненнымъ элементомъ. Воспитанники будутъ понимать и знать, какъ приступить къ статистическому труду, какую пользу извлечь изъ него, и въ такомъ случаѣ обычай каникулярныхъ статистическихъ занятій въ Училищѣ будетъ еще болѣе раціоналенъ, чѣмъ теперь, въ особенности если будетъ соблюдено то, о чемъ я относительно каникулярныхъ занятій говорю въ педагогическихъ соображеніяхъ по общей учебной части.

§ 7. Слѣдуетъ обратить вниманіе на то, нѣтъ ли какихъ-либо несообразностей въ организаціи гимназическаго курса Училища Правовѣдѣнія. Такъ напр. умѣстна ли Логика тамъ, гдѣ воспитанники ни по возрасту, ни по развитію относительно несоотвѣтственнаго курсу Логики образованія по другимъ предметамъ не могутъ съ пользою слушать лекціи столь серьезнаго и труднаго предмета. Всѣ разсчеты съ учителемъ и здѣсь производятся успѣхомъ или неуспѣхомъ въ зубрежѣ, въ одномъ заучиваніи. Потомъ, своевременны ли—по Французской Словесности философія на темы метафизики, напр. объ источникѣ добра и зла, характеры Ла-Брюера и Мольеръ, тогда какъ по предмету Русскаго Языка и Словесности едва пройдена риторика Зеленецкаго, сочиненія пишутся на темы о «книгопечатаніи» и тому подобныя, а по Нѣмецкой Словесности только лишь рисуютъ восходы и заходы солнца. Далѣе, прилично и основательно ли въ 4-мъ классѣ преподавать Ботанику, Минералогію и Геологію въ формѣ какихъ-то разказцевъ для дѣтей, посвящая на нихъ гуртомъ всего нѣсколько часовъ. Примѣняемое въ Училищѣ правило «ну хоть немножко изъ всего», представляясь самымъ непрочнымъ залогомъ для основательнаго знанія, вмѣстѣ съ тѣмъ производитъ въ воспитательномъ отношеніи весьма дурное вліяніе на воспитанниковъ. Non multa, sed multum, это совсѣмъ забывается въ училищѣ. Неудивительно послѣ этого, что по выходѣ изъ заведенія воспитанники, съ неуважительною насмѣшкой вспоминая о своемъ многосложномъ начальствѣ, напѣваютъ себѣ извѣстный стихъ: «мы всѣ учились понемногу чему-нибудь и какъ-нибудь».

§ 8 Слѣдовало бы преподавать воспитанникамъ, въ связи

съ краткою сравнительною физіологіею и анатоміею человѣка, также и познанія Гигіеническіяии ли нѣкоторой популярной, общепонятной практической Медицины. Важность преподаванія такого предмета всего лучше сознается докторами, имѣющими случай часто видѣть, сколько зла происходитъ отъ незнанія людьми своихъ органическихъ законовъ, зависимость отъ которыхъ многіе и не подозрѣваютъ въ себѣ, незамѣтно растраивая свое здоровье. Не даромъ же въ Училищѣ въ Физіологическихъ сеансахъ французскаго профессора Лемерсье находили пользу для воспитанниковъ; почему бы не организовать по этому предмету постоянную каѳедру, за которую начальство всегда и впослѣдствіи слышало бы благодарности отъ своихъ питомцевъ не менѣе чѣмъ за что-либо другое, такъ какъ здоровье всего важнѣе въ жизни. Во всякомъ случаѣ Училищу не мѣшало бы пріобрѣсть прекраснѣйшіе аппараты доктора Озу (начальству уже знакомые). Относительно же собственно естественныхъ наукъ нѣкоторые не безъ основанія полагали бы полезнымъ соединить въ рукахъ человѣка знающаго и многосторонняго преподаваніе всѣхъ естественныхъ наукъ подъ названіемъ Энциклопедіи естественныхъ наукъ. Во всякомъ случаѣ такой порядокъ былъ бы лучше существующаго нынѣ безпорядка въ преподаваніи естественныхъ наукъ.

§ 9. Въ Училищѣ несмотря на то, что младшій курсъ его, состоящій изъ четырехъ классовъ, составляетъ какъ-бы отдѣльный гимназическій курсъ, изъ котораго можно съ правомъ на 14-й классъ поступить на службу, воспитанникамъ старшаго 4-го класса вовсе не преподаются начала для нѣкотораго знакомства съ Юридическою наукой. Курсъ законовѣдѣнія въ гимназіяхъ можетъ конечно очень подлежать критикѣ. Заключая въ себѣ и законы Государственнаго права, Уголовные и Гражданскіе законы, гимназическій курсъ законовѣдѣнія по обширному объему своему и по невозможности въ короткое время успѣшно изложить его въ сокращенномъ видѣ по Своду Законовъ безъ всякаго притомъ научнаго элемента, представляется весьма недостаточнымъ, ненормальнымъ. Будучи и обширнымъ съ виду и тѣснымъ по содержанію, онъ естественно не можетъ принести существенной пользы воспитанникамъ. Выучить законы воспитанникъ высшаго класса гимназическаго курса можетъ и на службѣ. Но поступить на службу съ основаніями нѣкотораго юридическаго развитія, при которомъ законы будешь стараться понимать, а нетолько знать и заучивать, было бы очень полезно воспитаннику, какъ будущему члену общества, какъ образованному гражданину на скромномъ поприщѣ его по выходѣ изъ гимназіи или изъ младшаго курса Училища. Конечно одно изъ существенныхъ условій для выпуска воспитанника младшаго курса Училища какъ и гимназиста прямо на службу составляетъ возрастъ воспитанника. Въ Училищѣ прежде преподавалась Юридическая Пропедевтика по Штекхардту, и почему бы не преподавать нѣчто въ этомъ родѣ и теперь. Это было бы полезно и въ томъ отношеніи, чтобъ нѣсколько подготовить воспитанниковъ къ спеціальному отдѣленію и предпослать преподаванію Юридическихъ наукъ догматику законовѣдѣнія, послѣ которой занятія Государственнымъ правомъ, Римскимъ ли или Остзейскимъ, будутъ болѣе своевременны. Теперь же преподаваніе догматической части энциклопедіи законовѣдѣнія идетъ одновременно съ преподаваніемъ другихъ юридическихъ предметовъ, что конечно представляется неосновательнымъ. Правильнѣе было бы, кажется, преподавать догматическую часть Энциклопедіи Законовѣдѣнія или Юридическую Пропедевтику въ теперешнемъ 4-мъ классѣ Училища, а также и основные Государственные законы по Своду. Знакомство съ основными законами для воспитанниковъ старшаго класса младшаго курса представляется нужнымъ преимущественно на томъ основаніи, что безъ этого странно и какъ-то очень не ловко поступить на Государственную службу, а при строгой и правильной системѣ экзаменовъ и при добросовѣстности и дѣйствительности новаго училищнаго воспитанія случаевъ неперевода воспитанниковъ въ старшій курсъ и поступленія на службу прямо изъ младшаго курса можетъ быть значительно болѣе чѣмъ теперь.

§ 10. Наконецъ подобно тому, какъ и Министерство Народнаго Просвѣщенія предполагаетъ увеличить курсъ гимназическій на одинъ годъ и вообще измѣнить организацію учебныхъ курсовъ, не оказывается ли нужнымъ по отношенію къ Училищу Правовѣдѣнія обратить вниманіе на слѣдующее:

а) Воспитанники слишкомъ рано принимаются въ Училище, иногда даже въ возрастѣ 11-ти лѣтъ, между тѣмъ какъ уже черезъ 2 года имъ нужно разбирать Ла-Брюера и Мольера, черезъ 3 года—изучать Логику, черезъ 4 года—Энциклопедію Законовѣдѣнія, черезъ 6 лѣтъ—писать проекты резолюцій по судебнымъ дѣламъ, а спустя 9 мѣсяцевъ послѣ этого благополучно разрѣшиться дипломомъ на успѣшное и даже блистательное окончаніе общаго и спеціальнаго образованія. И вотъ нерѣдко и видимъ мы, что 19-ти лѣтній, даже 18-ти лѣтній юноша послѣ девятилѣтней подготовки или менѣе (считая безъ приготовительнаго класса) съ правами и великими преимуществами выступаетъ на поприще человѣческой дѣятельности,—государственной службы. Послѣ этого слѣдуетъ внимательно всмотрѣться, не замѣтна ли во всемъ направленіи Училищнаго образованія какая-то поспѣшность выпустить воспитанника въ чиновники.

б) Для того, чтобъ воспитанники посвящали себя болѣе развитыми своей юридической спеціальности, слѣдуетъ, кромѣ принятія мѣръ для подготовленія ихъ къ тому чрезъ улучшеніе организаціи курса общаго образованія, опредѣлить и бо́льшій возрастъ для перехода воспитанниковъ въ старшее отдѣленіе. Но такъ какъ при этомъ условіи бо́льшаго возраста можно будетъ въ младшемъ курсѣ ожидать отъ воспитанниковъ бо́льшей развитости, то уже нечего принимать воспитанниковъ черезчуръ молодыми и въ младшій курсъ, черезъ что и требованія пріемнаго экзамена должны измѣниться. Поэтому въ видахъ того, чтобъ воспитанники могли проходить предметы съ меньшею поспѣшностію и болѣе прочно ихъ себѣ усвоивать, а также, въ виду необходимости обогащенія и развитія курса общаго гимназическаго образованія въ младшемъ курсѣ согласно изложенному можно бы изъ теперешнихъ 5 и 4 классовъ младшаго курса организовать три класса, а курсы 7 и 6 классовъ конечно не безъ измѣненій перевести въ приготовительный классъ Училища Правовѣдѣнія. Познанія же, сообщаемыя теперь въ приготовительномъ классѣ (⁵), такъ не велики и скудны, что безъ затрудненія могутъ быть пріобрѣтены внѣ онаго, при малѣйшей заботливости родителей и родственниковъ воспитанника,—и такимъ образомъ пріемный экзаменъ въ Училище можетъ быть подобенъ переходному изъ 6 въ 5-й классъ.

Впрочемъ дальнѣйшія и вообще болѣе подробныя обсужденія по всѣмъ этимъ предметамъ и разсмотрѣніе всѣхъ вопросовъ до самыхъ тонкостей относительно полезныхъ реформъ, какія должны бы быть предприняты и въ общей учебной части Училища Правовѣдѣнія, будутъ зависѣть отъ взгляда и мнѣній ожидаемой коммиссіи для преобразованія Училища.

ГЛАВА II.

Педагогическія соображенія по части обще-учебнаго, воспитательнаго образованія младшаго курса Училища Правовѣдѣнія.

§ 1. Воспитанники, поступая въ Училище (большею частію) изъ приготовительнаго класса, испытываютъ слишкомъ рѣзкій переходъ въ способахъ успѣшнаго приготовленія уроковъ. Въ приготовительномъ классѣ, не говоря о разныхъ облегчительныхъ способахъ, въ особенности усиленная дѣятельность репетиторовъ и учрежденіе паралельнаго отдѣленія для болѣе слабыхъ служатъ для воспитанниковъ значительнымъ облегченіемъ въ подготовленіи себя къ Училищному экзамену. Система приготовительнаго класса, по которой сообразуются съ возрастомъ и способностями воспитанника, представляется сама по себѣ довольно раціональною; но самое обученіе на дѣлѣ, вслѣдствіе своей поспѣшности, принудительности, усидчивости въ механическомъ трудѣ брать памятью, имѣетъ видъ болѣе какой-то заказной, поставной работы, чѣмъ покойнаго, раціональнаго обученія. Цѣль приготовить воспитанниковъ къ Училищному экзамену такъ, чтобы они затмили всѣхъ «не своихъ», т. е. поступающихъ изъ частныхъ пансіоновъ и другими путями, и тѣмъ поддержать кредитъ приготовительнаго класса весьма выгодный Училищу и въ матеріальномъ отношеніи,—эта цѣль не позволяетъ разбирать средства по отношенію къ чему-либо иному, какъ къ этой именно цѣли—приготовиться къ экзамену. И воспитанники подъ вліяніемъ такого направленія только и учатся экзамена ради; «лишь бы поступить», а разъ цѣль достигнута, то открывается воспитаннику просторъ во всѣхъ отношеніяхъ, начиная съ самихъ помѣщеній (такъ какъ въ приготовительномъ классѣ къ удивленію нѣтъ рекреаціонной залы).

Съ поступившимъ наконецъ въ Училище воспитанникомъ уже далеко не няньчатся: нѣтъ ни репетиторовъ, ни паралельныхъ отдѣленій, ни другихъ облегчительныхъ способовъ; слабые, сильные, старшіе, младшіе — всѣ приводятся подъ одинъ знаменатель; одноформенность въ одеждѣ, въ пищѣ, въ обученіи, только развѣ въ баллахъ не одноформенность и въ послѣдствіяхъ этихъ балловъ относительно наказаній или наградъ, да еще разница въ томъ, что при какомъ-нибудь почетномъ посѣтителѣ слабыхъ не вызываютъ, а объ успѣхахъ преподаванія и ученія свидѣтельствуютъ одни сильные. Чрезъ это самое и занятія многихъ идутъ не успѣшно: сильные балуются, малоспособные еще болѣе лѣнятся и постепенно развивается неосновательность и шаткость въ занятіяхъ вообще; при этомъ если преподаватель не успѣетъ пріобрѣсти нравственнаго авторитета надъ воспитанникомъ, то моральное расположеніе воспитанника къ занятіямъ еще болѣе притупляется, и вялость и апатичность легко овладѣваютъ имъ. Между тѣмъ наступаетъ время экзамена: воспитанникъ (выражаясь школьнымъ языкомъ) рѣжется разъ, два, три, и ему приходится оставаться въ классѣ; тѣмъ неменѣе степень заботливости о такомъ воспитанникѣ въ отношеніи обученія остается такъ же скудна, какъ и прежде. Вмѣстѣ съ тѣмъ, не имѣя въ пройденномъ имъ уже курсѣ ничего новаго оставшійся въ классѣ воспитанникъ еще болѣе равнодушно и небрежно занимается, и естественно что нравственное вліяніе такихъ ветерановъ на товарищей вредно. Наступаетъ опять экзаменъ: воспитанникъ рѣжется снова, но всего разъ, и вотъ наконецъ является облегчающая, благотворная сила: воспитаннику даютъ переэкзаменовку, т. е. воспитанника рѣшаются «перевести»; отъ новаго же экзамена до слѣдующаго дѣло идетъ своимъ обычнымъ порядкомъ. Большею же частію случается такъ, что, не оставаясь на другой годъ въ классѣ, воспитанники переходятъ въ слѣдующій съ переэкзаменовкою; но здѣсь, какъ и въ тѣхъ многихъ случаяхъ, когда подвигаются и безъ переэкзаменовки, представляется вопросъ, какъ именно подвигаются воспитанники? Мнѣ по опыту извѣстно, какъ иногда машинально занимаются воспитанники, какъ мало преподаватели заботятся о развитіи учениковъ въ отношеніи къ своему предмету, какъ трудно нѣкоторымъ воспитанникамъ безъ всякой помощи приготовлять уроки, какъ слабы нѣкоторые въ томъ терпѣніи и рѣшимости, которыя нужны для того, чтобы не развлекаться постороннимъ и не лѣнясь заниматься какъ слѣдуетъ дѣломъ. А кто же за занятіями воспитанниковъ наблюдаетъ, кто думаетъ о томъ, что хотя всѣ въ одномъ и томъ же классѣ, но не всѣ одинаково развиты, не всѣ одного возраста и съ одинаковыми характерами и натурами, и не всѣхъ же стало быть можно мѣрить на одинъ аршинъ. Репетиторовъ нѣтъ, а вмѣсто нихъ установлены надзиратели, наблюдающіе за порядкомъ и тишиною. Классные воспитатели, повидимому ближайшіе къ воспитанникамъ лица, не имѣютъ никакого отношенія къ занятіямъ воспитанниковъ и лишены всякаго значенія въ дѣлѣ ихъ образованія (см. воспит. отд.). Дежурные воспитатели имѣютъ свою особую надзирательскую роль (см. воспит. отд.). Инспекторъ воспитанниковъ и директоръ участвуютъ только въ наказаніяхъ воспитанниковъ за дурные баллы, а во время репетиціонныхъ занятій ихъ наблюдаютъ лишь за тѣмъ, чтобы они смирно и прилично сидѣли и не занимались запрещеннымъ. Помощникъ Инспектора классовъ, который могъ бы быть весьма полезенъ воспитанникамъ младшаго курса на препараціяхъ, преимущественно занятъ лишь счетомъ балловъ, такъ что значеніе его должности трудно и опредѣлить. Инспекторъ классовъ, хотя и могъ бы быть полезенъ на препараціяхъ, по крайней мѣрѣ у воспитанниковъ спеціальныхъ классовъ, на дѣлѣ этой роли не выдерживаетъ. Такимъ образомъ въ общемъ итогѣ выходитъ, что начальники наблюдатели Училища остаются именно только наблюдателями, по крайней мѣрѣ въ томъ предметѣ, о которомъ рѣчь. Необходимость, кромѣ наблюдателей, имѣть дѣятелей въ дѣлѣ образованія воспитанниковъ, кажется, достаточно ясна. Не трудно было бы, кажется, учредить репетиторовъ (²) для каждаго изъ классовъ младшаго курса по одному, которые находились бы въ непосредственной зависимости отъ Инспектора классовъ, какъ его помощники. Совокупно съ классными воспитателями (по тѣсной связи образованія съ воспитаніемъ), они составляли бы ежемѣсячные цензурные билеты и третныя отчетныя вѣдомости о занятіяхъ воспитанниковъ. Репетиторы непремѣнно будутъ полезны и классному воспитателю замѣчаніями своими относительно наклонностей и характера воспитанниковъ, съ которыми имъ и въ нравственномъ отношеніи весьма удобно ознакомиться во время учебныхъ занятій воспитанниковъ. Взаимно и воспитатели будутъ въ этомъ отношеніи особенно полезны репетиторамъ. Конечно, всего лучше было бы классному воспитателю быть вмѣстѣ съ тѣмъ и репетиторомъ, но находятъ, что усложненіе чрезъ то обязанностей воспитателя совершенно лишило бы его свободнаго времени для отдыха и домашнихъ дѣлъ.

§ 2. Въ младшемъ курсѣ какъ и въ приготовительномъ классѣ вовсе не руководятъ воспитанниковъ въ чтеніи книгъ ([10]), между тѣмъ какъ необходимо слѣдовало бы поощрять ихъ въ саморазвитіи такимъ прекраснымъ средствомъ. Пріучать съ-дѣтства воспитанниковъ ограничивать свои занятія рамкою обязательныхъ, казенныхъ такъ-сказать трудовъ врядъ-ли представляется полезнымъ, такъ какъ чрезъ это они совсѣмъ отвыкаютъ отъ нѣкоторой самостоятельности въ самообразованіи и усвоиваютъ себѣ привычку заниматься исключительно заказными дѣлами, имѣющими для нихъ какой-то характеръ службы. Разъ этой службы нѣтъ, и «нечего дѣлать», каковую фразу и слышишь весьма часто въ Училищѣ, когда уроки приготовлены или репетиціи сданы. Такимъ образомъ источникъ дѣятельности въ занятіяхъ воспитанникъ находитъ не въ себѣ самомъ, а въ стороннихъ обстоятельствахъ, отъ которыхъ съ-дѣтства привыкаешь ставить себя въ рабской зависимости. Конечно причина нашей апатичности заключается отчасти и въ самой натурѣ нашей, но извѣстно, что привычки образуютъ вторую натуру. Еслибъ правильно организованнымъ надзоромъ или лучше сказать воспитательнымъ руководствомъ пріучать воспитанниковъ къ чтенію по извѣстнымъ предметамъ, смотря по наклонностямъ и интересу воспитанника, выражающимся въ успѣхѣ по какимъ-нибудь обязательнымъ занятіямъ или независимо отъ нихъ; еслибъ ввести обычай раза два, три въ мѣсяцъ въ одномъ изъ классовъ по очереди посвящать, при участіи начальства, нѣсколько вечерняго времени на бесѣды съ воспитанниками о содержаніи прочитаннаго ими, о познаніяхъ, пріобрѣтенныхъ ими изъ извѣстной книги, о мысляхъ и впечатлѣніяхъ, возбужденныхъ въ каждомъ изъ нихъ однимъ и тѣмъ же предметомъ или произведеніемъ и пр., то въ такихъ учебно-практическихъ курсахъ, не говоря уже о пользѣ ихъ для воспитанниковъ, наблюдательное начальство могло бы подмѣтить многое въ отношеніи къ развитости, понятіямъ и способностямъ воспитанниковъ. Конечно при введеніи такихъ порядковъ необходимо обогатить столь скудную нынѣ Училищную библіотеку, которая будетъ тогда представлять больше интереса для воспитанниковъ соотвѣтственно потребностямъ Училища, какъ учебнаго заведенія.

§ 3. Существующая въ Училищѣ система спрашиванія или повѣрка знаній воспитанниковъ, во время года и на экзаменахъ, должна быть кажется совершенно измѣнена. Съ одной стороны для того, чтобъ расположить воспитанниковъ постоянно быть въ готовности подвергнуться въ познаніяхъ своихъ и прилежаніи ревизіи начальства, съ другой стороны для того, чтобы слѣдить и за преподаваніемъ учителей, которые заботились бы также о повтореніи воспитанниками пройденнаго,—полезно было бы начальству, въ составѣ Директора и Инспектора или одного члена Совѣта и класснаго воспитателя, производить безъ соблюденія очередей и безъ предупрежденій внезапныя репетиціи въ классѣ, обращая вниманіе на то, что лучше нѣсколькихъ испытать побольше, чѣмъ у каждаго спросить что-нибудь. Пріучая такимъ образомъ воспитанниковъ постоянно понимать и знать все пройденное и не рисковать тѣмъ, что авось не спросятъ, можно довести воспитанниковъ дотого, что они не будутъ наканунѣ экзамена словно неучи зубрить денно и нощно съ разсчетомъ не столько на знаніе, сколько на счастье, на память, на смѣлость. Слѣдуетъ поэтому нанести рѣшительный ударъ тому комизму и фальшу, которые торжествуютъ на экзаменахъ, почти какъ общее правило, и если не замѣчаетъ этого начальство, то воспитанники, смѣясь надъ нимъ въ душѣ, отлично это знаютъ. Что касается до билетной системы испытаній или спрашиванія по билетамъ, то эта система можетъ быть принята лишь какъ второстепенный способъ экзаменованія, подчиненный другому болѣе важному, главному. Именно когда воспитанникъ подходитъ къ экзаменаторскому столу, слѣдуетъ, прежде всего давъ ему нѣсколько успокоиться, предлагать ему вопросы (что можетъ дѣлать кромѣ преподавателя и всякій спеціалистъ присутствующій) по предметамъ всего курса, и отвѣтами на эти вопросы слѣдуетъ преимущественно руководствоваться при оцѣнкѣ успѣховъ воспитанника. Потомъ уже для того, чтобы видѣть, въ какой степени воспитанникъ способенъ систематически, съ логическою послѣдовательностію и ясностію изложить отдѣльный вопросъ или предметъ, можно предложить одному изъ присутствующихъ вынуть для воспитанника билетъ, по которому воспитанникъ долженъ прежде дать вкратцѣ отчетъ по содержанію предмета, заключающагося въ билетѣ, въ сущности, въ главныхъ его частяхъ; затѣмъ уже такъ какъ билетъ бываетъ иногда очень большой, то можно ограничиться подробнымъ изложеніемъ предмета лишь по одной части билета. При этомъ въ оцѣночныхъ вѣдомостяхъ, которыя разложены передъ присутствующими, не должны быть выставлены годовыя отмѣтки, дабы въ случаяхъ хорошаго отвѣта воспитанника, который имѣетъ дурную годичную отмѣтку и, наоборотъ, когда при хорошей отмѣткѣ отвѣтъ не удовлетворителенъ, присутствующіе не стѣснялись по ложному взгляду, нынѣ нерѣдко существующему, измѣнить годовую отмѣтку. Теперь же эти годовыя отмѣтки словно бѣльмо въ глазу присутствующаго и измѣнить ихъ, въ особенности не въ пользу воспитанника, рѣдко кто рѣшается.

§ 4. Цифирная система оцѣнки познаній воспитанниковъ могла бы быть уничтожена или по крайней мѣрѣ осмыслена особыми замѣчаніями преподавателя на каждую отмѣтку. При существующей нынѣ цифирной оцѣнкѣ, можно имѣть лишь неопредѣленное, общее понятіе о познаніяхъ воспитанниковъ. Понятія, выраженныя въ словахъ «хорошо, посредственно, удовлетворительно, плохо», еще далеко не полны. Каждое знаніе и незнаніе имѣетъ свои оттѣнки, особенности, смотря по тому, въ какомъ отношеніи то или другое находится къ извѣстнымъ качествамъ воспитанника, способностямъ, недостаткамъ, наклонностямъ и даже какимъ-либо чрезвычайнымъ обстоятельствамъ, какъ напр. замѣшательство въ отвѣтѣ, предшествовавшая отвѣту болѣзнь, зачитываніе передъ отвѣтомъ, подсказываніе товарища и пр. Такимъ образомъ не зналъ ли воспитанникъ сущности предмета, или только подробностей, или и то и другое вмѣстѣ, не обнаружитъ ли онъ лишь неумѣнья ясно выражаться, не произошло ли незнаніе отъ невниманія и разсѣянности, или отъ недостатка соображенія или памяти воспитанника, или при хорошихъ способностяхъ воспитанника всему виной лѣнь его; что именно затруднялся понять воспитанникъ, чего въ особенности никакъ не хотѣлъ выучить, все это не можетъ быть выражено въ фигурѣ цифры, а должно быть означено въ словахъ (въ которыхъ обыкновенно всякая мысль человѣческая выражается), въ точныхъ и обстоятельныхъ замѣчаніяхъ, вносимыхъ преподавателемъ въ особую книгу. Книги эти будутъ для соображенія и руководства весьма полезны и репетиторамъ въ препараціонныхъ занятіяхъ воспитанниковъ. Помощью этихъ книгъ должны составляться и ежемѣсячные цензурные билеты и третныя вѣдомости, о которыхъ говорится выше. Подъ конецъ же года можно будетъ вывести общее заключеніе или оцѣнку и, согласивъ между собою всѣ обстоятельства, условія и особенности знанія или незнанія воспитанника, выразить окончательную оцѣнку, пожалуй и въ цифрахъ для удобства счета. Въ продолженіе же года врядъ-ли баллы такъ нужны, какъ думаютъ: они только раздражаютъ, волнуютъ, разсѣяваютъ, напрасно озабочиваютъ воспитанниковъ, между тѣмъ какъ имъ нужно только знать свое дѣло, успѣхъ или неуспѣхъ котораго будетъ имъ извѣстенъ по собственному сознанію, одобренію товарищей, по устнымъ замѣчаніямъ учителя въ самомъ классѣ, по указаніямъ репетиторовъ и наконецъ по общимъ выводамъ ежемѣсячнымъ, третнымъ и годичнымъ. Съ введеніемъ же вмѣсто балловъ того порядка, по которому было бы принято отмѣчать, въ чемъ именно выразилась непонятливость, лѣность, невнимательность воспитанника, представляется то удобство, что на внезапныхъ репетиціяхъ, имѣющихъ производиться начальством, и на самыхъ экзаменахъ, можно, соображаясь съ подобными замѣчаніями, повѣрять воспитанниковъ въ томъ, какъ понялъ онъ наконецъ и знаетъ ли то, за что прежде означено неудовлетворительное замѣчаніе. Чрезъ это повѣряется отчасти и учитель въ томъ, какъ и насколько онъ обращалъ вниманіе на незнаніе воспитанникомъ такого-то урочнаго предмета или непониманіе имъ чего-нибудь изъ прочитаннаго и объясненнаго, и вообще какъ слѣдилъ онъ за успѣхомъ воспитанника по предметамъ его непонятливости и несостоятельности вообще. Кромѣ того цифирная система, вселяя въ воспитанникахъ какую-то страсть къ балламъ (а не къ самому дѣлу ученія и пониманія), изъ-за которыхъ они только и хлопочутъ (иногда вмѣстѣ съ родителями своими или родственниками), образуетъ и сильно развиваетъ въ нихъ духъ спекуляціи. Располагая воспитанниковъ даже подчасъ рисковать предосудительными средствами для полученія хорошихъ балловъ, а въ особенности безстыдно приставать къ учителю съ просьбами насчетъ прибавокъ къ баллу и словно торговаться съ нимъ, эта несчастная цифирная система вноситъ такъ-сказать спекулятивный элементъ въ дѣло обученія, что ни для успѣха въ самообразованіи, ни по отношенію къ нравственному воспитанію не должно быть терпимо. Это зло нужно съ корнемъ вырвать вонъ.

§ 5. Въ преподавателѣ нужно отличать отъ умѣнія собственно преподавать умѣніе сопровождать преподаваніе воспитательнымъ вліяніемъ, т. е. повѣрять внимательность воспитанниковъ во время лекцій и постоянное прилежаніе въ прохожденіи и повтореніи пройденнаго, и отнюдь не допускать воспитанниковъ до какого-нибудь фальша или комизма во время отвѣта, чѣмъ поощрялось бы большое зло: обращать ученіе въ дурную шутку. Въ этомъ отношеніи начальство должно слѣдить за преподавателемъ, какъ и—въ особенности—за воспитанниками, иначе здѣсь обманъ и шутка какъ-то такъ ловко сливаются, что ихъ не очень легко и различить. Духъ подобныхъ смѣшеній хоть и шутливъ, но свойства далеко не хорошаго и весьма заразительнаго. Въ Училищѣ Правовѣдѣнія духъ этотъ, въ силу какого-то установившагося обычая, существуетъ въ особенности по части словесностей,—французской и преимущественно нѣмецкой, статистики и естествознанія, какъ бы ни считались серьезными ихъ преподаватели. По предмету Закона Божія, напр., существуетъ удивительный обычай, педантически поддерживаемый самимъ преподавателемъ его. Такъ, учредивъ алфавитную очередь для спрашиванія уроковъ, онъ спрашиваетъ ихъ по порядку изложенія заданнаго урока, что за чѣмъ слѣдуетъ, такъ что очередному воспитаннику весьма удобно зачитывать то, что, послѣ отвѣта отвѣчающаго, у кого-нибудь изъ очередныхъ спросятъ, и такимъ образомъ кое-какъ отдѣлаться отъ отвѣта, который обыкновенно продолжается даже слишкомъ не долго; другихъ частей урока, сверхъ той, которая по разсчету должна быть спрошена у очереднаго, не говоря уже о прошломъ урокѣ, можно вовсе не проходить. Сверхъ разсчитанной очередной частицы преподаватель ни до чего не касается, что и содѣйствуетъ самому-то злу; притомъ такъ какъ преподаватель ввелъ въ обычай отвѣчать ему буквально по запискамъ, то для облегченія себя въ такомъ трудѣ болѣе смѣлые воспитанники легко могутъ, пользуясь близорукостью или невнимательностью преподавателя, считывать отвѣтъ «съ руки». Вслѣдствіе подобной системы спрашиванія, съ одной стороны какъ будто облегчительной для воспитанниковъ, съ другой чрезвычайно обременительной и вообще вредной для успѣха раціональнаго знанія предмета, преподаватель, конечно, и въ нравственномъ отношеніи дурно дѣйствуетъ на воспитанниковъ.

Спрашиваніе по очереди алфавитной или хотя иной, но извѣстной воспитанникамъ пріучаетъ ихъ готовиться преимущественно тогда, когда до нихъ дойдетъ очередь. Спрашиваніе по отрывкамъ изъ урока въ послѣдовательномъ порядкѣ, иногда отъ точки до запятой и наоборотъ, не даетъ преподавателю возможности оцѣнять знанія воспитанника, въ заданномъ и пройденномъ, пріучаетъ воспитанника вообще готовиться слишкомъ поверхностно и, не обращая вниманія на общее содержаніе урока и связь его съ предъидущимъ, заучивать лишь частности. Наконецъ спрашиваніе буквально по запискамъ очевидно вредно, такъ какъ всякое рабское ученіе обременяетъ память воспитанника въ ущербъ свободы соображенія, истощаетъ его терпѣніе съ напрасною тратою времени и вселяетъ въ немъ нерасположеніе къ самому предмету (не говоря уже о его преподавателѣ). Надлежащая же система спрашиванія будетъ та, когда репетиторы или классные воспитатели, содѣйствуя воспитанникамъ въ успѣхѣ ихъ занятій и слѣдя за самостоятельными ихъ занятіями въ повтореніи пройденнаго и приготовленіи заданнаго, будутъ такимъ образомъ обезпечивать преподавателю разумное усердіе и истинный успѣхъ воспитанниковъ. Испытывая же внимательность воспитанниковъ во время класса, а также и знаніе ими задаваемыхъ уроковъ и уже прежде выученныхъ, частыми вопросами безъ очереди и внезапными репетиціями при участіи репетитора и даже начальства, преподаватель всегда имѣетъ возможность видѣть плоды своего преподаванія. Но для того, чтобъ эти плоды служили дѣйствительно въ пользу образованія воспитанниковъ, естественно, что преподаваніе не должно обременять памяти воспитанника изобиліемъ фактовъ и именъ и сложностью формы при скудномъ содержаніи или отсутствіи идеи въ преподаваніи; возбуждая въ воспитанникахъ интересъ къ своему предмету, развивая и разветвляя до подробностей то, что вліяетъ на соображеніе и развитіе ума, преподаватель долженъ дѣйствовать на память какъ вспомогательную способность въ дѣлѣ самообразованія, которая никакъ не должна торжествовать надъ соображеніемъ.

§ 6. Существующая въ Училищѣ система наградъ за успѣхи въ наукахъ врядъ-ли должна быть признана полезною въ педагогическомъ отношеніи. Къ чему награждать воспитанника за то, что онъ долженъ дѣлать для своей же пользы, выражающейся въ просвѣщеніи наукой и въ способности, переходя изъ класса въ классъ, образовывать себя все болѣе и болѣе и наконецъ окончить свое образованіе. Выдавать похвальный листъ ([11]) хорошему воспитаннику значитъ дѣйствительно воздавать ему должное, а не награждать его; ([12]) съ понятіемъ же награды, книги напримѣръ, альбома, не говоря уже о чернильницахъ, карандашахъ и пр., соединяется обыкновенно понятіе какого-то подарка, вещественнаго поощренія, что въ дѣлѣ столь не вещественномъ и безкорыстномъ какъ прилежаніе и успѣхъ въ самообразованіи, едвали нужно. Вообще оффиціальный подарокъ имѣетъ странное отношеніе къ выполненію воспитанникомъ своего долга, которое само по себѣ, какъ воспитаннику такъ и родителямъ его и начальству, уже есть удовольствіе (если нужно здѣсь заботиться объ удовольствіяхъ). Когда воспитанникъ учится только для наградъ, то награды вредны; когда же воспитанникъ занимается исключительно для своей пользы, къ чему же служатъ награды? Ученикъ, воспитанный въ духѣ свѣтлыхъ воззрѣній на вещи и благороднаго самолюбія, видѣлъ бы въ наградныхъ подаркахъ какое-то недовѣріе къ себѣ начальства, по которому какъ-бы предполагается, что на будущее время дѣйствіе подарка заставитъ его заниматься такъ же хорошо, какъ и прежде. Листъ, же выдаваемый на актѣ, есть только торжественное выраженіе бóльшихъ или меньшихъ успѣховъ воспитанника или свидѣтельство въ томъ, какъ онъ, къ чести своей, болѣе или менѣе успѣшно занимался въ продолженіе года. Справедливая и разумная оцѣнка текущихъ успѣховъ воспитанника будетъ сама по себѣ всего дѣйствительнѣе, какъ въ смыслѣ похвалы, такъ и въ смыслѣ осужденія ихъ, и въ виду этого небезполезно было бы въ продолженіе года согласно обычаю, существующему въ столь извѣстномъ, прекрасномъ пансіонѣ Василія Яковлевича Филипова, выдавать хорошо занимавшимся воспитанникамъ каждую недѣлю красные билеты съ обозначеніемъ успѣховъ ихъ по всѣмъ учебнымъ предметамъ; бѣлые же билеты ([13]) выдавать воспитанникамъ, не заслужившимъ по успѣхамъ своимъ красныхъ билетовъ, т. е. занимавшимся посредственно, причемъ слѣдуетъ опредѣлить извѣстную норму для тѣхъ и другихъ билетовъ. Смотря по замѣчаніямъ бѣлыхъ билетовъ родители во время отпуска сына могли бы даже иногда благотворно дѣйствовать на тѣ недостатки или то незнаніе воспитанниковъ, которое обнаруживаютъ цензурныя замѣчанія. Когда воспитанникъ до крайности лѣнился во время недѣли, то слѣдуетъ оставить его на субботній вечеръ для занятій подъ руководствомъ класснаго воспитателя или класснаго репетитора по очереди, и если занятія окажутся довольно успѣшными, то на слѣдующій день, провѣривъ знанія воспитанника еще перед обѣдней, можно отпустить его съ бѣлымъ билетомъ домой, отмѣтивъ на билетѣ о послѣдствіяхъ субботнаго наказанія. Въ случаѣ если бы воспитанникъ, оставленный на субботу, не обнаружилъ хорошаго успѣха и доброй воли, слѣдуетъ, отправивъ родителямъ бѣлый билетъ съ надлежащими отмѣтками, оставить воспитанника для занятій на все воскресенье. Остающіеся по такой причинѣ на воскресенье воспитанники должны быть съ однимъ изъ репетиторовъ по очереди совсѣмъ отдѣлены отъ тѣхъ, которые наказаны за дурное поведеніе, или тѣхъ, которые добровольно остаются въ Училищѣ по неимѣнію родителей.

§ 7. Каникулярныя занятія (подобно сочиненіямъ воспитанниковъ), разъ онѣ введены, должны служить воспитанникамъ въ прокъ, а не быть одною формальностью. Каникулярный трудъ воспитанника нужно тщательно разсмотрѣть и провѣрить по отношенію къ самостоятельности, приложенной въ немъ воспитанникомъ, а для этого слѣдуетъ при участіи начальства и товарищей производить нѣкотораго рода испытанія надъ воспитанникомъ, чтобы видѣть, какъ онъ принялся за заданную работу, какъ понимаетъ ее, въ какомъ отношеніи она находится къ его развитію, его способностямъ и какую пользу она воспитаннику доставила. Путемъ такого анализа нельзя было бы также и ошибиться въ томъ, дѣйствительно ли воспитанникъ самъ составлялъ или сочинялъ каникулярное произведеніе, имъ представленное, такъ какъ въ Училищѣ нерѣдко случается, что воспитанники за чужой трудъ даже награды получаютъ, не книгами только, а разными вещицами. Коллегіальность со стороны начальства, при хотя пассивномъ участіи самихъ товарищей воспитанника въ обсужденіи достоинства каникулярнаго сочиненія, представлялась бы основательною и потому 1), что воспитанники въ виду такого такъ-сказать домашняго суда нетолько начальства, но и товарищей занимались бы каникулярнымъ трудомъ своимъ особенно усердно и съ пользою для себя и 2) что справедливость въ оцѣнкѣ каникулярнаго сочиненія была бы для воспитанниковъ гораздо болѣе обезпечена; напр. одинъ воспитанникъ 4-го класса представилъ имъ самимъ съ особеннымъ рвеніемъ составленный каникулярный статистическій трудъ, заключавшій самые разностороннія и богатые матеріалы для статистики одного города и его уѣзда, но трудъ этотъ при существующихъ Училищныхъ порядкахъ остался безъ всякаго вниманія начальства Училища; между тѣмъ тотъ же воспитанникъ получилъ въ подарокъ дюжину синихъ карандашей за маленькое историческое сочиненіе, которое онъ вынужденъ былъ поручить написать другому потому собственно, что все время денно и нерѣдко нощно было имъ посвящено на свой статистическій трудъ, представлявшій много интереса (†).

(†) Впослѣдствіи лѣтъ девять спустя трудъ этотъ былъ съ благодарностью принятъ однимъ Губернскимъ Статистическимъ Комитетомъ и подробное оглавленіе его было напечатано въ одномъ изъ журналовъ Комитета.

ЗАМѢЧАНІЯ

НАМЪ СДѢЛАННЫЯ ПО ОТДѢЛУ ОБЩЕ-УЧЕБНАГО, ВОСПИТАТЕЛЬНАГО ОБРАЗОВАНІЯ МЛАДШАГО КУРСА УЧИЛИЩА ПРАВОВѢДѢНІЯ.

Замѣчаніе 1. Это справедливо, но это самое и объясняется безсиліемъ и неспособностью. Въ семействѣ нѣтъ сознанія своей силы и своего призванія: мудрено ли, что родители ищутъ воспитательной силы внѣ себя?

Отвѣтъ. Конечно. Но когда родители желаютъ держать своего питомца на положеніи экстерна, то можно ли этому противиться? Пусть будутъ закрытыя учебныя заведенія, пусть будутъ пріюты для воспитанія, но, какъ общее правило, система закрытыхъ заведеній врядъ-ли оправдывается пользою и справедливостью.

Замѣч. 2. Но вотъ чего не забудемъ. Есть у насъ, какъ и вездѣ, историческая и соціальная причина существованія закрытыхъ заведеній. Вспомнимъ XVIII столѣтіе. Во 2-й половинѣ правительство повсюду предалось со страстью мысли о просвѣщеніи народа, объ искорененіи заблужденій, о приготовленіи новой породы, новаго поколѣнія людей посредствомъ общественнаго воспитанія. Отсюда начинается распространеніе закрытыхъ заведеній. Безспорно, въ этомъ взглядѣ много идеализму, непрактическаго;—видно увлеченіе и нетерпѣніе, разсчетъ создать въ обществѣ такія силы, которыхъ нѣтъ въ немъ,—но въ этомъ взглядѣ есть и своя доля практичности. Общество наше далеко не привыкло еще къ самодѣятельности, и семейственныя начала въ немъ мало развиты; не мудрено, что Правительство беретъ на себя функцію семейства, по чѣмъ болѣе въ немъ жара и ревности къ общему благу, тѣмъ болѣе склонно оно принимать на себя всякую дѣятельность и даже чрезмѣрно увлекаться этимъ направленіемъ. Закрытыя заведенія принесли у насъ пользу въ свое время; думаю, что и теперь еще не время отказаться вовсе отъ этой системы,—не дѣлая ее никакъ общею. Вредъ, не въ самой идеѣ этой системы, а въ ея злоупотребленіяхъ, въ чиновничьей манерѣ воспитывать—какъ и служить, въ равнодушіи и неспособности воспитателей. Пользы не будетъ, если мы откроемъ свои закрытыя заведенія и оставимъ тѣхъ же людей, не умѣя выбрать лучшихъ. Замѣчу еще, что закрытыя заведенія вездѣ существуютъ и въ Англіи дѣйствуютъ съ великимъ успѣхомъ.

Отв. Глубоко основательное замѣчаніе это, выражая здѣсь и ту мысль, что систему закрытыхъ учебныхъ заведеній никакъ не должно дѣлать общею, вполнѣ указываетъ на сочувствіе почтеннаго оппонента нашему взгляду на закрытыя заведенія. Не забудемъ только того, что если въ обществѣ нашемъ семейственныя начала мало развиты, то врядъ-ли и въ правительствѣ, весьма смѣло берущемъ на себя функцію главы семейства, эти начала развиты болѣе, такъ какъ правительство принадлежитъ къ тому же обществу, не привыкшему къ самодѣятельности. При отсутствіи самодѣятельности въ воспитаніи своихъ дѣтей, врядъ-ли будетъ производительна и успѣшна самодѣятельность въ дѣлѣ воспитанія дѣтей чужихъ. Въ дѣлѣ собственно воспитанія (а не образованія) врядъ-ли воспитатели наши представляются болѣе способными, чѣмъ родители воспитанниковъ, тѣмъ болѣе, что многіе воспитатели сверхъ чужихъ дѣтей имѣютъ еще и своихъ природныхъ питомцевъ, которые исключительно ихъ занимаютъ. Въ Англіи соціальное развитіе, выражающееся значительно и въ разумной, прочной религіозности руководителей воспитанія юношества, весьма содѣйствуетъ достоинству англійской воспитательской практики, а извѣстно, что у насъ и по отношенію къ религіи основанія воспитанія представляются до крайности шаткими. Если же, подъ предлогомъ потребности общества въ воспитаніи отъ короны, правительство имѣетъ политическое основаніе путемъ общественнаго, односторонняго обученія и извѣстнаго рода дрессировки дать юношеству то или другое направленіе, приготовить его къ той или другой служебной или сословной кастѣ, то это—иное дѣло. Здѣсь уже обнаруживаются не семейственныя начала, не иниціатива нравственнаго воспитанія, а принципъ вполнѣ политическій, хозяйственный, который врядъ-ли въ настоящее время можетъ быть примѣненъ въ ущербъ высшихъ интересовъ отечественнаго просвѣщенія.

Замѣч. 3. Мнѣ кажется, здѣсь дѣло не въ числѣ, которое нельзя и опредѣлить, а въ опытности и сердечномъ участіи воспитателя. Кто опытенъ въ этомъ дѣлѣ, тотъ съумѣетъ устроить воспитаніе сотни и болѣе и, пріискавъ себѣ такихъ же помощниковъ, распредѣлить воспитанниковъ на группы.

Отв. Конечно, какъ ни эластично сердечное участіе достойнаго воспитателя, но успѣхъ его обусловливается большею или меньшею надобностію въ надзорѣ, опредѣляющемся въ свою очередь большимъ или меньшимъ числомъ воспитанниковъ, ввѣренныхъ воспитателю. Относительно же помощниковъ воспитателя, завѣдывающихъ группами его воспитанниковъ, весьма понятно, что такъ какъ эти помощники въ сущности тѣ же воспитатели, то обнаруживающаяся чрезъ это необходимость въ нѣсколькихъ и даже многихъ воспитателяхъ сознается и въ самихъ замѣчаніяхъ, намъ дѣлаемыхъ.

Замѣч. 4. «Ни къ чему болѣе», легко сказать это, но это нигдѣ не выполнялось и не можетъ выполниться по свойству человѣческой природы. Мы сами ужъ не мальчики, а спросимъ себя, достаточно ли намъ отвлеченной идеи для руководства, и по совѣсти должны будемъ сказать: нѣтъ. Какъ для того, чтобъ любить, надобенъ живой предметъ любви,—какъ для того, чтобъ вѣровать, надобно имѣть передъ собою вѣчнаго Бога, такъ точно для того, чтобъ слушать и слѣдовать, человѣку потребенъ живой авторитетъ. Этого требуетъ природа, и я убѣжденъ, что вся сущность воспитанія въ этомъ; а оставьте одну отвлеченную идею уваженія къ закону, этого не пойметъ и не приметъ живая натура, и люди, «воспитываемые только на правилѣ», будутъ сухими, односторонними эгоистами. Только условимся въ значеніи этого слова «авторитетъ»: онъ долженъ быть живой, а не мертвый, внутренній, а не одинъ только внѣшній; зерно его—любовь и уваженіе къ личности, которую человѣкъ признаетъ выше себя и высоту которой тогда и самъ будетъ стремиться достигнуть. Вотъ почему лице въ воспитаніи должно быть всегда на первомъ планѣ, а не отвлеченное правило или формальная инструкція.

Отв. Замѣчаніе это прекрасное, но не могу оставить его безъ отвѣта. Указывая на необходимость уваженія воспитанниковъ единственно ни къ чему болѣе какъ къ закону и основанному на немъ порядку, я понимаю здѣсь слово законъ въ противоположность грубому произволу, который не долженъ имѣть мѣсто въ дѣйствіяхъ воспитателя. Лице конечно всегда на первомъ планѣ въ воспитаніи,—лице, но въ дѣйствіяхъ лица—законъ. Для того, чтобы уважать этотъ законъ въ дѣйствіяхъ воспитателя, необходима нравственная связь воспитанника съ тѣмъ лицемъ, которому дѣйствія эти принадлежатъ и которое тѣмъ болѣе направляетъ свои дѣйствія къ пользѣ воспитанника, чѣмъ болѣе воспитатель представляетъ въ себѣ нравственный авторитетъ для ввѣренныхъ ему питомцевъ. Относительно необходимости нравственнаго авторитета въ дѣлѣ воспитанія, которому придается столь большое значеніе въ замѣчаніяхъ, намъ дѣлаемыхъ, я долженъ выписать здѣсь то, что мною нѣкогда было изложено для разъясненія идеи, руководящей меня постоянно въ моемъ нерасположеніи и даже антипатіи къ столь обобщенной у насъ монопольной системѣ замкнутаго, общественнаго воспитанія.

Разъ навсегда священными законами природы установленный порядокъ ввѣряетъ родителямъ воспитаніе ихъ дѣтей: матери — развитіе сердца, отцу при содѣйствіи духа, требованій времени, т. е. общественнаго авторитета,—образованіе ума. Засимъ нравственное развитіе питомца по достиженіи имъ возраста самостоятельности усовершенствуется самовоспитаніемъ...

Опытъ съ своей стороны показываетъ, что прекращеніемъ родительскаго воспитанія съ раннихъ лѣтъ дитяти надрывается моральная связь питомца съ родителями въ самомъ ея корнѣ, — а именно: нарушается родительскій авторитетъ семейной нравственности; правда, обычай рутины и предразсудка думаетъ перенести этотъ авторитетъ хотя можетъ-быть не далѣе какъ улицы черезъ двѣ изъ-подъ родительскаго крова, въ стѣны такъ-называемаго «закрытаго учебнаго заведенія», но не такъ-то легко, какъ полагаютъ многіе, искусствомъ достигнуть того, что дается непосредственно природою. Въ дѣлѣ искусственнаго воспитанія (въ закрытомъ учебномъ заведеніи) идеалъ нравственнаго вліянія на питомца имѣется еще только въ виду; между тѣмъ какъ въ естественномъ родительскомъ воспитаніи, которое и составляетъ именно на самомъ дѣлѣ существующій идеалъ воспитанія искусственнаго, нечего стремиться къ тому, что непосредственно доставляется родителямъ самою природою. Обратите на это вниманіе, почтенные родители. Если вы считаете себя образованными, развитыми, какъ же васъ понять, когда вы уже съ ранней молодости вашихъ дѣтей, слагая съ себя трудъ ихъ воспитанія, стремитесь, однакожъ, въ заботливости о нравственномъ для нихъ авторитетѣ, къ тому, что, будучи для васъ самихъ незамѣченнымъ вами или пренебрегаемымъ въ рукахъ вашихъ даромъ природы, составляетъ для другихъ воспитателей, которымъ вы довѣряете дѣтей, только лишь болѣе или менѣе отдаленную, идеальную цѣль. Искать на рискъ въ другихъ то, что уже имѣешь въ самомъ себѣ, или, другими словами, не пользоваться извѣстными средствами потому только, что, не замѣчая ихъ при себѣ или пренебрегая ими, — думаешь найти ихъ въ другихъ, — представляется, по крайней мѣрѣ въ дѣлѣ воспитанія человѣка, дѣломъ крайне удивительнымъ и объясняющимся развѣ или ограниченностью родителей или же ихъ корыстью, малодушіемъ, апатичностью, безчувственностію.

Не знаю, какой существуетъ педагогическій смыслъ въ подобныхъ основаніяхъ для воспитанія дѣтей, но уже въ силу одной логики только одинаковыя причины производятъ одинаковыя послѣдствія, и родители, полагая, что успѣхъ воспитанія въ закрытомъ учебномъ заведеніи будетъ равенъ успѣху домашняго воспитанія, вполнѣ ошибаются, такъ какъ между присутствіемъ родительскаго нравственнаго авторитета дома и отсутствіемъ его же въ заведеніи — большая разница. Причины далеко не одинаковы.

Не трудно казалось бы понять, что первое условіе воспитанія есть то, чтобы между воспитателемъ и его питомцемъ установить моральную связь, которая непринужденно склоняла бы питомца видѣть въ воспитателѣ нравственный авторитетъ. Въ отношеніяхъ родителей къ дѣтямъ эта моральная связь основана самою природою; когда же прекращеніемъ родительскаго воспитанія, какъ замѣчено выше, подрывается эта связь, то нужно образовать новую связь, которая связала бы питомца съ тѣмъ, кому его ввѣряютъ. Но въ нашихъ закрытыхъ учебныхъ заведеніяхъ эта моральная связь выработана быть едвали можетъ вопервыхъ потому, что дѣти, поступая въ заведеніе, совсѣмъ не знаютъ своихъ воспитателей и обратно, и вслѣдствіе отсутствія домашняго знакомства этихъ лицъ съ ихъ родителями не понимаютъ того довѣрія, на основаніи котораго они поручены воспитанію вполнѣ чужихъ для ихъ семейства лицъ; вовторыхъ наши воображаемые, такъ-называемые воспитатели, имѣя обыкновенно своихъ собственныхъ дѣтей и руководимые нерѣдко одними разсчетами жизни при поступленіи на воспитательское мѣсто, не могутъ ни съ того ни съ сего воспитывать чужихъ дѣтей, да еще по нѣскольку десятковъ разомъ, когда съ своими дѣтьми они можетъ быть едва справляются. Поэтому и дѣти, инстиктивно понимая неестественно фамильярныя отношенія къ себѣ воспитателей, большею частью нетолько не выказываютъ имъ сыновняго или дружескаго, но даже и обыкновеннаго уваженія, чему съ своей стороны конечно содѣйствуетъ вообще несовершенная организація существующихъ нынѣ закрытыхъ учебныхъ заведеній. При такихъ условіяхъ какое же представляется основаніе для нравственнаго воспитанія?

Но разъ принятъ ученикъ въ заведеніе, то вмѣстѣ съ обученіемъ нужно вѣдь имѣть вліяніе на безпокойную молодежь, а то послѣдуютъ ослушаніе за ослушаніемъ, скандалъ за скандаломъ, исторія за исторіей,—вотъ и приходится за неимѣніемъ нравственнаго авторитета силою власти, угрозы и бичемъ формалистики дрессировать, дрессировать и дрессировать; а такъ какъ при такой системѣ въ закрытыхъ учебныхъ заведеніяхъ конечно преобладаетъ элементъ личнаго произвола, образуя весьма непостоянное jus non scriptum, которое смотря по образованію начальства и духу заведенія отличается вездѣ особеннымъ характеромъ, то и выходятъ различные лады дрессировокъ свойственные каждому заведенію въ особенности, такъ напр. церковный ладъ, военный, лицейскій, правовѣдскій, инженерный и пр., гимназическіе также имѣютъ свои оттѣнки...

Характеръ каждой изъ этихъ дрессировокъ образуется путемъ весьма естественнымъ: молодой возрастъ воспріимчивъ; дурные примѣры товарищей въ ихъ семейномъ школьномъ кругу легко находятъ себѣ послѣдователей; путемъ ихъ образуются разныя привычки и обычаи, обращающіеся въ правила товарищества; начальство, не обращая вниманіе на многія стороны этого товарищества, безсознательно поощряетъ ихъ развитіе; не слѣдя за проявленіями человѣческаго достоинства въ дѣтяхъ, оно тѣмъ самымъ лишено возможности, вліяніемъ педагогическимъ, изгладить изъ нихъ то, что препятствуетъ правильному направленію ихъ нравственности... Какъ законодательство народа можетъ быть организовано такимъ образомъ, что оно само будетъ подавать поводъ дѣлать беззаконіе, такъ и кодексъ педагогическій можетъ незамѣтно соединять въ себѣ основанія для самыхъ вредныхъ результатовъ. Если составитель его не предвидѣлъ способности и возможности воспитанника хитростью увернуться отъ исполненія тѣхъ или другихъ обязанностей и правилъ или разными фальшивыми путями «казаться только, а не быть»,—въ такомъ случаѣ и педагогическій кодексъ будетъ нѣкоторымъ образомъ даже содѣйствовать скрытности воспитанника, отсутствію въ немъ самостоятельности,—слабости воли, разнаго вида фальши и пр. При такой недальновидной, неуклюжей педагогикѣ, неудивительно, что то зло, которое незамѣтно скрывается и поддерживается въ воспитанникахъ, съ самаго начала ихъ пребыванія въ заведеніи, оно самое конечно постепенно въ нихъ и развивается; оно переходитъ вмѣстѣ съ ними изъ класса въ классъ, минуетъ дремлющее око педагогическихъ конференцій, выдерживаетъ цензурные опыты воспитательскихъ наблюденій и благополучно выходитъ съ нимъ изъ заведенія на поприще человѣческой дѣятельности;—но привычка обращается въ натуру; эту вторую натуру исправить уже трудно, и вотъ остается этотъ cachet apart, этотъ типъ, который и даетъ видѣть, изъ какого молодой человѣкъ заведенія, какой онъ школы и какой дрессировки.

Замѣч. 5. Это такъ, но не забудемъ, что странно было бы воспитаніе раздѣлить на 2 клѣтки, изъ коихъ въ одной приготовляется человѣкъ, а въ другой спеціалистъ. Спеціалистъ—тотъ же человѣкъ, и всякій человѣкъ имѣетъ склонность къ чему-либо спеціальному. Не запутываемъ ли мы вопроса, когда напираемъ на это отличіе и какъ бы противополагаемъ человѣка — спеціалисту. Мнѣ кажется, что это противоположеніе—моментъ несущественный въ развитіи вопроса. Односторонность вредна во всякомъ развитіи.

Отв. Не забудемъ также, что человѣкъ дѣлается спеціалистомъ лишь въ извѣстную пору жизни, при извѣстномъ возрастѣ и развитіи, и спеціальность его тогда только есть фактъ неоспоримый; до того же времени человѣкъ есть ничто болѣе какъ человѣкъ, образованный конечно, но никакъ не спеціалистъ. Кажется, это очевидно. Человѣкъ не можетъ быть названъ спеціалистомъ въ ту пору, когда онъ лишь подъ условіемъ законченнаго общаго образованія и надлежащаго развитія можетъ только приступить къ изученію извѣстной спеціальности; притомъ во всякомъ случаѣ человѣкъ, получившій приготовительное общее образованіе, и засимъ посвятившій себя извѣстной спеціальности, никакъ не будетъ представлять въ себѣ односторонности въ образованіи, о которой говорится въ сдѣланномъ замѣчаніи, иначе для того, чтобы не быть одностороннимъ, пришлось бы сдѣлаться совершеннымъ энциклопедистомъ или спеціалистомъ по всѣмъ наукамъ.

Замѣч. 6. Поэтому.... Не по одному этому, не потому только обращается исключительное вниманіе на спеціальныя науки. Тогда можно было бы думать, что спеціальныя науки процвѣтаютъ, а мы видимъ, хотя бы по Училищу, что и спеціальныя науки едвали болѣе, въ сущности, процвѣтаютъ, чѣмъ напр. Исторія; будемъ имѣть въ виду массу;—разумѣется отдѣльныя личности сами по себѣ развиваются. Между тѣмъ ясно—что если напр. преподается въ надлежащемъ видѣ и объемѣ гражданское право, то оказывается необходимость расширить преподаваніе и политической исторіи и т. п. Языкознаніе скудно у насъ во всѣхъ заведеніяхъ, Словесность тоже. Это не отъ того, что намѣренно пренебрегаютъ предметами общечеловѣческаго образованія, а отъ того, что преподаваніе большею частью въ рукахъ наемниковъ, промышленниковъ, а не людей, занимающихся дѣломъ — какъ дѣломъ жизни. Оттого мы видимъ, что едва появляется на каѳедрѣ, хотя бы и не спеціальнаго предмета, живой человѣкъ съ знаніемъ и любовью, всѣ стремятся къ нему и самый предметъ выступаетъ на первый планъ.

Изъ названныхъ предметовъ, Исторія въ такой тѣсной связи со всѣми юридическими и политическими науками, что и отдѣлить ее нельзя отъ нихъ. Умѣніе выражать свои мысли въ словѣ и на письмѣ—дѣло разума и опыта, оно необходимо для каждой науки, гдѣ только наука живо преподается и пр. Тутъ нельзя сказать: отдѣлимъ этотъ предметъ въ приготовительный курсъ, и затѣмъ покончимъ; съ Исторіей нельзя напр. покончить: она необходимо примкнетъ къ каждому спеціальному предмету.

Отв. Изъ того, что общее, гимназическое образованіе у насъ весьма скудно въ закрытыхъ учебныхъ заведеніяхъ, вовсе не слѣдуетъ заключать, что спеціальныя науки у насъ процвѣтаютъ, хотя на нихъ обращаютъ исключительное вниманіе, въ чемъ и представляется правильное основаніе находить, что спеціальные курсы у насъ на лучшемъ положенiи чѣмъ общіе. Что касается до исторіи, то мы ничего не говоримъ противъ того, что она необходимо примыкаетъ къ каждому спеціальному предмету, насколько къ нему относится. Но какъ предметъ отдѣльной каѳедры, намъ кажется, всеобщая Исторія болѣе умѣстна въ курсѣ общаго образованія.

Замѣч. 7. Человѣкомъ образованнымъ. Это или мало сказано или слишкомъ много. Въ гимназическомъ курсѣ человѣкъ потому уже не можетъ сдѣлаться совершенно образованнымъ, что въ 16—17 лѣтъ не многіе достигаютъ самостоятельности мышленія, пріобрѣтаютъ способность здравой воспріимчивости преподаваемаго. Достаточно, чтобы гимназія подготовляла запасъ фактовъ, освѣщая ихъ по-возможности простымъ воззрѣніемъ, и возбудила интересъ къ наукѣ, желаніе знать, развивать свое знаніе и склонность къ той или другой отрасли знанія.

Отв. Возрастъ воспитанниковъ старшаго класса гимназіи не долженъ бы быть менѣе 17 и 18-и лѣтняго, а можетъ быть требовался бы и еще большій возрастъ, еслибъ гимназическій курсъ былъ полнѣе, серьезнѣе, совершеннѣе. Засимъ мы не согласны съ тѣмъ, чтобы гимназія возбуждала лишь желаніе знать, развивать свое знаніе и интересоваться наукою. Это слишкомъ мало въ особенности для тѣхъ которые, не имѣя въ виду спеціальное образованіе, хотѣли бы в... ти изъ гимназіи то, что для образованнаго гражданина нуж... удетъ ли то ремесленникъ или колежскій регистраторъ.

Замѣч. 8. Въ такомъ случаѣ зачѣмъ уже оставлять приготовительный классъ и переводить въ него 6-й и 7-й курсы? Они сами по себѣ будутъ приготовительными курсами и войдутъ въ составъ общаго образованія: только прибавится еще годъ.

Отв. Скажу даже больше. Тому, что преподается въ 7 и 6 классахъ Училища, воспитанникъ можетъ весьма хорошо выучиться и въ гимназіяхъ, но если я предлагаю отнести курсы этихъ классовъ къ приготовительному классу, то при этомъ я имѣю въ виду, вопервыхъ, сдѣлать приготовительный классъ открытымъ учебнымъ заведеніемъ или просто школой, которая и безъ привиллегированнаго отношенія ея къ Училищу Правовѣдѣнія, уже какъ школа собственно, будетъ въ Петербургѣ полезна; вовторыхъ, вслѣдствіе такой новой организаціи приготовительнаго Училища, очистится въ немъ больше помѣщенія нужнаго для предполагаемаго увеличенія въ немъ классовъ отъ сокращенія числа классовъ Училища; въ третьихъ, начальство вѣроятно пожелаетъ сохранить приготовительный классъ нетолько какъ вѣрный источникъ поставки дѣтей въ Училище, но и какъ доходную статью, такъ какъ оно до такой степени съ этою выгодою соображается, что число воспитанниковъ перешло уже далеко за предѣлы опредѣленной цифры по штату, и чрезъ это дѣти чрезвычайно стѣснены въ своемъ помѣщеніи. Конечно, родители не обращаютъ на это особаго вниманія, такъ какъ цѣль ихъ состоитъ лишь «въ томъ, чтобы дѣтей своихъ скорѣе сдать въ Училище», что и само начальство вѣроятно отчасти имѣетъ въ виду. Смотря же на приготовительный классъ Училища съ другой стороны согласно педагогическимъ основаніямъ, выраженнымъ въ разныхъ частяхъ нашихъ записокъ, въ особенности въ воспитательномъ отдѣлѣ, мы вовсе не противъ совершеннаго упраздненія приготовительнаго класса. Не говоря о томъ, что поступаютъ же дѣти въ Училище и изъ частныхъ пансіоновъ, не смотря на то, что они довольно стѣснены привиллегированностью приготовительнаго класса, составляющаго въ сущности 8-й классъ Училища Правовѣдѣнія, я замѣчу, что если въ Училищѣ системѣ закрытаго воспитанія будутъ подчинены лишь тѣ, которые нуждаются въ пріютѣ, и другіе по особенно лишь уважительнымъ обстоятельствамъ, то очистится не мало помѣщенія для устройства, даже сверхъ существующихъ четырехъ младшихъ классовъ, еще двухъ первоначальныхъ классовъ, подходящихъ къ теперешнему приготовительному классу.

Воспользоваться этимъ можно будетъ безъ ущерба и въ экономическомъ отношеніи, такъ какъ, хотя и чрезъ увеличеніе вольноприходящихъ воспитанниковъ, въ Училищѣ при новомъ его положеніи уменьшится доходъ, но зато чрезъ увеличеніе числа воспитанниковъ вообще и чрезъ сокращеніе расходовъ, существующихъ при теперешней системѣ закрытаго воспитанія Училища, уменьшеніе дохода въ общемъ итогѣ будетъ не значительно, тѣмъ болѣе, что съ вырученной суммы за продажу зданія приготовительнаго класса, за выдѣломъ изъ нея извѣстной части единовременно въ пользу новаго переустройства Училища, Училище также можетъ имѣть свою прибыль.

Замѣч. 9. Предполагается завести особыхъ репетиторовъ. Но гдѣ мы возьмемъ ихъ при общей бѣдности въ людяхъ, и особенно для воспитательнаго дѣла? Пожалуй назначить можно, но дѣло не въ томъ, чтобы былъ человѣкъ, а чтобы человѣкъ былъ какъ слѣдуетъ. Поэтому мнѣ кажется, еслибъ на выборъ воспитателей было обращено должное вниманіе, еслибы воспитатели были люди многосторонне образованные съ призваніемъ къ своему дѣлу и еслибъ между ними и классомъ установилась нравственная связь, тѣ же воспитатели могли бы быть репетиторами какъ и бывало въ первые годы существованія Училища: воспитатель сидѣлъ по вечерамъ съ классомъ, бесѣдовалъ, объяснялъ и помогалъ. Зато воспитателямъ надо предоставить всевозможныя матеріальныя удобства, ибо ихъ дѣло великое и почтенное, которому они должны отдать себя всецѣло.

Затѣмъ Училищному начальству пусть предоставлено будетъ право, если найдется еще человѣкъ надежный, способный къ дѣлу воспитанья, приглашать и его къ тому же дѣлу, не стѣсняясь положеннымъ штатомъ классныхъ воспитателей,—для того, чтобы умножить силы Училища, когда штатныхъ воспитателей окажется недостаточно.

Отв. Смыслъ учрежденія репетиторовъ всего лучше разовьется на практикѣ. По теоріи же должность репетитора предполагаетъ въ лицѣ, ее принимающемъ, условія учебнаго образованія въ довольно совершенной степени, а для воспитателя (собственно какъ для воспитателя) эти условія не представляются существенными. Къ тому-же при соединеніи должностей воспитателя и репетитора воспитатель будетъ болѣе чѣмъ слѣдуетъ обременяемъ занятіями и слишкомъ стѣсненъ, между тѣмъ какъ занятія кабинетныя и общественныя сверхъ предмета воспитанія и другими предметами будутъ ему полезны и какъ воспитателю. И въ самомъ дѣлѣ желательно, чтобы въ качествѣ гражданина воспитатель по-возможности слѣдилъ за движеніями просвѣщенія и принималъ въ нихъ не одностороннее участіе. Тѣмъ неменѣе нельзя не сознаться, что было бы особенно пріятно имѣть для репетиторскихъ и воспитательскихъ обязанностей одно лице. Объ этомъ и говорится въ нашихъ запискахъ; но трудно найти такихъ способныхъ лицъ.

Замѣч. 10. Объ этомъ скажу тоже, что это будетъ дѣло воспитателей, и воспитатель, достойный своего имени, никогда не упуститъ изъ виду этого, лишь бы отношенія его къ классу были не просто начальничьи или чиновничьи, а отношенія взаимнаго довѣрія. Тогда онъ можетъ по вечерамъ и читать съ воспитанниками и бесѣдовать о прочитанномъ.

О чтеніи вотъ что еще надо сказать. Для чтенія надобенъ досугъ и свобода, а у прилежнаго воспитанника въ низшихъ классахъ при репетиціяхъ и упражненіяхъ дѣйствительно мало остается времени для самостоятельнаго чтенія. Естественно, что въ минуты досуга ему хочется отдохнуть, побѣгать, порѣзвиться; «отдыхать» далеко не у всякаго значитъ—сидѣть съ книжкой. Это дѣло особеннаго вкуса, особенной любви къ чтенію, по свойству натуры.

И то надо сказать, что у насъ всѣ предварительные курсы обременены множествомъ обязательныхъ предметовъ. Чему-чему не учатся, и все время должно быть занято приготовленіемъ къ урокамъ.

Отв. Безъ сомнѣнія, какъ это и означено въ запискахъ, число лекцій и количество учебныхъ занятій должно значительно сократиться, что и послѣдуетъ главнѣйшимъ образомъ при распространеніи двухъ курсовъ 5-го и 4-го классовъ на три года; тогда и досужнаго времени у воспитанниковъ будетъ гораздо больше. Мы уже высказали ту мысль, что торопиться съ ученіемъ отнюдь не слѣдуетъ, равно какъ и начинять голову воспитанника всякою всячиной.

Замѣч. 11. Да, но это отвлеченная мысль, а на самомъ дѣлѣ похвальный листъ есть только премія тщеславнаго воспитанника и его родныхъ.

Отв. Кто другой, но никакъ не воспитанникъ будетъ видѣть премію тщеславія въ листѣ бумаги, на которой написано только то, что такой-то учился такъ-то и такъ-то и подлежитъ переводу въ слѣдующій классъ, тѣмъ болѣе, что подобный листъ получитъ каждый смотря по свѣдѣніямъ, опредѣляющимся годичными успѣхами воспитанника.

Замѣч. 12. Я скорѣе даже оправдаю книжные подарки. Я бы оставилъ ихъ, только въ другомъ видѣ безъ всякой торжественности, безъ надписей, и не на актѣ, а во всякое время; отчего не подарить воспитаннику книгу, которую ему пріятно имѣть по тому предмету, по которому онъ сдѣлалъ особенные успѣхи?

Отв. Противъ книгъ, даримыхъ во всякое время безъ надписей по тому предмету, по которому воспитанникъ дѣлаетъ успѣхи, ничего сказать нельзя, тѣмъ болѣе что почему дѣйствительно не сдѣлать этимъ удовольствіе воспитаннику, когда замѣчена въ немъ охота, любовь къ предмету. Не также невозможно и защищать пользу такого нововведенія, потому что несмотря на всю частность и интимность подобныхъ подарковъ все-таки воспитанники будутъ видѣть въ нихъ выраженіе нѣкоторой вещественной оцѣнки успѣховъ своихъ и притомъ оцѣнки исходящей отъ лица начальства, т. е. отъ оффиціальной стороны, причемъ выдача подарка не можетъ произойти въ-тихомолку, а съ нѣкоторою гласностью, официальностью — и выйдетъ, что предлагаемое нововведеніе при всей своей интимности и скромности подойдетъ подъ категорію тѣхъ существующихъ нынѣ подарковъ, которые повидимому не встрѣчаютъ себѣ сочувствія и въ замѣчаніяхъ намъ дѣлаемыхъ. Къ тому-же нужно замѣтить, что если только одинъ разъ начальство какъ-нибудь несправедливо поступитъ въ раздачѣ подарковъ по означенной новой системѣ, то этого будетъ достаточно, чтобы нарушить вполнѣ кредитъ интимной щедрости начальства, возбудить въ воспитанникахъ зависть со всѣми ея послѣдствіями и внести неумѣстный матеріальный интересъ въ занятія воспитанниковъ. Если кто-либо изъ начальства, воспитатель или другое лице на свой счетъ подаритъ книгу воспитаннику, то это будетъ вполнѣ семейное, частное дѣло, которое, будучи лишь умѣстно въ низшихъ классахъ, можетъ и не быть вреднымъ. Всего важнѣе кажется то, чтобъ Училищная библіотека была какъ можно болѣе богата разнообразіемъ и разностороннностью своего состава на пользу всѣхъ воспитанниковъ, а всего доступнѣе должна она быть тѣмъ воспитанникамъ, которые, будучи замѣчены въ охотѣ или любви къ какому-нибудь предмету, дѣйствительно заслужатъ удовольствіе свободно заниматься въ библіотекѣ какъ-бы съ преимущественнымъ на то правомъ.

Замѣч. 13. Эту систему выдачи красныхъ и бѣлыхъ билетовъ я не могу одобрить; она мнѣ кажется несообразною съ здравыми началами нравственнаго воспитанія. Это — та же награда тщеславію, развивающая тщеславіе и въ воспитанникахъ и въ дѣтяхъ. Если только существуютъ прямыя искреннія отношенія воспитателей къ воспитанникамъ, — въ этой системѣ нѣтъ никакой нужды: воспитанникъ пусть чувствуетъ одобреніе и пріучается сознавать, что сдѣлалъ свое дѣло, но это должно быть внутреннимъ сознаніемъ, а какъ скоро есть видимый, формальный признакъ похвалы и одобренія, выражаемый въ бумагѣ или въ цифрѣ, этотъ признакъ получаетъ значеніе знака отличія и развиваетъ тщеславіе, заставляетъ каждаго мѣрить, взвѣшивать и сравнивать свое познаніе и свое достоинство.

И для родителей я не вижу надобности въ такомъ удостовѣреніи. Родители сами могутъ и должны слѣдить за развитіемъ и успѣхами ребенка, и могутъ получать отъ начальства непосредственно всѣ объ немъ свѣдѣнія.

Отв. Такъ какъ мы вовсе не считаемъ непремѣнно необходимымъ различіе билетовъ по цвѣтамъ, то здѣсь и нечего вновь распространяться объ этомъ собственно предметѣ. Но мы несогласны съ тѣмъ, что тотъ или другой цвѣтъ имѣетъ значеніе похвалы или неодобренія; цвѣтъ здѣсь не имѣетъ значенія какой-либо оцѣнки и служитъ только видимымъ признакомъ для опредѣленія однимъ словомъ «красный, бѣлый или др.», какой именно полученъ билетъ, что представляетъ нѣкоторое удобство и въ разговорѣ объ этихъ билетахъ, такъ какъ одни слова «красный, бѣлый», соотвѣтствуя по принятой однажды нормѣ нѣкоторымъ рѣзкимъ оттѣнкамъ въ степени знанія и прилежанія воспитанника, даютъ съ разу видѣть, какъ воспитанникъ, получившій такой или другой билетъ, въ продолженіе недѣли училея. Если же некому видѣть это при неимѣніи у воспитанника родныхъ и знакомыхъ въ городѣ, билетъ во мнѣніи такого воспитанника, какъ и всѣхъ воспитанниковъ вообще, будетъ заключать въ себѣ лишь передачу дѣйствительно существовавшаго факта, въ силу котораго воспитаннику воздается только должное, къ удовольствію его или неудовольствію.

Имѣя случай видѣть на самомъ дѣлѣ значеніе цвѣта въ цензурныхъ билетахъ, я могу наконецъ сказать, что красный или другой цвѣтъ имѣетъ здѣсь то же значеніе, какъ та или другая цифра въ оцѣнкѣ успѣховъ воспитанника, какъ 5 или 4, 12 или 9 и т. д. Цифирная система представляетъ только болѣе дробленія, болѣе степеней, чѣмъ цвѣта, которыми оцѣнка хотя и не столь математически, но болѣе просто обрисовывается, подобно оцѣнкѣ словами: «хорошо, посредственно, дурно.» Такимъ образомъ нельзя утверждать, чтобы красный билетъ представлялъ собою только одинъ «знакъ отличія». Но если, согласно мнѣнію выраженному въ замѣчаніи, воспитанники будутъ вслѣдствіе такого знака отличія только еще болѣе взвѣшивать свое познаніе, то въ этомъ еще дурнаго ничего нѣтъ. Что касается до родителей, которые, какъ замѣчено намъ, должны бы сами безъ билетовъ слѣдить за развитіемъ и успѣхами воспитанника, то вѣдь въ самихъ замѣчаніяхъ, намъ сдѣланныхъ, замѣчено, что у насъ родители вообще очень мало развиты и стало быть не очень-то способны и для такого предлагаемаго имъ дѣла; а кромѣ того врядъ-ли цензурные билеты не могутъ сами по себѣ служить весьма удобнымъ руководствомъ къ тому, чтобы родители дома провѣряли знаніе дитяти и слѣдили за ходомъ ученія его въ школѣ, равно какъ и за преподаваніемъ въ ней предметовъ.

ЧАСТЬ II.

ОТДѢЛЪ СПЕЦІАЛЬНО-УЧЕНАГО ОБРАЗОВАНІЯ УЧИЛИЩА ПРАВОВѢДѢНІЯ.

ЧАСТЬ II.

Отдѣлъ спеціально-ученаго образованія Училища Правовѣдѣнія.

Значеніе спеціальнаго образованія Училища; его характеръ и направленіе. Юридическая спеціальность и отношенія Училищной спеціальности къ факультетской спеціальности Университетовъ; составъ курса; предѣлы учебнаго времени; учебные предметы и послѣдовательность въ ихъ распредѣленіи. Преподаваніе; отношенія учебныхъ занятій воспитанниковъ къ положенію Училища какъ воспитательнаго заведенія; отношеніе общаго образованія къ спеціальному; система руководства воспитанниковъ въ ихъ занятіяхъ; способы къ успѣху въ нихъ.— Основанія и планъ распредѣленія лекцій, съ двумя таблицами; ученыя и судебно-практическія занятія.—Практическій курсъ дополнительнаго учебнаго полугодія для воспитанниковъ 1-го класса; переходъ отъ ученія—къ службѣ, къ общественной дѣятельности.

ГЛАВА I.

Объ Училищѣ Правовѣдѣнія какъ учебномъ заведеніи, дающемъ спеціально-ученое образованіе, т. е. о нынѣшнемъ старшемъ курсѣ этого Училища, состоящемъ изъ трехъ классовъ.

Въ разсужденіи спеціальности училища правовѣдѣнія прежде всего обращаетъ на себя вниманіе то, что по уставу училища воспитанники имѣютъ своимъ назначеніемъ быть «юристами практиками», каковое названіе и теперь еще толкуется различно. Намъ кажется, что единственное объясненіе этого слова, которое можно принять, не нарушая нисколько достоинства училищнаго устава, есть то, что слово «практикъ» тождественно здѣсь со словомъ чиновникъ ([14]), а присутствіе слова «юристъ», опредѣляя то служебное вѣдомство, т. е. вѣдомство министерства юстиціи, по которому практикъ этотъ долженъ служить, прежде всего однакожъ предполагаетъ въ этомъ практикѣ юридическое образованіе, какъ главное основаніе его служебнаго поприща; юридическое же образованіе не можетъ быть ни исключительно теоретическое, ни исключительно практическое и тѣ, которые, считая училище правовѣдѣнія исключительно практическимъ, противопоставляютъ ему университетскій юридическій факультетъ, крайне ошибаются и въ отношеніи къ училищу правовѣдѣнія и въ отношеніи къ университету. Теорія въ дѣлѣ юридическаго образованія, какъ основаніе его, необходима и въ училищѣ правовѣдѣнія, и, къ чести училища, она и входитъ въ курсъ его спеціальной части; практика (¹⁵), будучи въ отношеніи къ теоріи, тоже, что послѣдствіе въ отношеніи къ причинѣ, такъ тѣсно связана съ теоріею, что безъ нея никакой спеціальный учебный курсъ не будетъ полонъ и совершенъ, и этотъ недостатокъ обнаружится и въ томъ случаѣ, когда въ курсъ не войдетъ элементъ практическій. Эта неполнота и несовершенство въ организаціи юридическихъ курсовъ и существуетъ какъ въ училищѣ правовѣдѣнія, такъ и въ университетахъ вообще оттого именно, что хотятъ рѣзко отличить теоретическое образованіе отъ практическаго. Между тѣмъ на дѣлѣ оказывается: что по окончаніи университетскаго юридическаго образованія студенты въ общемъ правилѣ поступаютъ на службу по разнымъ вѣдомствамъ, въ томъ числѣ и по вѣдомству министерства юстиціи, такъ же какъ и воспитанники училища правовѣдѣнія; такъ же, какъ и эти, служатъ хорошо или дурно, въ чинахъ и повышеніяхъ подвигаются успѣшно или не успѣшно (¹⁶), дѣлаютъ хорошую карьеру или не имѣютъ никакихъ шансовъ къ успѣху въ ней. Такимъ образомъ, на основаніи того, что только одинаковыя причины имѣютъ одинаковыя послѣдствія, можно придти къ тому заключенію, что какъ студенты, такъ и наши правовѣды въ отношеніи къ юридическому образованію и основанному на немъ знанію дѣла, могутъ быть на практикѣ какъ одинаково полезны, такъ и одинаково вредны. На самомъ дѣлѣ однакожъ сходство въ курсахъ юридическаго факультета и училища правовѣдѣнія далеко не совершенное: первый считается преимущественно теоретическимъ вѣроятно потому, что въ него входитъ напр. политическая экономія и другіе предметы, а практическихъ занятій по части русскаго судопроизводства, въ общемъ правилѣ, не полагается въ немъ, а также и потому, что при выпускѣ въ университетѣ даются такъ-называемыя ученыя степени; курсъ же училища правовѣдѣнія не даетъ ученой степени, но заключая въ себѣ сверхъ всѣхъ предметовъ факультетскаго юридическаго курса, исключая политической экономіи, полицейскаго и международнаго права, гражданское и уголовное право, мѣстные и межевые законы, считается преимущественно практическимъ.

Соображая съ одной стороны такое отличіе университетскаго юридическаго курса отъ курса училища правовѣдѣнія, съ другой стороны не замѣчая на дѣлѣ отличія въ служебныхъ успѣхахъ и юридическихъ занятіяхъ студентовъ и правовѣдовъ, невольно удивляешься тому, какъ одинаковыя послѣдствія происходятъ отъ неодинаковыхъ причинъ. Если однакожъ пристальнѣе разсмотрѣть и анализировать, почему въ данномъ случаѣ причины повидимому не одинаковыя производятъ одинаковыя послѣдствія, то окажется слѣдующее: въ университетѣ при существующей системѣ послабленія и неращіональнаго контроля на экзаменахъ политическая экономія, равно и полицейское право вовсе не такъ дѣйствительны въ дѣлѣ юридическаго образованія студентовъ, а недостаточность сравнительнаго метода въ преподаваніи и отсутствіе практическихъ занятій еще болѣе содѣйствуютъ несовершенству этого образованія; училище же правовѣдѣнія вслѣдствіе своего практическаго значенія, хотя выигрываетъ и въ теоретическомъ отношеніи, по причинѣ тѣсной связи теоріи съ практикой, но оно также очень слабо въ своихъ средствахъ къ надлежащему юридическому образованію по той же причинѣ дурно и недобросовѣстно организованныхъ экзаменовъ, а также по причинѣ неполноты курса въ теоретическомъ отношеніи, равно и отсутствія сравнительнаго метода въ преподаваніи предметовъ юридическихъ. Въ училищѣ практическія занятія по части отечественнаго судопроизводства такъ жалко организованы, такъ скудны, что польза ихъ чрезвычайно ограниченна; и студенты, если при поступленіи на службу и меньше знаютъ судопроизводство чѣмъ правовѣды, но черезъ три, четыре мѣсяца,—познанія тѣхъ и другихъ по этому предмету совершенно уравниваются. Такимъ образомъ какъ университетскій юридическій факультетъ, такъ и училище правовѣдѣнія въ смыслѣ спеціальнаго образованія даютъ своимъ питомцамъ, что-то смѣшанное, общее подъ именемъ юридическаго, причемъ предметы, по отношенію къ которымъ паралель курсовъ училища правовѣдѣнія и юридическаго факультета могла бы нарушаться и на самомъ дѣлѣ какъ будто нарушается, образуютъ въ дѣйствительности такую слабую между тѣмъ и другимъ курсомъ разницу, что она, судя по послѣдствіямъ, отъ того происходящимъ, даже не существуетъ. Многое изъ прочитаннаго профессорами на обоихъ курсахъ, училищномъ и университетскомъ, остается невыученнымъ, непонятнымъ, неусвоеннымъ, большая часть выученнаго или зазубреннаго рѣшительно забывается даже вскорѣ послѣ экзаменовъ и основаніемъ въ служебныхъ занятіяхъ остается главнѣйшимъ образомъ собственное природно соображеніе и развитіе, которое и есть залогъ успѣха или неуспѣха въ служебной карьерѣ; при этомъ какъ для правовѣдовъ такъ и для студентовъ кабинетныя юридическія занятія составляютъ почти въ равной степени рѣдкое исключеніе, такъ какъ отчасти пройденный юридическій курсъ не очень къ нимъ пріохочиваетъ, а потомъ и интересы чиновной службы не способны особенно завлечь юнаго дѣятеля на поприще науки (¹⁷). Итакъ кажущіяся повидимому неодинаковыми причины того, что правовѣды и студенты по отношенію къ юридической наукѣ и государственной службѣ представляются одними и тѣми же, въ равной почти степени бѣдными продуктами отечественнаго образованія, будутъ все болѣе и болѣе уравниваться, и наконецъ подойдутъ подъ одинъ знаменатель,—и одинаковыя послѣдствія въ степени пользы службы правовѣдовъ и студентовъ будутъ результатомъ одинаковыхъ причинъ. Теперь, чтобы улучшить послѣдствія, необходимо улучшить самыя причины ихъ, и поэтому если мы желаемъ видѣть въ молодыхъ людяхъ, оканчивающихъ курсъ юридическаго образованія, факультетскаго ли, или училищнаго, не одностороннихъ чиновниковъ, а юридически образованныхъ дѣятелей, въ которыхъ сознаніе нравственной и юридической правды и правовѣдѣніе выражались бы нетолько въ какихъ-нибудь отрывочныхъ познаніяхъ изъ заученнаго и въ механическомъ подведеніи судебныхъ случаевъ подъ статьи закона, но чтобъ оно, образуясь въ нихъ съ корней юридическаго развитія, способно было возвышать ихъ до пониманія отечественныхъ законовъ и правильнаго ихъ примѣненія, наконецъ для того, чтобъ чаще повторялись рѣдкіе въ настоящее время случаи кабинетныхъ юридическихъ занятій,—для достиженія всего этого необходимы весьма важныя условія: правильно организованные курсы отечественнаго юридическаго образованія и сравнительный методъ въ преподаваніи, серьезно, а не на шутку организованные, добросовѣстные экзамены и въ особенности хорошіе профессора, способные связать себя съ учениками живымъ высшимъ интересомъ любви къ наукѣ. Въ томъ спеціальномъ учебномъ заведеніи, которое есть вмѣстѣ съ тѣмъ и воспитательное учрежденіе по тѣсной связи дѣла образованія съ дѣломъ воспитанія, еще болѣе важно обратить вниманіе на организацію спеціальной учебной части; такъ напр. въ училищѣ правовѣдѣнія. Однакожъ въ университетѣ, который имѣетъ только значеніе спеціальнаго учебнаго учрежденія, гораздо болѣе въ настоящее время заботятся о правильной организаціи спеціальныхъ курсовъ, съ цѣлью обогатить, оживить ихъ и не нарушить значеніе ихъ предметами общаго образованія. То, что говорилось въ этомъ отдѣлѣ по отношенію къ юридическому факультету, въ паралель къ которому въ учебномъ отношеніи подведенъ старшій курсъ училища правовѣдѣнія, не составляетъ къ счастію общаго правила для всѣхъ юридическихъ факультетовъ. Говоря объ организаціи курса юридическихъ факультетовъ, мы имѣли въ виду старые порядки, которые еще очень держатся въ особенности въ провинціальныхъ университетахъ. Поэтому мы имѣли въ виду то состояніе, въ которомъ юридическіе факультеты, представляя большое сходство съ спеціальнымъ курсомъ училища правовѣдѣнія, и составляютъ съ нимъ въ сущности одинаковыя причины, производящія, какъ указано, и одинаковыя послѣдствія. Въ настоящее время при той хотя и не очень еще сильной дѣятельности, какая существуетъ въ министерствѣ народнаго просвѣщенія въ пользу предметовъ ея вѣдомства вообще, и университетскіе юридическіе факультеты испытываютъ разныя улучшенія, но присемъ упускается изъ виду одно обстоятельство,—это необходимость измѣнить систему экзаменованія студентовъ, которая поощряетъ жалкую посредственность и дилетантизмъ въ отношеніи къ факультетской спеціальности. Если смотрѣть на университетъ какъ на какой-то «эрмитажъ наукъ», то конечно начальству нѣтъ никакого дѣла до того, какіе результаты производятъ лекціи по тому или другому предмету, лишь бы было больше лекцій и притомъ хорошихъ. Не говоря объ огромномъ значеніи университетовъ въ отношеніи къ интересамъ государства, которому они гарантируютъ успѣхъ въ исполненіи требованій государственной службы по разнымъ вѣдомствамъ и служатъ разсадникомъ служебныхъ дѣятелей, нужно замѣтить, что въ университетъ поступаютъ юноши 17 и 18 лѣтъ (возрастъ, въ которомъ воспитаніе должно еще продолжаться), а потому, по тѣсной связи образованія съ воспитаніемъ, правильно организованные экзамены необходимы и въ университетѣ, какъ могущіе благотворно дѣйствовать и въ воспитательномъ отношеніи. Путемъ правильно организованныхъ экзаменовъ достигнется и то, что при строгомъ контролѣ способностей и познаній каждаго экзаменующагося многіе изъ учениковъ должны будутъ оставить такъ-называемое ученое поприще по тому или другому факультету и обратиться къ ученію, къ труду другаго рода или къ технической части.

Пусть при содѣйствіи и этого обстоятельства классъ ремесленниковъ, промышленниковъ и техниковъ вообще обогатится; пусть классъ гражданскихъ чиновниковъ, столь щедро надѣляемый питомцами университетовъ и училища правовѣдѣнія, постепенно очистится отъ недоучекъ, пустозвоновъ и подобныхъ образцовъ жалкой посредственности, которые, сами того не замѣчая, поддерживаютъ рутину старыхъ порядковъ и останавливаютъ развитіе истиннаго просвѣщенія. Упуская изъ виду важность экзаменовъ, которые при несовершенствѣ нашего національнаго, домашняго и общественнаго воспитанія требовали бы тѣмъ болѣе вниманія въ юридическихъ факультетахъ, очень однакожъ заботятся о требованіяхъ юридической спеціальности въ организаціи факультетскаго курса и преподаваніи предметовъ въ него входящихъ. Мы ограничимся указаніемъ на новую организацію юридическаго курса петербургскаго факультета.

Предметы, признанные въ немъ нужными для спеціальнаго юридическаго образованія, порядокъ ихъ распредѣленія и значеніе предметовъ общечеловѣческаго образованія въ системѣ факультетской спеціальности видны изъ слѣдующаго:

А) Два младшіе курса составляютъ:

1. Энциклопедія законовѣдѣнія въ I и II к.
2. Исторія положительныхъ законодательствъ (составляетъ

собственно вторую часть энциклопедіи законовѣдѣнія, но здѣсь организована по важности своей въ видѣ отдѣльнаго предмета) въ I и II к.

3. Церковное право въ I к.

4. Русское Государственное право съ внѣшнею Исторіею Россійскаго Законодательства во II к.

5. Римское право въ I и II к.

6. Политическая экономія съ примѣненіемъ къ юридической спеціальности факультета во II к.

За симъ Русская Исторія и наконецъ Логика съ Психологіею какъ предметы необязательные.

Б) Предметы двухъ старшихъ курсовъ суть:

1. Гражданское право и судопроизводство (т. е. судоустройство и судопроизводство въ тѣсномъ смыслѣ) въ III и IV к.

2. Уголовное право и Судопроизводство въ III и IV к.

3. Полицейское право въ III к.

4. Законы финансовые въ IV к.

5. Государственное право европейскихъ державъ въ III к.

6. Международное право въ IV к.

7. Межевые законы и торговое право въ IV к. и

Мѣстные законы, какъ предметъ не обязательный, въ III к.

Такая организація университетскаго юридическаго образованія предполагаетъ ли то, что питомцы этого образованія большею частью посвятятъ себя ученому поприщу? Соображаясь съ фактами, по которымъ видно, что большая часть студентовъ поступаютъ прямо на службу, а также и съ тѣмъ неоспоримымъ фактомъ, что при теперешнихъ выпускныхъ экзаменахъ кандидатская степень есть въ общемъ правилѣ развѣ только пародія на ученую степень, врядъ-ли можно отвѣтить на этотъ вопросъ утвердительно. Вслѣдствіе этого, казалось бы, организація юридическаго курса, подобная университетской, могла бы быть примѣнена и въ училищѣ правовѣдѣнія, откуда также большая часть правовѣдовъ посвящаетъ себя службѣ и гдѣ экзамены также не даютъ и не могутъ дать ученой степени; ученая же степень магистра, которая въ сущности и есть у насъ первая ученая степень, доступна всѣмъ студентамъ и правовѣдамъ. До этой ученой степени образованіе юридическое, казалось бы, должно быть для всѣхъ такъ называемыхъ юристовъ одно и то же, не исключая и воспитанниковъ училища правовѣдѣнія, котораго названіе предполагаетъ въ его питомцахъ ничто другое какъ юридическое образованіе, съ которымъ они должны съ пользою служить по вѣдомству юстиціи. А такъ какъ училище, о которомъ рѣчь, именуется не «институтомъ вѣдомства министерства юстиціи» (подобно напр. институту корпуса путей сообщенія), то значеніе слова «правовѣдѣніе» должно быть понимаемо еще въ болѣе обширномъ и важномъ смыслѣ, а затѣмъ основательное и полное юридическое образованіе, ведущее къ «правовѣдѣнію», тѣмъ болѣе необходимо именно для воспитанниковъ училища правовѣдѣнія. Сравнительно съ университетскимъ юридическимъ курсомъ, училище правовѣдѣнія, какъ учрежденное исключительно для вѣдомства отечественной юстиціи, можетъ не заключать въ своемъ юридическомъ курсѣ развѣ только международнаго права, хотя знакомство съ этимъ правомъ также не маловажно даже для всякаго образованнаго гражданина, а нетолько юриста. По отношенію же ко всѣмъ другимъ предметамъ, къ ихъ организаціи и распредѣленію лекцій, училищу правовѣдѣнія, какъ имѣющему свое самостоятельное значеніе и въ особенности какъ воспитательному учрежденію, можно пожалуй и не организовать свой спеціальный курсъ вполнѣ по университетскому, хотя многое изъ университетскаго юридическаго курса должно служить училищу образцомъ.

Обращаясь теперь собственно къ спеціальному курсу училища правовѣдѣнія, мы находимъ нужнымъ сдѣлать слѣдующія замѣчанія:

1) Въ дѣлѣ образованія поспѣшность болѣе чѣмъ гдѣ-либо вредна, а въ воспитательномъ учрежденіи она несовмѣстна съ требованіями воспитанія, по которому воспитанникамъ вселяется сознаніе въ необходимости ученія ради самаго ученія и пользы образованія. Между тѣмъ въ училищѣ поспѣшность въ спеціальномъ образованіи молодыхъ людей обращаетъ на себя особое вниманіе. Три класса вмѣсто четырехъ и требуемое оттого слишкомъ большое количество лекцій, большая убыль времени на полугодовыя репетиціи и на экзамены, не малое число праздниковъ, время вакаціонное и пр.—чрезъ все это остается слиш-

комъ мало времени для основательныхъ занятій воспитанникамъ. Иногда даже профессорамъ не представляется возможности оканчивать во время свои курсы, такъ что поневолѣ приходится сокращать ихъ значительными выпусками. При такомъ условіи неблагопріятномъ и для всякаго добросовѣстнаго профессора, не говоря объ ущербѣ его для хорошаго воспитанника, воспитанники по неволѣ будутъ имѣть въ виду лишь бы выучить заданное по запискамъ и, хотя бы и не слушая лекцій, сбывать репетиціи и сдавать экзамены, а такого характера занятія безъ сомнѣнія не могутъ отвѣчать требованіямъ воспитанія, составляющимъ въ воспитательномъ учрежденіи дѣло первой важности. Въ воспитательномъ учрежденіи на успѣхъ образованія обращается гораздо больше вниманія, чѣмъ въ университетѣ, что объясняется тѣсною связью образованія съ воспитаніемъ. Въ университетѣ преимущественно заботятся только о томъ, чтобъ лекціи читались и чтобъ въ извѣстное время производился студентамъ экзаменъ; въ воспитательномъ же спеціальномъ учрежденіи вся учебная часть организуется сообразно принятой начальствомъ его задачѣ воспитанія, съ которымъ образованіе должно быть непремѣнно въ согласованіи, въ извѣстной гармоніи по отношенію къ развитію молодыхъ людей, оттого напр. препараціи, репетиціи, литературные вечера, бесѣды религіозныя, занятія сочиненіями на заданныя темы, чтеніе книгъ и другія занятія по предметамъ общихъ наукъ— все это, входя въ сферу воспитательнаго образованія, не позволяетъ посвящать всего времени, проводимаго воспитанникомъ въ спеціальномъ отдѣленіи, исключительно учебной спеціальности, такъ какъ воспитательное учрежденіе имѣетъ прежде всего въ виду «человѣка», а потомъ уже «спеціалиста»; въ университетѣ же имѣется въ виду только спеціалистъ, признаваемый за таковаго по экзамену. На этомъ основаніи въ воспитательномъ учрежденіи при двоякомъ его назначеніи время особенно дорого, и чѣмъ больше его имѣется, тѣмъ это лучше для успѣха воспитанія и образованія. Для старшаго отдѣленія училища правовѣдѣнія при существующихъ порядкахъ полезно было бы имѣть вмѣсто 3-хъ даже 5 курсовъ ([18]), дабы въ 5 лѣтъ времени имѣть возможность, не торопясь, вполнѣ довести до конца дѣло воспитанія и образованія юношества; но можно довольствоваться и 4-мя курсами по слѣдующимъ основаніямъ: а) воспитанники при правильной системѣ воспитанія будутъ съ младшаго класса училища ведены въ строгомъ порядкѣ разумнаго воспитанія, а не такъ какъ теперь, и общее образованіе младшаго курса при лучшей новой его организаціи и при условіи бо́льшаго возраста для перехода воспитанниковъ въ старшее отдѣленіе лучше въ отношеніи развитія подготовитъ ихъ къ желанной спеціальности; развитію же этому можетъ отчасти содѣйствовать и предлагаемая приготовительная юридическая каѳедра, равно и репетиторская помощь для новичковъ спеціальнаго отдѣленія, такъ что трудъ спеціальныхъ занятій облегчится; б) при новой организаціи курса общихъ наукъ, въ которомъ предметы общаго образованія должны имѣть свое самостоятельное значеніе и болѣе обширное примѣненіе, на спеціальность останется больше времени, такъ какъ занятія ею не будутъ ни затрудняться недостатками общаго образованія, ни нарушаться усиленнымъ обязательнымъ отвлеченіемъ къ предметамъ курса собственно гимназическаго. Изъ этого видно также отчасти, почему 3-хъ курсовъ недостаточно для старшаго отдѣленія училища. Но главнѣйшее къ тому основаніе то, что при сокращеніи числа лекцій, при расширеніи юридическаго курса новыми предметами и тѣмъ дополненіемъ, которое должно произойти отъ внесенія въ юридическое преподаваніе элемента сравнительнаго,—при увеличеніи препараціоннаго времени и досуга на чтеніе книгъ и на сочиненія, при всемъ этомъ нѣтъ рѣшительно возможности оставить 3 класса для спеціальнаго отдѣленія.

Далѣе для того, чтобы ученіе существовало въ училищѣ ради пользы самаго ученія и воспитанники могли въ правильно организованные препараціонные часы заниматься обстоятельно прочитанными лекціями, приготовленіемъ къ предстоящимъ лекціямъ, чтеніемъ юридическихъ сочиненій и досужными занятіями по предметамъ общаго образованія, слѣдовало бы вмѣсто 6 лекцій въ день опредѣлить не болѣе 4, такъ что число 36 лекцій въ недѣлю будетъ замѣнено гораздо меньшимъ количествомъ лекцій, не свыше 24.

Вообще же о числѣ и распредѣленіи лекцій нужно замѣтить, что то и другое должно быть согласовано съ тѣмъ соображеніемъ, что слушаніе лекцій есть собственно пассивное состояніе въ дѣлѣ образованія, отличающееся именно отъ того активнаго состоянія воспитанника, по которому онъ непосредственно, прямо самъ знакомится съ предметами учебнаго курса, собственнымъ своимъ (а не чужимъ) умомъ, соображаетъ одно съ другимъ, дѣлаетъ справки, анализируетъ предметъ, сравниваетъ, повѣряетъ, изучаетъ, что нужно, по руководствамъ, по разнымъ сочиненіямъ и пр. — Опредѣлить правильныя отношенія между двумя этими состояніями, активнымъ и пассивнымъ, въ дѣлѣ образованія воспитанника и организовать ихъ по требованіямъ его способностей и развитости представляется въ воспитательномъ учрежденіи важною задачей. Между тѣмъ несмотря на болѣе или менѣе серьезныя занятія, на старшій или младшій возрастъ, на большее или меньшее развитіе, на высшій или низшій классъ, подводить всѣхъ воспитанниковъ (безъ исключенія) подъ необходимость и обязательство слушать въ день напр. 6 лекцій есть дѣло рѣшительно непедагогичное. Условія, при которыхъ воспитанникъ находится при началѣ спеціальнаго курса, въ срединѣ его и на его исходѣ, значительно одно отъ другаго отличаются. Когда воспитанникъ переходитъ въ старшее отдѣленіе, то при введеніи даже въ младшемъ отдѣленіи предлагаемаго нами приготовительнаго юридическаго курса предметы юридической спеціальности отнюдь не должны быть преподаваемы въ слишкомъ большомъ количествѣ и лекцій не должно въ немъ быть меньше для того, чтобы между прочимъ не пріучить молодаго человѣка съ перваго начала къ означенному пассивному состоянію самообразованія; съ другой стороны слѣдуетъ имѣть въ виду, что въ возрастѣ 17 до 19 лѣтъ, въ каковомъ воспитанники и будутъ приниматься въ старшій курсъ, юношеская память по свѣжести и воспріимчивости своей даетъ возможность по отношенію къ ней ожидать бо́льшаго отъ воспитанниковъ въ это именно время, чѣмъ позже въ старшихъ классахъ. Перейдя въ слѣдующій 3 классъ, воспитанникъ вошелъ уже въ дѣло юридическаго образованія: трудъ занятій его облегчается и съ тѣмъ вмѣстѣ возбужденный въ немъ интересъ къ юридической наукѣ позволяетъ больше требовать отъ него, чѣмъ въ предшествовавшемъ классѣ. Во 2-мъ классѣ тѣ же условія только въ большей силѣ, въ большихъ размѣрахъ, но при этихъ условіяхъ, какъ и въ 3-мъ классѣ такъ и здѣсь,— но здѣсь въ особенности,—нечего уже очень налегать на очень большое количество предметовъ и лекцій, и число лекцій нечего увеличивать, потому что чрезъ это можетъ послѣдовать нѣкоторое ослабленіе въ любви воспитанниковъ къ наукѣ и живомъ свободномъ усердіи въ занятіяхъ; при этомъ необходимо имѣть въ виду, что чѣмъ дальше идетъ въ своемъ развитіи молодой человѣкъ, тѣмъ болѣе онъ нуждается въ болѣе досужномъ времени для всего того, что въ совокупности составляетъ означенное выше активное состояніе учащагося, и тѣмъ болѣе онъ утомляется испытывать страдательное положеніе вѣчнаго слушателя, какъ это существуетъ въ училищѣ. ([19]) Воспитанники училища все только слушаютъ да слушаютъ лекціи, и слушаніе это составляетъ главную ихъ дѣятельность, такъ какъ остальное крайне непродолжительное время посвящается на чтеніе слушаннаго и заучиваніе слушаннаго. Наконецъ воспитанникъ 1-го класса уже совсѣмъ почти хозяинъ въ изучаемомъ имъ училищномъ юридическомъ курсѣ, и слишкомъ частое слушаніе лекцій утомитъ его какъ въ самой аудиторіи, такъ и для внѣ-классныхъ занятій. На основаніи изложенныхъ соображеній мы и не находимъ основательнымъ опредѣлить одинаковое число лекцій для всѣхъ классовъ, и даже, въ опредѣленіи числа лекцій по каждому классу въ особенности, мы не можемъ вѣрно сказать, что нужно столько-то лекцій, по такому-то предмету, такъ какъ это зависитъ отъ самаго хода занятій воспитанниковъ, отъ взгляда профессора. Если окажется нужнымъ смотря по вѣдомостямъ о внезапныхъ репетиціяхъ и по большому количеству вопросныхъ записокъ посвящать не мало времени на поясненія и повторенія, то опредѣленное заранѣе число лекціонныхъ часовъ можетъ быть недостаточно; но при опредѣленіи одной приблизительной нормы въ количествѣ такихъ часовъ безъ ея обязательности для профессора профессору всегда можно будетъ имѣть въ распоряженіи свободное время изъ запасныхъ учебныхъ часовъ. Нами именно опредѣляется для каждаго класса 24 учебныхъ часа, а самое число лекціонныхъ часовъ значительно меньше; такъ мы полагаемъ приблизительно †): для 4-го класса 16 лекцій; для 3-го 20, для 2-го 19; для 1-го 15 лекцій. Такимъ образомъ запасныхъ часовъ для предметовъ спеціальности и для предметовъ общаго образованія, по отношенію къ требованіямъ воспитанія, представляется не мало: для 4-го класса 8 часовъ; для 3-го 4 часа; для 2-го 5 часовъ и для 1-го кл. 9 часовъ.

При существующихъ же порядкахъ училища, по которымъ положено 6 лекцій на день, остается такъ мало времени для занятій, что только и приходится ограничиваться повтореніемъ и заучиваніемъ прочитанныхъ лекцій съ явнымъ ущербомъ для другихъ свободныхъ занятій по предметамъ спеціальности. И выходитъ, что все въ училищѣ основано на лекціяхъ; все ученіе не выходитъ изъ предѣловъ лекцій; далѣе лекцій нѣтъ движенія; внѣ лекціонныхъ часовъ занимаются тѣми же лекціями, только въ другой—письменной формѣ, а при такомъ условіи весьма естественно образуется привычка заниматься не по внутреннему влеченію своей самостоятельной активности, а по внѣшнему побудительному дѣйствію обязательныхъ лекцій. И дѣйствительно въ училищѣ замѣчено, что когда профессоръ часто съ-ряду манкируетъ или когда идутъ репетиціи, воспитанники по сдачѣ своей репетиціи или по неявкѣ профессора не находятъ, что дѣлать, такъ какъ вслѣдствіе временнаго въ томъ или другомъ случаѣ отсутствія лекцій дальнѣйшія занятія начинаются по возобновленіи лекцій. Такого рода рабское и ограниченное ученіе, въ воспитательномъ учрежденіи въ особенности, не должно быть допускаемо. Въ разсужденіи о всякомъ спеціальномъ учебномъ курсѣ, по которому существуетъ какое бы ни было ученіе въ учебномъ заведеніи, мнѣ кажется слѣдуетъ различать въ немъ двѣ его стороны, которыя обѣ имѣютъ основаніемъ воспринятіе познаній изъ извѣстнаго источника: одна изъ нихъ образуется *лекціями*, изъ которыхъ познанія воспринимаются; а другая организуется *чтеніемъ* [20] *разныхъ юридическихъ сочиненій* по отношенію къ предметамъ лекцій,—такимъ чте-

---

†) См. Таблицу.

ніемъ, посредствомъ котораго, при дѣйствіи сравненій, анализа, критики и разныхъ выводовъ, познанія воспринимаются путемъ самостоятельной активности и личнаго сужденія. Такимъ образомъ всякій спеціальный учебный курсъ заключаетъ въ себѣ какъ-бы два курса: одинъ есть курсъ образованія по лекціямъ, другой—курсъ образованія по собственнымъ, самостоятельнымъ занятіямъ и произведеніямъ науки во всемъ ея развитіи. Собственно говоря такое различіе курсовъ, по которому какой-то казенный, рабскій элементъ въ занятіяхъ по лекціямъ противопоставляется элементу ученому, научному, вовсе не существуетъ при значеніи спеціальцаго учебнаго курса, какъ нормально правильнаго, но, различая рѣзкіе оттѣнки его, мы примѣняемся къ тому его состоянію, въ которомъ онъ къ сожалѣнію находится въ училищѣ правовѣдѣнія. Въ училищѣ именно процвѣтаетъ къ сожалѣнію одинъ только такъ-сказать пассивный курсъ въ лекціяхъ профессора, а курса активнаго въ трудахъ воспитанника, курса такъ-сказать самобытнаго, составляющаго жизнь и суть всего спеціальнаго ученія и всего ученическаго быта воспитанниковъ, въ училищѣ нѣтъ. Вслѣдствіе этого въ училищѣ образованіе одностороннее и ограниченное: воспитанники знаютъ только самыя лекціи, а не то, что составляетъ неисчерпаемое ихъ содержаніе, существо предмета; наука представляется имъ только по запискамъ въ рамкѣ профессорской программы, а не въ томъ просторѣ и богатствѣ мысли, въ которыхъ выражаются всякія научныя занятія и ихъ произведенія. Отъ этого воспитанники и забываютъ очень скоро все пройденное въ училищѣ, по выходѣ изъ него, да и въ самомъ училищѣ, еслибъ въ 1 классѣ не считалось обязательнымъ повтореніе курсовъ предшествовавшаго класса, хотя только по предметамъ, преподаваемымъ въ 1 классѣ, — познанія и по этимъ предметамъ были бы при выпускѣ самыя ограниченныя. Все это происходитъ потому, что познанія воспитанника не представляютъ ему ничего своего собственнаго, ничего изъ своего сознательнаго воспріятія идеи, изъ дознанія истины и обработки понятій, ничего изъ того, что путемъ самостоятельной активности въ занятіяхъ и самобытнаго или самодѣльнаго разумнаго труда дѣлаетъ познанія чрезъ то пріобрѣтаемыя своимъ собственнымъ достояніемъ, а не профессорскимъ словомъ. Достоинство авторитета профессора, котораго слушаешь хотя бы съ благоговѣніемъ, нисколько не нарушится собственными своими самостоятельными занятіями, въ которыхъ могутъ представиться и другіе авторитеты, не говоря уже объ авторитетѣ своихъ убѣжденій, сдерживаемыхъ конечно своею ученическою скромностью и уваженіемъ къ учительскому слову и авторитету науки. Послѣ изложеннаго не трудно понять, какъ важно дать правильную организацію учебной части въ воспитательномъ учрежденіи, гдѣ вся дѣятельность воспитанниковъ должна быть руководима по отношенію къ требованіямъ воспитанія,—а что должно составлять сущность этихъ требованій какъ не то, чтобы воспитанники, развиваясь въ духѣ достоинства человѣческаго, умѣли служить наукѣ сознательно, трудолюбиво и самостоятельно и не допускали въ дѣло самообразованія односторонность, формальность, лѣнь, рабство.

Обращаясь къ самому составу спеціальнаго юридическаго курса, о главныхъ основаніяхъ котораго въ индивидуальномъ его значеніи и по отношенію къ факультетскому юридическому курсу уже говорено выше, здѣсь мы должны прежде всего сказать, что пользовались въ разсужденіи нижеизлагаемой статьи рѣшительными указаніями профессоровъ, что отчасти и позволяетъ намъ не распространяться о необходимости для училища правовѣдѣнія тѣхъ предметовъ, которыхъ польза подтверждается профессорскимъ авторитетомъ. Въ опредѣленіи состава училищнаго юридическаго курса мы имѣли въ виду обогатить, оживить его элементомъ какъ историческимъ и теоретическимъ или философскимъ (одинъ при другомъ необходимые), такъ и практическимъ содержаніемъ въ особенности, въ смыслѣ возможно большаго ближайшаго ознакомленія съ судебными законами.

Въ виду этого мы и предлагаемъ какъ новые предметы: Государственное право Европейскихъ Державъ, Исторію и Теорію Судопроизводствъ, Политическую Экономію ([21]), Полицейское право (въ тѣсномъ смыслѣ конечно) и наконецъ въ бо́льшемъ размѣрѣ и лучшей организаціи практическія юридическія занятія, куда относятся кромѣ занятій судебной практикой, чтеніе юридическихъ сочиненій согласно вышесказанному, сочиненія на юридическія темы и переводы юридическихъ сочиненій.

Методъ сравнительный, конечно, долженъ бы входить въ преподаваніе всякаго предмета, такъ какъ онъ всего болѣе отвѣчаетъ требованіямъ анализа и критики въ дѣлѣ научныхъ занятій. Дѣйствительность и современность этихъ требованій слишкомъ очевидны, чтобы ихъ доказывать; вопросъ только въ томъ, примѣнимы ли онѣ къ училищу правовѣдѣнія, которое, какъ учрежденіе того же XIX столѣтія, не можетъ находиться внѣ успѣховъ просвѣщенія, столь замѣтно выказывающихся въ университетахъ ([22]). Отвѣтъ на этотъ вопросъ заключается во всемъ излагаемомъ нами теперь спеціальномъ отдѣлѣ нашихъ записокъ. Здѣсь только замѣтимъ, что философскій элементъ, начиная уже съ преподаванія Догматики Энциклопедіи Законовѣдѣнія, столь присущъ всѣмъ юридическимъ наукамъ и до такой степени развиваетъ въ учащихся потребность въ разсужденіяхъ, сравненіяхъ и выводахъ, что было бы слишкомъ странно ограничивать спеціальное ученіе на юридическомъ курсѣ знаніемъ однихъ отечественныхъ законовъ.

Вообще законовѣдѣніе, какъ наука практическая, должна и при систематическомъ и вмѣстѣ историческомъ изученіи законовъ непремѣнно обратить учащихся законовѣдѣнію къ сравненію отечественныхъ законовъ съ иноземными, къ усвоенію себѣ свѣтлыхъ сторонъ иностранныхъ законодательствъ, для серьезнаго познанія особенностей отечественнаго законодательства со всѣми его недостатками. Усмотрѣніе и разъясненіе себѣ особенностей и недостатковъ нашего законодательства и должно составить одно изъ существенныхъ послѣдствій сужденій нашихъ напр. объ идеѣ правды и справедливости, о правахъ и обязанностяхъ вообще, о нравственныхъ обязанностяхъ правительствъ и гражданъ, о государствѣ и законахъ и пр. и о многихъ другихъ предметахъ, которые, въ качествѣ лишь общихъ главныхъ началъ законовѣдѣнія, почерпаются воспитанниками въ самомъ началѣ юридическаго курса и даже въ преддверіи къ нему, но которые по исходѣ курса должны быть усвоены ими путемъ раціональнаго и вмѣстѣ съ тѣмъ исторически-практическаго изученія права и отечественныхъ законовъ.

Сообразно вышеизложенному спеціальный курсъ училища правовѣдѣнія въ новомъ его составѣ и организаціи, въ новомъ распредѣленіи съ означеніемъ приблизительнаго числа лекцій изображенъ въ двухъ прилагаемыхъ здѣсь вѣдомостяхъ. Такъ какъ въ нихъ сдѣланы замѣчанія, относящіяся не до спеціальности училища, а собственно до предметовъ общаго или иначе сказать воспитательнаго образованія (въ противоположность ученому, спеціальному), то слѣдуетъ прежде сказать нѣсколько словъ о томъ, въ какой степени воспитательное образованіе должно существовать въ старшемъ отдѣленіи училища правовѣдѣнія, какъ воспитательнаго учрежденія. Въ своемъ мѣстѣ я говорю о томъ, что общечеловѣческое образованіе не должно быть смѣшиваемо со спеціальнымъ; нами пояснено было именно то соображеніе, что не нужно давать воспитаннику спеціальнаго образованія прежде чѣмъ не будетъ имъ пріобрѣтено общее, что не слѣдуетъ смѣшивать понятій о пользѣ общаго образованія съ понятіями объ образованіи спеціальномъ и что неосновательно поэтому было бы нарушать значеніе занятій по спеціальному курсу такими предметами общаго образованія, которые могутъ быть преподаны въ составѣ курса гимназическаго. Нельзя однакожъ сказать, что занятія предметами общаго образованія были бы совершенно не нужны при спеціальныхъ занятіяхъ, хотя бы даже пройденный курсъ гимназическаго образованія былъ очень хорошо организованъ. Нѣтъ конечно ни одного благомыслящаго студента, который не занимался бы кромѣ занятій своею спеціальностію еще и предметами общаго образованія по предмету ли Политической Исторіи, Словесности и пр. уже по одному тому, что и время, и науки идутъ впередъ и что для пріобрѣтенія новыхъ познаній согласно современнымъ требованіямъ нужно слѣдить за тѣмъ, что дѣлается, читать и кое-что даже изучать. При далеко же несовершенной организаціи курса нашего гимназическаго образованія пополнять пробѣлы его и усовершенствоваться въ немъ послѣ выпуска представляется существенно нужнымъ. Можно бы организовать такой гимназическій курсъ, который сдѣлалъ бы выпускнаго гимназиста весьма образованнымъ человѣкомъ и вполнѣ готовымъ для перехода къ какому бы то ни было самостоятельному труду, или спеціальности, но устроить подобный курсъ въ младшемъ отдѣленіи училища правовѣдѣнія, при несуществованіи таковаго въ надлежащемъ развитіи и въ самомъ вѣдомствѣ министерства народнаго просвѣщенія, чрезвычайно трудно, такъ какъ это потребовало бы большой реформы. Такимъ образомъ нужно по-возможности въ младшемъ отдѣленіи училища правовѣдѣнія доводить общее образованіе какъ можно ближе къ концу его, а остальное можетъ быть довершено въ старшемъ отдѣленіи, гдѣ занятія общимъ образованіемъ уже главнымъ образомъ нужны по слѣдующей причинѣ: воспитанникъ училища правовѣдѣнія, еслибъ училище было организовано подобно университету, занимался бы непремѣнно или по крайней мѣрѣ долженъ бы былъ заниматься дома предметами общаго образованія, какъ это означено выше о студентѣ, посѣщалъ бы разныя публичныя лекціи, библіотеки, музеи, словомъ дѣлалъ бы все возможное въ пользу своего образованія. Имѣя въ виду обязательно-замкнутое состояніе воспитанниковъ училища, слѣдуетъ по-возможности доставлять имъ вмѣстѣ съ книгами все, что вообще нужно для пользы общаго ихъ образованія, какъ и спеціальнаго, организовать разныя ученыя бесѣды, по части Литературы, Естественныхъ наукъ, Исторіи и Эстетики. Занятія воспитанниковъ общимъ образованіемъ не должны находиться внѣ наблюденія начальства, но пусть наблюденіе это будетъ безъ педантическаго контроля, безъ учебной формалистики съ ея баллами, съ экзаменами и пр.; да и всей этой ревизіонной системы въ данномъ случаѣ не нужно будетъ уже въ силу одного хорошаго направленія разумной педагогической дѣятельности воспитателей въ особенности въ младшемъ Отдѣленіи, которое при умныхъ преподавателяхъ и съ хорошею системой должно весьма благотворно дѣйствовать и на успѣхи старшаго Отдѣленія съ хорошими лекторами и профессорами. Для бесѣдъ или чтеній можетъ быть избранъ тотъ или другой предметъ изъ области извѣстной науки, смотря по желанію воспитанниковъ, одобренному начальством. Этого рода чтенія или бесѣды могутъ происходить въ обществѣ соединенныхъ классовъ двухъ, трехъ или даже всего курса, наподобіе тому, какъ читались нѣкогда, хотя впрочемъ и не очень удовлетворительно, пріѣзжавшимъ изъ Франціи профессоромъ Лемерсье лекціи о Физіологіи человѣка, которыя и слушались воспитанниками съ жадностью. Занятія предметами общаго воспитательнаго образованія не должны однакожъ нисколько нарушать строгаго порядка сферы спеціально-учебной, гдѣ уже имѣютъ мѣсто строгое разумное наблюденіе за ходомъ занятій, контроль и соотвѣтственная требованіямъ взыскательность, но вмѣстѣ съ тѣмъ и предоставленіе воспитаннику всѣхъ средствъ къ занятіямъ и поощреніе въ немъ свободы и самостоятельности. Смотря по способностямъ, по умѣнью справиться съ спеціальными курсами всякій воспитанникъ болѣе или менѣе всегда найдетъ время для занятій по обязательнымъ предметамъ и съ охотой обратится къ предметамъ и высшаго общаго образованія, какъ для освѣженія своего ума, такъ и для удовольствія и моральнаго отдохновенія отъ трудовой ученой работы. Ученіе о природѣ (въ наукахъ Естественныхъ), къ которой воспитанникъ долженъ быть обращаемъ отъ времени до времени постоянно, Эстетика по предметамъ напр. музыки, живописи, поэзіи, столь благотворно какъ и природа вообще вліяющимъ на человѣка во всякомъ возрастѣ; столь богатая мудрыми уроками прагматическая политическая Исторія; Словесности Русская, Англійская и прочія, дѣлающія литературное свѣтское образованіе классическимъ по преимуществу,—при такомъ богатомъ разнообразіи и скромномъ блескѣ общаго образованія, къ которому воспитанникъ и долженъ имѣть возможность обратиться въ училищѣ, порядокъ вещей по учебной части его значительно измѣнится къ лучшему. Порядокъ этотъ будетъ клониться къ тому, чтобы не сдѣлать воспитанниковъ односторонними (по своей спеціальности), чтобы доставить имъ возможно лучшее общее образованіе, столь возвышающее достоинство человѣческое, и наконецъ чтобъ обратить школьный бытъ воспитанниковъ училища въ возможно пріятное время жизни, могущее оставить и больше отрадныхъ воспоминаній о славныхъ годахъ юности чѣмъ теперь, когда въ училищѣ такъ рѣзко отзывается на воспитанникахъ тягость замкнутаго ихъ существованія и тяжелаго бездушнаго въ немъ ученья.

Не менѣе важны для воспитанниковъ и занятія предметами высшаго религіознаго интереса, на которые у насъ въ дѣлѣ воспитательнаго образованія оказываютъ недостаточно строгое и недостаточно разумное вниманіе, какъ это замѣчено выше. Необходимо слѣдовало бы преподавать въ 4 и 3-мъ классахъ старшаго отдѣленія Исторію Церкви, съ чѣмъ вмѣстѣ было бы полезно повторить и уяснить пройденное по предмету Катихизиса (преподаваемаго въ 3-мъ классѣ младшаго отдѣленія), ученія о Божественной Литургіи (преподаваемаго во 2-мъ классѣ) и въ особенности исторіи иностранныхъ Вѣроисповѣданій (преподаваемаго въ 1-мъ классѣ), которому въ прилагаемыхъ таблицахъ и придается мною особое значеніе.

Кромѣ того на основаніи сказаннаго уже нами о дѣйствіи религіи на сердце человѣка, необходимо сопутствовать воспитанника до самаго выпуска религіозными бесѣдами, которыя, кромѣ непосредственной пользы ихъ въ моральномъ отношеніи, могли бы благопріятствовать полезному дѣйствію лекцій по учебнымъ предметамъ Закона Божія (въ обширномъ смыслѣ этого слова). Нынѣшніе же монологи по части Исторіи Ветхаго завѣта, которыми священникъ съ получаса иногда назидаетъ воспитанниковъ ex stante pede по Воскреснымъ днямъ предъ обѣдней, далеко не достигаютъ назначенія религіозныхъ бесѣдъ пастыря съ духовными дѣтьми своими.—Исторію философіи пора кажется безъ опасенія ввести и въ старшій курсъ училища, какъ имѣющаго претензію на высшее юридическое образованіе. Нами удѣляется этому предмету по одному часу въ недѣлю въ двухъ старшихъ классахъ спеціальнаго отдѣленія училища.—Сравнительную статистику можно бы присоединить къ курсу Политической экономіи въ спеціальномъ отдѣленіи училища, если отъ преподаванія этого предмета въ младшемъ отдѣленіи не ожидалось достаточной пользы для воспитанниковъ по развитію ихъ. — Что касается до предметовъ юридической спеціальности, то въ прилагаемыхъ вѣдомостяхъ они распредѣлены въ послѣдовательности соображенной съ отношеніемъ предметовъ, какъ между собою, такъ и къ возрасту и степени развитія воспитанниковъ. Такъ напр. догматическая часть Энциклопедіи Законовѣдѣнія предшествуетъ всѣмъ юридическимъ курсамъ вмѣстѣ съ существенными частями отечественнаго государственнаго права по отдѣлу законовъ основныхъ, учрежденій и законовъ о состояніяхъ; историческая часть Энциклопедіи Законовѣдѣнія преподается въ 4-мъ классѣ спеціальнаго отдѣленія и весь курсъ этого предмета повторяется въ старшемъ спеціальномъ классѣ. Государственное право Русское въ тѣсномъ смыслѣ (безъ сравнительнаго метода) по обыкновенію входитъ въ предметы перваго юридическаго курса, но, вопреки принятому въ училищѣ порядку, мы не находимъ нужнымъ вторичное преподаваніе Государственнаго права въ 1-мъ классѣ наряду съ прочими предметами и съ обязательностью экзаменовъ. Въ виду же того обстоятельства, что въ продолженіе трехъ лѣтъ отъ исхода 4-го класса и до исхода 1-го класса въ составѣ науки Государственнаго права должны образоваться разныя перемѣны вслѣдствіе нововведеній, новыхъ законовъ и постановленій по разнымъ частямъ государственнаго управленія, слѣдуетъ организовать нѣсколько по этому предмету дополнительныхъ бесѣдъ или сеансовъ для ознакомленія воспитанниковъ со всѣми новостями въ области Государственнаго права, независимо отъ того, что при занятіяхъ разными отраслями юриспруденціи столкновенія воспитанниковъ съ новыми узаконеніями по Государственному праву будутъ неизбѣжны въ занятіяхъ и по другимъ правамъ. При этомъ не нужно забывать, что въ продолженіе трехъ лѣтъ при правильномъ направленіи воспитанія, при надлежащей дѣятельности инспектора классовъ и его помощниковъ по старшему курсу, воспитанники вслѣдствіе своей любознательности къ предметамъ знаній, пользуясь тѣми пособіями, которыя представитъ имъ начальство, должны и сами слѣдить за пройденнымъ юридическимъ предметомъ.

Впрочемъ на означенные дополнительные сеансы, въ которыхъ профессорскія поясненія составляютъ существенно важную часть, Государственное право вовсе не должно имѣть привиллегіи. На тѣхъ же самыхъ изложенныхъ основаніяхъ сеансы могутъ быть и по другимъ отраслямъ законовѣдѣнія, и здѣсь, какъ и по Государственному праву, сеансы эти будутъ имѣть также то значеніе, что они дадутъ возможность повторить и еще лучше уяснить себѣ все пройденное по прочитанному предмету въ отношеніи только самаго важнаго. Сеансы эти представятся еще болѣе полезными въ связи съ приготовительными занятіями къ дополнительному общему экзамену по указаннымъ предметамъ. Этотъ экзаменъ какъ и самые сеансы всего болѣе были бы умѣстны въ дополнительномъ учебномъ полугодіи 1-го курса (см. ниже) во второй его половинѣ и притомъ такъ, чтобы экзамены по всѣмъ тѣмъ предметамъ производились вмѣстѣ и были соединены въ одинъ общій экзаменъ, подобно тому какъ это было въ 1860 году по случаю поздняго пріѣзда изъ-за границы Августѣйшаго Попечителя училища (уже послѣ экзаменовъ). По Гражданскому же праву и Судопроизводству, равно по Уголовному, полный и вполнѣ обстоятельный публичный экзаменъ завершитъ собою дополнительное полугодіе старшаго класса, а вмѣстѣ съ тѣмъ и весь спеціальный курсъ училища правовѣдѣнія.

Обращаясь опять къ значенію и распредѣленію другихъ предметовъ по курсамъ спеціальнаго отдѣленія, мы укажемъ на то, что Исторія Русскаго Законодательства предшествуетъ у насъ правамъ Гражданскому и Уголовному, равно и законамъ Полицейскимъ, Финансовымъ и Межевымъ, каковая послѣдовательность намъ кажется необходимою. Государственное право Европейскихъ державъ слѣдуетъ за Русскимъ Государственнымъ правомъ и продолжается одинъ учебный годъ, дабы весь курсъ государственнаго права былъ пройденъ до Правъ Гражданскаго, Уголовнаго, Финансоваго и Полицейскаго. Занятія римскимъ правомъ соединены съ чтеніемъ «Институтовъ» въ порядкѣ соотвѣтственномъ ходу лекцій, причемъ можно бы переводить мѣстами и кое-что изъ самихъ «Пандектовъ» по извѣстному отношенію къ Институтамъ, для большаго знакомства съ источниками непосредственно. Курсъ римскаго права проходится въ два первые года и потому предшествуетъ курсу права гражданскаго какъ русскаго и вмѣстѣ съ нимъ и остзейскаго, такъ и права уголовнаго. Многіе охотно говорятъ, что у насъ въ Россіи римское право совсѣмъ не имѣетъ такого значенія въ отечественномъ законодательствѣ, чтобы предаваться изученію его какъ въ Германіи; но если въ преподаваніи его и можно пожалуй сообразоваться съ тѣмъ, насколько римское право дѣйствительно нужно русскому юстицъ-чиновнику согласно назначенію училища, но по личному нашему мнѣнію отъ такъ называемыхъ правовѣдовъ нашихъ слѣдовало бы и въ знаніяхъ по римскому праву требовать никакъ не меньше чѣмъ отъ такъ называемыхъ кандидатовъ юридическаго факультета, которые въ отношеніи къ магистрамъ права стоятъ совсѣмъ почти наравнѣ съ выпускными правовѣдами 1-го разряда (или 9-го класса). Серьезное знаніе римскаго права есть основаніе всякаго юридическаго образованія, примѣняется ли это образованіе въ Россіи, Германіи или другихъ государствахъ. Всякій юристъ, въ строгомъ смыслѣ этого слова, есть прежде всего достояніе науки, а какое и гдѣ избирается юристомъ поприще для его дѣятельности, это зависитъ отъ разныхъ условій. Знаніе римскаго права нетолько служитъ залогомъ успѣховъ юриста на его юридическомъ поприщѣ, но и того постоянства, той охоты, съ которыми онъ будетъ дѣйствовать на пути, указанномъ ему его спеціальностью. У насъ въ училищѣ, а также въ значительной степени и въ университетахъ, отсутствіе фундаментальныхъ знаній и въ особенности невѣдѣніе Римскаго права, записки котораго заучиваются только къ экзамену, составляютъ весьма существенную причину того, почему наши правовѣды и студенты-юристы такъ легко бросаются на служебныя поприща, не имѣющія ничего общаго съ поприщемъ юридическимъ. Повтореніе Римскаго права мы считали бы нужнымъ и на курсѣ права Гражданскаго.

На церковное право вполнѣ достаточно одного учебнаго года, и даже при одной лекціи въ недѣлю. Право это у насъ столь чуждо философскаго элемента и такъ не обширно, что нечего растягивать преподаваніе его на два года и придавать ему какую-то особенную важность, которой по крайней мѣрѣ на практикѣ оно вовсе не имѣетъ. Политическая экономія предшествуетъ полицейскимъ и финансовымъ законамъ, и преподаваніе ея конечно должно быть примѣнено къ юридической спеціальности училища. Психологія имѣетъ большое значеніе по отношенію къ уголовной наукѣ и потому психологія ей и предшествуетъ; при этомъ кстати замѣтимъ, что чѣмъ болѣе это отношеніе, столь важное для юриста, отразится на преподаваніе психологіи, тѣмъ болѣе предметъ этотъ будетъ умѣстенъ въ составѣ спеціальнаго юридическаго курса, но конечно при духовномъ преподавателѣ условія преподаванія психологіи совсѣмъ иныя (²³). Еслибъ по какому-либо случаю согласно замѣченному выше преподаваніе логики оказалось неудобнымъ въ старшемъ классѣ младшаго отдѣленія, то можно было бы въ младшемъ же классѣ старшаго отдѣленія присоединить къ психологіи также и курсъ логики. Что касается до практическихъ юридическихъ занятій, то при предлагаемомъ преподаваніи сравнительнаго судопроизводства практическія занятія будутъ тѣмъ болѣе разносторонни, интересны и обширны, чѣмъ болѣе онѣ по возможности будутъ распространены и на судебную практику другихъ государствъ. Для наиболѣе же практическаго изученія судопроизводства и болѣе оживленнаго упражненія въ практическихъ юридическихъ занятіяхъ можно было бы съ пользою примѣнить и въ училищѣ мысль проф. Мейера о юридической клиникѣ. Но все это будутъ только практическія занятія въ тѣсномъ смыслѣ; понимаемыя же въ смыслѣ обширномъ, онѣ заключаютъ въ себѣ сочиненія на юридическія темы, переводы юридическихъ произведеній съ комментаріями, какъ это означено выше, и съ этимъ значеніемъ практическія занятія не должны составлять принадлежности курса 1-го класса, а могутъ быть ведены постепенно и соразмѣрно съ ходомъ юридическаго образованія и во все время ученія воспитанника въ старшемъ курсѣ. Собственно же судебно практическія занятія, хотя (см. таблицы) и опредѣлены для 1-го класса, но полное значеніе ихъ должно выразиться въ дополнительномъ учебномъ полугодіи 1-го класса, предлагаемаго съ спеціальною цѣлью практическаго примѣненія всего пройденнаго курса юридическаго образованія, какъ это подробно объясняется ниже въ особомъ прибавленіи къ главѣ второй. На дополнительномъ практическомъ курсѣ и должны главнымъ образомъ имѣть мѣсто судебно-практическія занятія, причемъ повторилось бы все судопроизводство вообще конечно при сравнительномъ методѣ, съ повтореніемъ въ особенности Гражданскаго и Уголовнаго права, по предметамъ которыхъ умѣстно было бы предлагать какъ можно болѣе юридическихъ вопросовъ на публичномъ экзаменѣ ([24]).

ГЛАВА II.

Педагогическія соображенія по отдѣлу спеціально-ученаго образованія старшаго курса Училища Правовѣдѣнія.

§ 1. Начальство Училища увѣрено, что воспитанники его переходятъ въ старшій курсъ съ Логикой. Дѣйствительно переходъ этотъ совершается съ нѣкоторымъ знаніемъ записокъ Логики по курсу законоучителя, но эта Логика, какъ замѣчено выше, не гармонируя съ организаціею курсовъ по другимъ предметамъ общаго образованія, равно и съ самымъ юнымъ возрастомъ воспитанниковъ 4-го класса, вовсе не развиваетъ ихъ въ той степени, какъ это нѣкоторые полагаютъ. Вообще образованіе, доставляемое младшимъ курсомъ, по своимъ пробѣламъ, по несовершенству преподаванія нѣкоторыхъ предметовъ и по отсутствію приготовительной юридической каѳедры далеко не открываетъ еще умъ къ спеціальному юридическому образованію. Подобно 16-ти лѣтнему воспитаннику, можетъ быть, и 13-ти лѣтній въ силу своего природнаго соображенія понялъ бы многое изъ Римскаго права и Энциклопедіи Законовѣдѣнія, но на все—свое время и естественная послѣдовательность. Спѣшить перейти отъ общаго образованія къ спеціальному, стараться дѣйствовать на развитіе преждевременными средствами, возбуждать такъ-сказать скороспѣлость въ развитіи врядъ-ли поведетъ къ дѣйствительно хорошимъ результатамъ. Юридическая наука не дифференціалы и выученное по этому предмету передается пожалуй довольно толково всякимъ нетупымъ воспитанникомъ, но такое дѣйствіе юридическаго преподаванія, по которому юридическія и находящіяся съ ними въ связи философскія понятія соображались бы по отношенію къ природѣ вещей, къ наукѣ и къ требованіямъ государства и условіямъ общественнаго развитія, чтобы соображенія эти примѣнились въ разныхъ разсужденіяхъ, сравненіяхъ и выводахъ, чтобы юридическое преподаваніе впускало такъ-сказать корни юридическаго развитія и дѣлало бы такимъ образомъ трудъ воспитанника существенно производительнымъ,—такого явленія конечно нельзя ожидать нетолько въ теперешнемъ 3-мъ классѣ, но и въ другихъ старшихъ классахъ. Въ 3 классѣ училища въ особенности занятія воспитанниковъ по юридической части вслѣдствіе ихъ молодости и неразвитости составляютъ въ общемъ правилѣ болѣе дѣло одного заучиванія по запискамъ и зубрежа, а начинаніе юридической спеціальности при такихъ печальныхъ условіяхъ врядъ-ли есть ручательство успѣха въ дальнѣйшемъ юридическомъ образованіи. При другой организаціи младшаго курса и при большемъ возрастѣ для старшаго курса успѣхъ былъ бы болѣе обезпеченъ. Еслибъ напр. Римское право повторялось въ связи съ изученіемъ русскихъ гражданскихъ законовъ, а Энциклопедія Законовѣдѣнія вторично бы объяснялась на исходѣ спеціальнаго курса, тогда преподаваніе этихъ предметовъ не имѣло бы того жалкаго практическаго значенія, какое оно представляетъ теперь. Особенно жаль, что Энциклопедія Законовѣдѣнія, столь важная и въ смыслѣ философическомъ, теряетъ всякое значеніе при означенномъ условіи въ системѣ спеціальнаго образованія воспитанниковъ, на что указывалъ и самъ профессоръ.

§ 2. По причинѣ тѣснѣйшей въ училищѣ связи образованія съ воспитаніемъ слѣдовало бы подобно чрезвычайнымъ репетиціямъ, предлагаемымъ для младшаго курса, производить и въ старшемъ курсѣ отъ времени до времени на тѣхъ же основаніяхъ, какъ означено выше, внезапныя репетиціи ([25]). Тогда еще скорѣе можно бы было уничтожить полугодовыя репетиціи, которыя, отнимая не мало времени для преподаванія предмета, пріучаютъ воспитанниковъ видѣть значеніе своихъ занятій только въ эпоху репетицій, только по отношенію къ обязательности заявлять дѣйствительность этихъ занятій посредствомъ выученія заданнаго или прочитаннаго къ извѣстному сроку. Срочныя репетиціи нетолько располагаютъ къ откладыванію занятій до времени репетиціи, такъ какъ тогда заодно нужно же будетъ заниматься, но при стеченіи своемъ по разнымъ предметамъ въ одно время онѣ ставятъ воспитанниковъ въ необходимость до крайности и съ безпокойствомъ спѣшить и часто только просматривать записки, вмѣсто того чтобы основательно разсматривать ихъ и содержаніе разсмотрѣннаго усвоивать себѣ самостоятельно безъ рабскаго заучиванія. При такихъ результатахъ, репетиціи и та побуждающая ихъ сила, которую одобряютъ защитники репетицій, весьма не педагогичны. Побуждающая сила въ грубѣйшей формѣ «приказывается сдать репетицію тогда-то» насколько можетъ быть дѣйствительна для субординаціи, настолько она по рѣзкости и тупости своей безсильна для дѣйствительнаго успѣха въ занятіяхъ. Въ воспитательномъ учрежденіи побуждающая сила, когда и выражается въ чемъ, то самымъ искуснымъ, тонкимъ, педагогическимъ образомъ, что и необходимо для гармоніи воспитанія съ нравственнымъ вліяніемъ образованія. Строгость же педагогической, побуждающей силы (если такъ называть ее) всего лучше примѣняется въ правильно организованной, разумно добросовѣстной системѣ экзаменованія воспитанниковъ при концѣ учебнаго года. Общее правило «воспитанника, не выдержавшаго пробнаго испытанія (т. е. экзамена), оставлять на другой годъ въ классѣ, равно какъ и воспитанника, хотя и посредственно отвѣчавшаго на экзаменѣ и то лишь въ томъ, что болѣе относилось къ памяти, но лѣниво занимавшагося во время года, не стѣсняться оставлять въ классѣ несмотря на мишурные экзаменные отвѣты его»,—такое общее правило всего рѣшительнѣе будетъ дѣйствовать въ пользу прочныхъ, самостоятельныхъ занятій воспитанниковъ. Тогда и дѣятельность репетиторовъ (гдѣ они будутъ признаны нужными), наблюденія классныхъ воспитателей и внезапныя репетиціи не будутъ одною формальностью, а все пойдетъ въ дѣло. Только при требованіяхъ строгости, справедливости и отсутствіи односторонности въ извѣстномъ дѣлѣ можно видѣть кромѣ его лицевой стороны и изнанку. А когда обращается вниманіе на одну внѣшность, то нельзя ожидать хорошаго состоянія внутренняго, нельзя и знать его. Когда директоръ училища замѣтилъ одному профессору, что онъ все слишкомъ хорошіе баллы ставитъ, то профессоръ отвѣтилъ ему, что если оцѣнять знанія воспитанниковъ какъ слѣдуетъ, то пришлось бы начальству плакать. Такъ какъ начальство не хочетъ плакать и лучше согласится притворно, самодовольно улыбаться, то конечно замѣчаніе свое директоръ по крайней мѣрѣ мысленно долженъ былъ взять назадъ. Когда же полугодовыя репетиціи введены какъ общее правило, то въ силу этого правила, какъ правила, нужно обращать вниманіе, чтобы на дѣлѣ отступленіе отъ него нѣкоторыми профессорами не было совершаемо внѣ всякаго контроля начальства и чтобъ исключенія изъ общаго правила вызывались крайнею въ томъ необходимостью. Въ училищѣ напр. одинъ профессоръ испытываетъ воспитанниковъ спрашиваніемъ задаваемыхъ по очереди уроковъ, причемъ нерѣдко не требуется знанія пройденнаго; другой спрашиваетъ воспитанниковъ въ первую треть учебнаго года что-нибудь изъ первыхъ 40 или 50 страницъ всего курса, и тѣмъ все кончается до экзаменовъ; третій ничего и никогда не спрашиваетъ у воспитанниковъ, которые сами выставляютъ себѣ баллы, и пр.; наконецъ законоучитель училища примѣняетъ въ старшемъ курсѣ такую систему спрашиванія, въ силу которой воспитанники по одному разу въ очередь на весь классъ спрашиваются урочками отъ начала лекціи до конца ея (хотя бы до точки съ запятой) или до конца слѣдующей за ней лекціи. Послѣдняя система, на которую нами уже указано по существованію ея отчасти и въ младшемъ курсѣ, должна обратить еще болѣе вниманія, чѣмъ другія системы. Вообще же различіе, несогласія и даже нѣкоторымъ образомъ противорѣчія въ допущеніи разныхъ системъ репетицій врядъ-ли полезны и въ воспитательномъ отношеніи.

§ 3. Въ системѣ спрашиванія воспитанниковъ слѣдуетъ особенно обратить вниманіе на то, какого рода отвѣты требуются профессорами отъ воспитанниcovъ, такъ какъ и по этому предмету взгляды могутъ быть различны и иногда весьма невѣрны. Казалось бы нужно признать ту систему, по которой профессора, не довольствуясь однимъ какимъ-нибудь отвѣтомъ воспитанника, испытывали бы его такъ-сказать со всѣхъ сторонъ, причемъ 1) различалось бы то, что есть болѣе дѣло памяти, отъ того, что относится преимущественно до соображенія и пониманія, 2) принималось бы во вниманіе, какъ разсуждаетъ воспитанникъ, какъ сознаетъ онъ дѣло и какъ въ этомъ сознаніи выражается развитость его. Отступленіемъ отъ этой системы въ ея сущности поощряются разные безпорядки и плохо обезпечивается прочность и успѣхъ занятій воспитанника, не говоря уже о тѣхъ безпорядкахъ, которые чрезъ это происходятъ въ воспитательномъ отношеніи. Такъ напр. законоучитель, сдѣлавъ для воспитанниковъ обязательнымъ излагать урокъ буквально по запискамъ ([26]) и имѣя притомъ обыкновеніе видѣть въ малѣйшемъ собственномъ разсужденіи воспитанниковъ, кромѣ незнанія дѣла, какое-то своеволіе и нарушеніе нравственныхъ отношеній ученика къ учителю, привелъ слабопамятныхъ и не столь усердныхъ воспитанниковъ къ тому убѣжденію, что иначе нельзя — напр. по церковному праву, — какъ считывать съ записокъ во время самаго отвѣта. Обычай этотъ имѣетъ основаніемъ и то соображеніе, что если не считывать, то какъ хорошо ни отвѣчай, а все-таки не выйдетъ такъ безукоризненно какъ отвѣтъ тѣхъ воспитанниковъ, которые зазубриваютъ записки и только благодаря этому получаютъ хорошіе баллы, имѣющіе столь большое вліяніе по церковному праву и на выпускъ, хотя бы изъ всѣхъ предметовъ юридической спеціальности и были самыя лучшія отмѣтки. Поэтому вслѣдствіе невыносимой трудности и непріятности долбить слово въ слово, воспитанники, не исключая галунныхъ (*), считаютъ дѣломъ весьма обыкновеннымъ пользоваться крайнею близорукостію законоучителя, причемъ имъ извѣстно, что начальство, хотя и сознается въ педантизмѣ уважаемаго законоучителя, а не рѣ-

---

(*) Галунными считаются тѣ воспитанники, которымъ на воротникѣ куртки и на обшлагахъ рукавовъ мундира нашивается галунъ, за успѣхи въ наукахъ, бла-

шается однакожъ вмѣшиваться въ духовную часть, несмотря на то, что въ данномъ случаѣ такая же учебная, какъ и другія. На экзаменахъ же, гдѣ обыкновенно, благодаря присутствію постороннихъ лицъ, отвѣчаютъ своими, а не чужими словами, воспитанникамъ представляется значительное облегченіе, а потому они, благо курсъ церковнаго права довольно легокъ, сбываютъ экзаменъ безъ особыхъ затрудненій.

Что касается до отвѣтовъ воспитанниковъ при другихъ системахъ спрашиванія, то худшіе результаты для успѣха дѣла можетъ произвести та система въ различныхъ ея видоизмѣненіяхъ, по которой слишкомъ обременяется память воспитанниковъ взыскательностію въ требованіи подробностей и формальной стороны дѣла. Это въ особенности представляется болѣе лишнимъ въ предметахъ не первой важности, напр. по Остзейскому праву и его Исторіи, и какъ прежде было по Межевымъ законамъ при г. Максимовичѣ. При той однакожъ раціональной системѣ, которая преимущественно дѣйствуетъ на соображеніе, развитіе воспитанника, необходимо слѣдить за тѣмъ, чтобы система эта не вдавалась въ предѣлы отвлеченности и общихъ мѣстъ, что, при свойственной иногда воспитанникамъ лѣности въ предметахъ заучиванія и памяти, можетъ послужить въ ущербъ дѣйствительному знанію воспитанника, такъ какъ для знанія нетолько требуется пониманіе, но и трудъ выучиванія. Наконецъ какая бы ни была принята система спрашиванія воспитанниковъ, она должна всегда взвѣшиваться и по отношенію къ нравственному вліянію на воспитанниковъ, въ виду того, что училище есть воспитательное учрежденіе; крайность же нераціональной системы имѣетъ рѣшительно вредное вліяніе на воспитанниковъ въ ихъ образованіи, въ развитіи ихъ характера, даже и въ личныхъ отношеніяхъ ихъ къ

гонравіе и почтительность къ начальству. Раздача этихъ галуновъ кажется весьма озабочивала и занимала директорскія quasi педагогическія конференціи училища, которыя, нужно полагать, своею прозорливостью и педагогическимъ чутьемъ усматривали въ этомъ нѣкоторымъ образомъ военномъ видѣ награды вѣрный способъ поддержать въ воспитанникахъ дисциплину и со школьной уже скамьи развить въ нихъ любовь къ внѣшнимъ отличіямъ и чувство гордости въ отношеніяхъ съ тѣми, кто ихъ не имѣетъ (хотя бы то даже были товарищи своего класса).

учителю, напр. система законоучителя, такъ же какъ въ младшемъ курсѣ напр. система преподавателя Риторики и Латинскаго языка.

Вообще для того, чтобы съ одной стороны профессоровъ и репетиторовъ не стѣснять училищными программами (^{27}), инструкціями и системами, съ другой стороны, чтобы подчинить все совершающееся въ училищѣ по учебной части контролю училищнаго педагогическаго управленія, полезно было бы устраивать въ мѣсяцъ разъ или больше, смотря по надобности, засѣданія нѣкотораго рода наблюдательнаго учебнаго комитета; комитетъ этотъ въ составѣ профессоровъ и лицъ училищнаго управленія по старшему курсу, по обсужденію всякаго новаго педагогическаго вопроса, предлагаемаго профессоромъ, инспекторомъ или репетиторами, относительно преподаванія предмета, его системы и пр., опредѣлялъ бы свое рѣшеніе въ пользу или не въ пользу примѣненія заявленнаго предложенія.

§ 4. Важнѣйшее почти время для воспитанниковъ по отношенію къ назначенію ихъ въ училищѣ «учиться и учиться» есть время препарацій, т. е. приготовленіе къ лекціямъ и занятія предметомъ сообразно прочитаннымъ лекціямъ. Между тѣмъ препараціи въ училищѣ организованы самымъ невыгоднымъ образомъ для воспитанниковъ, такъ какъ говоръ, шумъ, шалости и самыя разнообразныя и оригинальныя проявленія школьной жизни почти постоянно лишаютъ возможности заниматься дѣльно. При такомъ неблагопріятномъ условіи воспитанники конечно спѣшатъ кое-какъ пройти и сбыть съ рукъ заданное обязательное занятіе, которое вслѣдствіе такой поспѣшности и неосновательности имѣетъ характеръ самый школьный и жалкій. Нерѣдко воспитанники откладываютъ вечернія занятія до ранняго утра, но утромъ съ трудомъ встаютъ, такъ какъ происходящій наканунѣ шумъ въ спальняхъ лишаетъ возможности уснуть своевременно, и результатомъ всего этого бываетъ то, что не занявшись какъ слѣдуетъ сдаешь репетицію на рискъ, какъ-нибудь. Грустно сознаться, что общее правило, допускающее немного исключеній, которое существуетъ въ училищѣ, вслѣдствіе плохо-организованныхъ порядковъ, есть именно то, что воспитанники къ текущимъ лекціямъ совсѣмъ не приготовляются, а начинаютъ заниматься поневолѣ уже тогда, когда наступятъ репетиціи. Записки, урокъ, поставка къ такому-то дню—о большемъ воспитанники и не думаютъ, а если кто и думаетъ, то знаетъ, что трудно противиться существующему положенію (²⁸). Скудности препараціонныхъ и репетиціонныхъ занятій много содѣйствуетъ также и то обстоятельство, что воспитанники, какъ означено выше, чрезвычайно утомляются слишкомъ большимъ количествомъ лекцій въ продолженіе дня и отчасти отсутствіемъ репетиторской помощи, не говоря уже о вліяніи самаго воспитанія училища на неудовлетворительность занятій воспитанниковъ.

§ 5. Такъ какъ училище правовѣдѣнія есть вмѣстѣ и воспитательное учрежденіе, начальство котораго должно заботиться о своихъ питомцахъ, хотя бы они находились и внѣ стѣнъ училища (въ особенности когда отсутствіе это продолжается долгое время), то нелишнее было бы въ старшемъ курсѣ ввести каникулярныя занятія въ слѣдующемъ порядкѣ: воспитанникамъ, перешедшимъ въ старшее отдѣленіе, для вакаціоннаго времени опредѣлить сочиненіе по предмету одной изъ наукъ, преподаваемыхъ въ старшемъ классѣ младшаго отдѣленія (по желанію); полезно было бы также не препятствовать воспитаннику взять тему изъ предметовъ юридической пропедевтики или догматической части энциклопедіи законовѣдѣнія, преподаваніе которой въ старшемъ классѣ училищнаго гимназическаго курса нами предлагается. — Практическія занятія статистикою столь удобныя въ деревнѣ, уѣздномъ городѣ и вообще въ провинціи, гдѣ воспитанники обыкновенно проводятъ каникулярные лѣтніе мѣсяцы, представляются весьма полезными и крайне интересными для каждаго любознательнаго воспитанника, что извѣстно въ училищѣ по опыту, хотя извѣстно также и то, что занятія этого рода сообразно съ возрастомъ и развитіемъ воспитанниковъ были бы умѣстнѣе на самомъ исходѣ гимназическаго курса училища и оказались бы весьма благотворными, еслибъ на каникулярныя занятія воспитанниковъ вообще обращалось болѣе разумное вниманіе. Въ 4 и 3-мъ курсѣ старшаго отдѣленія для занятій воспитанниковъ на рождественскіе каникулы полезно было бы опредѣлить предметъ литературный по одной изъ преподаваемыхъ словесностей за исключеніемъ русской; на Пасхальныхъ праздникахъ никакихъ каникулярныхъ занятій по причинѣ близости къ экзаменному времени; на лѣтнее вакаціонное время занятія по предмету Энциклопедіи Законовѣдѣнія и «Институтами» по Римскому праву, а также чтеніе историческаго сочиненія по Русской Исторіи; въ 3-мъ классѣ можетъ быть предложенъ переводъ какого-нибудь юридическаго сочиненія, который смотря по объему могъ бы быть раздѣленъ на части (сочиненіе лучше избрать нѣмецкое); во 2-мъ классѣ на рождественскіе каникулы предметъ литературный по русской словесности; на вакаціонное лѣтнее время прочтеніе извѣстнаго юридическаго сочиненія по выбору начальства совокупно съ воспитанникомъ, причемъ воспитанникомъ должны быть сдѣланы и представлены начальству выписки, комментаріи и разъясненіе главнаго содержанія и всей системы этого сочиненія, равно и отношеніе его къ выслушаннымъ училищнымъ лекціямъ, по той юридической наукѣ, которая составляетъ предметъ избранной книги; въ 1-мъ классѣ на рождественскіе каникулы никакихъ обязательныхъ занятій; на вакаціонное время сочиненіе по юридической части изъ области Римскаго права по предметамъ, имѣющимъ наибольшее отношеніе къ праву Русскому.

Для вакаціонныхъ занятій вообще нужно 1) чтобы заблаговременно воспитанникъ изъяснилъ письменно, что онъ избираетъ такое-то занятіе, такую-то тему, почему именно избираетъ ее, какія его идеи относительно избраннаго предмета, каковъ планъ для его изложенія; начальство и профессоръ при этомъ оцѣнитъ изъясненное, сдѣлаетъ воспитаннику свои замѣчанія и опредѣлитъ, по силамъ ли воспитаннику избранная имъ тема, и можно ли ожидать отъ занятія ею пользу для воспитанника; 2) необходимо доставить воспитаннику тѣ книги и пособія, которыя ему для занятій нужны.

Конечно каникулярныя занятія не должны быть дѣломъ какого-то формальнаго комическаго обычая, какъ это иногда случается въ младшемъ курсѣ, причемъ и награды въ видѣ карандашей и чернильницъ также довольно комичны въ особенности въ нынѣшнемъ 4 классѣ училища. Если начальство серьезно будетъ смотрѣть на каникулярныя занятія, то и воспитанники поневолѣ также шутить съ ними не будутъ; поэтому оставивъ въ сторонѣ награды, о которыхъ начальство прежде всего думаетъ упуская изъ виду главное, слѣдуетъ обратить строгое вниманіе на разумное выполненіе каникулярной задачи съ пользою для воспитанника и руководящаго его начальства, согласно замѣчаніямъ вышеизложеннымъ.

§ 6. Такъ какъ знаніе или незнаніе воспитанника, выражаемое во время года и на экзаменахъ, имѣетъ всегда свои оттѣнки и характеристическія черты, высказывающія тотъ или другой недостатокъ, то или другое достоинство воспитанника, то при значеніи училища какъ воспитательнаго учрежденія необходимо оцѣнять отвѣты воспитанника обстоятельными замѣчаніями, а не цифрами, очень мало говорящими и не позволяющими профессору позже при многочисленности ихъ помнить, какого рода знаніе или незнаніе высказывалъ воспитанникъ; подъ конецъ же года, какъ уже сказано, можно бы для удобства счета въ итогахъ употреблять и цифры.

§ 7. Вообще замѣчено, что по обширности нѣкоторыхъ курсовъ, по многочисленности праздниковъ и отпусковъ и отчасти по продолжительности полугодовыхъ репетицій и экзаменовъ въ особенности, происходитъ иногда и со стороны профессоровъ какая-то поспѣшность въ преподаваніи предметовъ и даже случается, что курсъ преподаванія не доводится до конца за недостаткомъ времени. По причинѣ неудобства распространенія учебныхъ курсовъ на полтора года для каждаго класса, слѣдовало бы уничтожить полугодовыя репетиціи по крайней мѣрѣ какъ общее правило.

При успѣхѣ внезапныхъ репетицій, полугодовыя репетиціи неудобны и обременительны для профессоровъ и вліяніе ихъ на воспитанниковъ вредно, какъ означено выше; увеличенію же времени на успѣшныя занятія воспитанниковъ въ продолженіе года будутъ содѣйствовать: большое сокращеніе числа лекцій, увеличеніе старшаго курса сверхъ 3-хъ классовъ еще однимъ и вытѣсненіемъ изъ обязательныхъ классныхъ часовъ и формальной процедуры обученія въ старшемъ курсѣ по-возможности предметовъ общаго образованія.

§ 8. По той же причинѣ, связи образованія съ воспитаніемъ, но съ преимущественнымъ отношеніемъ къ дѣлу обученія, нелишними были бы репетиторы и въ старшемъ курсѣ училища по теперешней его организаціи въ 3 и 2-мъ классѣ, а по новой въ двухъ низшихъ курсахъ старшаго отдѣленія. Но здѣсь значеніе репетиторовъ не то какъ въ младшемъ курсѣ, гдѣ возрастъ воспитанниковъ и условія образованія ставятъ ихъ ближе къ нимъ и позволяютъ имъ принимать болѣе участія въ занятіяхъ воспитанниковъ съ вліяніемъ на самое развитіе ихъ и успѣхъ въ прочномъ и основательномъ ихъ трудѣ. Относительно воспитанниковъ старшаго курса, имѣющихъ по развитію болѣе самостоятельное положеніе, репетиторы должны быть на другомъ положеніи, такъ чтобы они слѣдили только за самостоятельностью и основательностью въ занятіяхъ воспитанниковъ, въ видахъ тѣхъ замѣчаній, которыя всякій репетиторъ обязанъ сдѣлать о занятіяхъ воспитанника на внезапныхъ репетиціяхъ и экзаменахъ. Образованный репетиторъ юристъ при собственныхъ юридическихъ занятіяхъ, при частомъ сношеніи съ профессорами и слушаніи ихъ лекцій и при постоянномъ наблюденіи за занятіями воспитанниковъ можетъ быть не безполезенъ имъ своими замѣчаніями и совѣтами; при этомъ надзоръ такихъ репетиторовъ за воспитанниками во время препарацій съ цѣлью сохраненія тишины и порядка, столь благопріятныхъ для серьезныхъ занятій, окажется необходимымъ тѣмъ болѣе, и потому, что при значеніи репетиторовъ также и по отношенію къ образованію воспитанниковъ, полицейскій какъ-бы характеръ этого надзора будетъ совсѣмъ не замѣтенъ. При существующихъ же порядкахъ училища, гдѣ не заботятся путемъ воспитанія вселять въ воспитанникахъ съ дѣтства сознаніе обязанностей общежитейскихъ, надзоръ репетитора въ большемъ или меньшемъ собраніи воспитанниковъ между собой неоспоримо нуженъ; тогда не было бы и той анархіи, которая дѣлаетъ препараціонное время совершенно неудобнымъ для занятій, о чемъ сказано выше. Въ старшихъ курсахъ спеціальнаго отдѣленія обязанности репетитора можетъ исполнять по усмотрѣнію начальства и старшій помощникъ инспектора классовъ (²⁹), котораго нужно имѣть инспектору для одного спеціальнаго отдѣленія.

§ 9. Жалкій комизмъ на экзаменахъ, встрѣчающійся въ младшемъ курсѣ, существуетъ въ старшемъ въ гораздо большей силѣ и ему-то нужно нанести рѣшительный ударъ. Средствами къ тому послужатъ уничтоженіе балловъ, введеніе внезапныхъ репетицій, преобразованіе билетной системы экзаменованія и вообще лучшій и полнѣйшій ходъ всего училищнаго воспитанія, которое съ самаго ранняго возраста воспитанниковъ не должно допускать въ нихъ неправильнаго сознанія человѣческаго достоинства и воспитанническихъ обязанностей. Изложенная выше система спрашиванія на экзаменахъ должна въ старшемъ курсѣ въ особенности въ глазахъ самихъ воспитанниковъ возстановить правду и порядокъ. Пусть жертвою такой неумолимо справедливой системы будетъ то, что воспитанниковъ 10, 15 и больше пожалуй, останется по заслугамъ въ классѣ; пусть начальство (употребляя выраженіе одного профессора) поплачетъ одинъ годъ, зато на слѣдующій годъ примѣръ прошлаго времени позволитъ начальству гораздо меньше плакать, а потомъ все постепенно придетъ въ надлежащій порядокъ, который сдѣлается нормальнымъ послѣдствіемъ хорошаго воспитанія и позволитъ начальству чистосердечно радоваться.

§ 10. Нераціональное учрежденіе наградъ посредствомъ книгъ и въ старшемъ курсѣ, по причинѣ бо́льшаго возраста и развитія воспитанниковъ, представляется еще болѣе несостоятельнымъ. При благородномъ самолюбіи и правильномъ сознаніи своего долга, которыя должны быть развиваемы воспитаніемъ съ самаго поступленія воспитанниковъ въ училище, нравственное вліяніе наградъ, которымъ начальство предполагаетъ дѣйствовать въ видахъ процвѣтанія занятій своихъ питомцевъ, оказывается въ старшемъ курсѣ еще болѣе вреднымъ. Молодой человѣкъ хорошаго воспитанія пойметъ, что лучше бы начальству позаботиться о томъ, чтобы знаніе воспитанника подвергалось вѣрной оцѣнкѣ и чтобы оцѣнка эта выражалась въ точныхъ, добросовѣстныхъ и обстоятельныхъ замѣчаніяхъ. Результаты такихъ замѣчаній и педагогическихъ наблюденій за цѣлый годъ, будучи вносимы въ листы большаго формата для выдачи ихъ на актѣ по принадлежности, должны бы имѣть при концѣ учебнаго года значеніе подобное цензурнымъ для младшаго курса билетамъ при концѣ мѣсяца; и такое заявленіе успѣховъ или неуспѣховъ воспитанниковъ въ болѣе торжественной формѣ на актѣ будетъ весьма естественно по причинѣ торжественности самаго акта. Достоинство содержанія этихъ болѣе или менѣе похвальныхъ листовъ, смотря по успѣхамъ воспитанника, будетъ разныхъ степеней: каждый долженъ получить свое. Всякій цензурный листъ, выданный на актѣ, имѣетъ свое достоинство и есть во всякомъ случаѣ похвальный листъ, но различной степени, такъ какъ получить такой цензурный листъ можетъ только заслужившій перевода въ старшій юридическій классъ. Заслуженный похвальный листъ пріятно будетъ получить всякому воспитаннику, въ особенности же для родныхъ и друзей его, какъ выраженіе успѣха воспитанника въ своихъ занятіяхъ, какъ знакъ заботливости начальства о томъ, чтобы успѣхъ этотъ былъ оцѣненъ справедливо, основательно, точно, что весьма важно въ особенности при значеніи училища какъ воспитательнаго учрежденія. Итакъ здѣсь нѣтъ рѣчи о наградахъ, которыя могутъ имѣть мѣсто развѣ въ тѣхъ случаяхъ, когда трудъ, заслужившій награду, не обязателенъ или заказной. Въ дѣлѣ же образованія, въ дѣлѣ знанія, какъ основанія всякаго умственнаго труда и успѣха въ жизни, священный долгъ учиться ради пользы ученія составляетъ все.

§ 11. Лекціи должны быть распредѣлены въ такомъ количествѣ въ продолженіе дня, чтобы не утомить воспитанниковъ до степени апатичности и небрежности во время самыхъ лекцій и во время приготовленія къ нимъ. Существующія въ училищѣ 6 лекцій въ день, которыя иногда бываютъ всѣ юридическія, скорѣе разрушительно дѣйствуютъ на воспитанниковъ, чѣмъ производительно, даже въ отношеніи самаго успѣха въ юридическомъ образованіи, не говоря уже о значеніи такого дѣйствія въ системѣ воспитанія. Училище правовѣдѣнія, и какъ воспитательное учрежденіе, должно обращать вниманіе на то, что вслѣдствіе такого антипедагогическаго распредѣленія лекцій происходитъ большое зло: воспитанники крайне не внимательны въ аудиторіяхъ несмотря иногда даже на увлекательную лекцію, лѣнивы въ своихъ приготовительныхъ занятіяхъ и часто противъ желанія лишены возможности основательно заниматься и учиться исключительно ради пользы ученія. Такое зло, весьма понимаемое самими воспитанниками, способно вселить въ нихъ крайнее неуваженіе къ авторитету начальства. Въ бытность мою въ училищѣ я какъ-то составилъ таблицу о томъ, чѣмъ воспитанники занимаются во время лекцій по каждому изъ преподаваемыхъ предметовъ, и постоянно приходилось на каждую лекцію, съ малымъ исключеніемъ, самое ограниченное число слушателей; большая же часть воспитанниковъ занимались посторонними занятіями: чтеніемъ ли полезныхъ или безполезныхъ книгъ, мечтаніемъ, разными шалостями и забавами, а иногда и сномъ. Такого рода таблицы, интересовавшія всѣхъ воспитанниковъ, вполнѣ понимавшихъ истинный смыслъ этихъ таблицъ, представлялись мнѣ весьма любопытными какъ дѣйствительный фактъ, поучительно говорящій самъ за себя.

§ 12. Въ разсужденіи о занятіяхъ воспитанниковъ 1-го класса послѣ ихъ экзамена по изъясненному выше предположенію о дополнительномъ для воспитанниковъ 1-го класса учебномъ полугодіи слѣдовало бы признать: 1) чтобы воспитанники по пріѣздѣ съ каникулъ представили сочиненія на заданную юридическую тему или замѣчанія на прочитанное юридическое произведеніе, причемъ на основаніи общаго правила о каникулярныхъ занятіяхъ воспитанники должны представить всѣ данныя для того, чтобы начальство могло лично видѣть, какое отношеніе каникулярное занятіе имѣетъ къ развитію воспитанника и насколько выразились въ немъ успѣхи вообще по училищнымъ юридическимъ занятіямъ за учебное время; 2) по разсмотрѣніи каникулярныхъ занятій начальствомъ и профессорами воспитанники могли бы согласно сдѣланнымъ имъ замѣчаніямъ дополнить, развить и улучшить каникулярныя занятія свои. Въ случаѣ же, если сочиненіе написано съ пользою и вполнѣ удовлетворительно, или юридическое произведеніе прочитано и разсмотрѣно основательно и весьма успѣшно, то подобнаго рода занятія могутъ быть опять предложены воспитанникамъ, такъ какъ все время отъ 15 сентября и до рождественскихъ праздниковъ занятія воспитанниковъ должны быть преимущественно практическія. 3) Практическія занятія преимущественно по уголовнымъ и гражданскимъ дѣламъ, смотря по тому, къ чему кто имѣетъ болѣе расположенія, должны составлять главный предметъ заботливости воспитанниковъ и начальства во все время дополнительнаго учебнаго полугодія 1-го класса. На диспутахъ должны присутствовать, сверхъ профессоровъ Права и Судопроизводства, одинъ изъ членовъ совѣта—юристъ, инспекторъ классовъ или его помощникъ по старшему курсу и директоръ съ воспитателемъ выпускнаго класса. 4) Такъ какъ по новымъ предлагаемымъ порядкамъ неспособные по юридической части или лѣнивые и вообще не развитые воспитанники не будутъ удостоиваемы перевода въ 1-й классъ, то жалкая посредственность въ этомъ старшемъ классѣ уже не будетъ имѣть мѣста. Поэтому воспитанники 1-го класса, находясь на исходѣ своего училищнаго образованія, пожелаютъ конечно заниматься добросовѣстно и серьезно ради пользы занятій; но, имѣя въ виду, что строгость въ воспитательномъ учрежденіи должна существовать постоянно и не останавливаться ни при какомъ случаѣ, ее вызывающемъ, отнюдь не слѣдуетъ и для этихъ воспитанниковъ хотя оканчивающихъ курсъ допускать особыя послабленія. Въ общемъ правилѣ всякій воспитанникъ 1-го класса, несмотря на достоинство свое какъ находящагося въ выпускномъ классѣ, долженъ быть оставляемъ въ училищѣ еще на цѣлый годъ, если онъ только, въ ущербъ своимъ успѣхамъ и на соблазнъ другимъ, будетъ черезчуръ шутить занятіями дополнительнаго полугодія и станетъ, подобно большей части студентовъ, преждевременно предаваться свѣтскимъ удовольствіямъ и праздности съ перспективою очнуться или отрезвиться лишь наканунѣ экзаменовъ. 5) Означенное строгое и справедливое правило будетъ служить и вѣрнымъ ручательствомъ для успѣха экзамена изъ юридической практики. Оцѣнка знанія воспитанниковъ должна быть выражена обстоятельно въ цензурныхъ вѣдомостяхъ, составляемыхъ начальствомъ и профессорами собственно по отделу практическихъ занятій воспитанниковъ. Результаты этихъ оцѣнокъ могутъ быть изображены въ цифрахъ при краткихъ замѣчаніяхъ. Цензурныя вѣдомости годичныя, заключая въ себѣ результаты занятій воспитанниковъ въ теченіе года, должны быть представлены къ экзамену, но могутъ быть разсматриваемы только послѣ экзамена; во время же самаго экзамена передъ присутствующими какъ училищными, такъ и приглашенными гостями должна находиться чистая вѣдомость для отмѣтокъ и гг. дѣлающіе эти отмѣтки обязаны присоединять къ нимъ краткое замѣчаніе объ отвѣтѣ экзаменующагося воспитанника и уже за симъ оцѣнка успѣховъ годичныхъ можетъ быть соображена съ результатомъ экзаменнаго отвѣта и выводъ или итогъ, истекающій изъ такого соображенія, опредѣлится вѣрно. Сочиненія воспитанниковъ на юридическія темы и замѣчанія ихъ по какимъ-либо извѣстнымъ юридическимъ произведеніямъ должны также находиться на экзаменѣ и по этимъ предметамъ каждому воспитаннику будутъ предложены вопросы училищными экзаменаторами, которые заблаговременно до экзамена должны уже быть знакомы съ практическими трудами воспитанниковъ.

§ 13. Вслѣдствіе какого-то страннаго школьнаго предразсудка, въ силу котораго въ общемъ правилѣ воспитанники училища какъ-то стѣсняются дѣлать устно вопросы профессору о предметахъ ими непонятыхъ или упущенныхъ въ самыхъ лекціяхъ, въ училищной аудиторіи только и слышишь монологъ профессорской лекціи; діалоги же, возбужденные любознательностію воспитанника, съ которою иногда связана и необходимость пониманія извѣстнаго предмета, составляютъ рѣдкое явленіе. Содѣйствуетъ этому и то, что въ училищѣ, какъ впрочемъ вообще у насъ и въ болѣе важныхъ учрежденіяхъ, существуетъ какой-то ложный стыдъ или робость, когда нужно говорить публично. Конечно нужно идти противъ этого недостатка, который собственно въ училищѣ обнаруживаетъ собою странно организованное товарищество и неправильное воспитаніе, но съ другой стороны такъ какъ подобное явленіе можетъ послужить въ ущербъ образованія воспитанниковъ, то полезно было бы хоть въ видѣ опыта ввести такой порядокъ: воспитанники 1-го и 2-го класса черезъ инспектора или его помощника ([30]), а 3-го и 4-го класса черезъ репетиторовъ имѣютъ право передавать профессорамъ вопросныя записки о предметахъ, требующихъ поясненія или новаго дополненія, и засимъ профессоръ уже обязанъ въ слѣдующее посѣщеніе свое дать всему классу нужныя разъясненія. Записочки эти съ подписью фамиліи подавшаго ихъ должны храниться у репетиторовъ или адъюнктъ-профессора.

§ 14. Дипломъ, выдаваемый до сихъ поръ въ училищѣ, заключаетъ въ себѣ оцѣнку познаній по предметамъ какъ спеціальнаго, такъ и общаго образованія, но правильнѣе было бы ограничить содержаніе правовѣдскаго диплома оцѣнкою познаній по предметамъ одной спеціальности. По предметамъ общаго образованія слѣдовало бы составлять особыя свидѣтельства подобно гимназическимъ дипломамъ при самомъ переходѣ воспитанниковъ въ старшій курсъ и тогда же имъ и выдавать дипломъ, какъ вещь вполнѣ ими заслуженную и которою они могутъ воспользоваться, какъ и когда желаютъ, что вполнѣ отвѣчало бы самодовольствію воспитанниковъ и сознанію ими нѣкотораго достоинства своего по случаю окончанія ими гимназическаго курса. Относительно обычая внесенія фамиліи перваго воспитанника выпускнаго класса на мраморную доску, существующее мнѣніе о необходимости этого далеко не единственное. Недавно даже офиціально заявлено было мнѣніе противъ этого обычая въ проектѣ Учебнаго Устава гр. Путяты по Морскому вѣдомству, въ которомъ одобряется только внесеніе на доску фамилій умершихъ въ сраженіи противъ непріятелей, изъ чего уже видно, какъ понимается это дѣло въ означенномъ проектѣ. Дѣйствительно по этому предмету нельзя не придти къ слѣдующему соображенію:

Основаніе общественной дѣятельности человѣка составляетъ его образованіе, которое относительно успѣховъ или неуспѣховъ воспитанниковъ въ нашихъ высшихъ учебныхъ заведеніяхъ очень мало заявляется обществу. Только по выходѣ воспитанниковъ изъ заведенія полученное ими образованіе можетъ иногда при случаѣ выказаться въ пользу или не въ пользу питомцевъ заведенія. Но развѣ на служебной или на общественной дѣятельности перваго воспитанника лежитъ непремѣнно отпечатокъ того отличія, по которому его имя внесено на доску, въ училищѣ? напротивъ, часто встрѣчается видѣть болѣе способныхъ и отличающихся на службѣ изъ далеко не первыхъ воспитанниковъ, и даже не изъ титулярныхъ совѣтниковъ, и въ этомъ нѣтъ ничего удивительнаго. Въ учебномъ заведеніи при несамостоятельности положенія воспитанниковъ, при зависимости ихъ отъ разныхъ условій связаннаго школьнаго быта, при совершенной обязательности ихъ занятій хотя бы ими и не чувствовалось вовсе призванія къ спеціальности заведенія, достоинство школьнаго ученія, болѣе или менѣе скрытаго отъ общества, представляется весьма условнымъ. Достоинство школьнаго ученія столь условно по отношенію къ успѣху его результатовъ, столь относительно въ смыслѣ заслуги обществу, что дѣйствительно никакъ нельзя признать раціональнымъ внесеніе имени воспитанника на золотую доску, такъ какъ это будетъ преждевременнымъ и слишкомъ торжественнымъ прославленіемъ того, который собственно говоря ничего болѣе не дѣлалъ какъ хорошо учился; а заключается ли въ школьномъ отличіи по наукамъ того или другаго ученика залогъ успѣха служебнаго или вообще самостоятельной общественной дѣятельности, этого никто знать не можетъ. Если же разсматривать внесеніе на доску какъ награду или поощреніе, то тогда обычай этотъ, какъ лишь формальный, представляется еще болѣе нераціональнымъ; не говоря о неосновательности системы наградъ, о которыхъ говорится выше, еще болѣе награды не умѣстны тамъ, гдѣ въ нихъ вовсе не нуждаются, гдѣ окончательный успѣхъ образованія составляетъ уже верхъ радости для воспитанника его родителей и для самаго начальства. Запечатлѣть этотъ успѣхъ внесеніемъ фамиліи отличившагося на золотую доску ни къ чему не поведетъ потому, что доска будетъ всегда мертвымъ памятникомъ, пока успѣхъ образованія не обнаружится въ самой жизни воспитанника, фактахъ, трудахъ, службѣ; а если это обнаруженіе на самомъ дѣлѣ произойдетъ, то этотъ живой памятникъ вполнѣ достаточенъ безъ всякаго другаго, мраморнаго или золотаго [31].

§ 15. Всякій фактъ дѣятельности вышедшаго правовѣда, свидѣтельствующій въ пользу его способностей и направленія и выставляющій его изъ ряду сотоварищей, всего лучше самъ собою заявить такого отличившагося дѣятеля передъ общественнымъ мнѣніемъ; но съ отличіями молодыхъ людей пока они еще въ училищѣ общественное мнѣніе можетъ ознакомиться нетолько по училищнымъ экзаменамъ, но и по напечатаннымъ сочиненіямъ воспитанниковъ и вообще по публичнымъ заявленіямъ всего относящагося до производительности ученическаго труда питомцевъ училища, какъ результата ихъ дарованій и всей системы училищнаго обученія и воспитанія. Лучшія произведенія воспитанниковъ (но безъ означенія имени ихъ) могли бы быть печатаемы (³²) или литографируемы въ нѣкотораго рода литературномъ сборникѣ, который издавался бы отъ воспитанниковъ училища. Сборники должны составляться изъ тѣхъ произведеній воспитанниковъ, которыя не выходятъ изъ круга ихъ обязательныхъ занятій, т. е. занятій, предложенныхъ имъ по извѣстному предмету и на извѣстную тему, иначе былъ бы слишкомъ большой соблазнъ тщеславнымъ натурамъ увлекаться нетолько качествомъ, но и количествомъ статей, что требовало бы много времени, отвлекало бы отъ хода текущихъ занятій, а прежде всего могло бы дурно дѣйствовать и въ воспитательномъ отношеніи. Въ семъ послѣднемъ отношеніи не слѣдуетъ никогда упускать изъ виду, что воспитанниковъ нужно вести въ духѣ главнѣйшаго требованія ихъ возраста, ихъ развитія и назначенія «учиться и учиться». При оцѣнкѣ произведеній воспитанниковъ на степень помѣщенія ихъ въ училищномъ сборникѣ необходимо безпристрастіе, строгость и тончайшая педагогическая осторожность, словомъ нужно здѣсь, какъ во всемъ, то, что всего важнѣе въ воспитательномъ учрежденіи, это геній воспитанія, умѣющаго, вмѣстѣ съ развитіемъ образованія ученаго, усовершенствовать образованіе собственно воспитательное, нравственное. Можно бы издавать лучшіе ученическіе труды воспитанниковъ также и переводы и при педагогическихъ періодическихъ изданіяхъ, что, равно какъ и вышеизложенныя мѣры, образовало бы нѣкоторую связь (³³) училища съ обществомъ, для котораго воспитанники учатся и въ которомъ будутъ жить.

Вообще, всматриваясь въ отношенія общества къ высшимъ закрытымъ учебнымъ заведеніямъ, нельзя не замѣтить, что отношеній этихъ почти не существуетъ и до такой степени, что заведенія эти представляются какъ бы фабрично-учебными тайниками, въ продуктахъ которыхъ общество можетъ распознать развѣ только клеймо заведенія, фирму, но не секретъ производства. Общество вполнѣ чуждо того, что́ и какъ тамъ дѣлается, и поэтому общественное воспитаніе теряетъ у насъ нѣсколько значеніе общественнаго, между тѣмъ какъ оно должно бы быть въ самой живой связи съ общественной жизнью во всемъ богатствѣ ея лучшихъ духовныхъ силъ, не говоря уже о существенномъ интересѣ, какой для общества, какъ дѣти для родителей, представляютъ учебныя заведенія.

Вообще всѣ педагогическія мѣры и заботы объ успѣхахъ воспитанниковъ къ пользѣ процвѣтанія спеціальной-учебной части училища должны клониться къ тому, чтобъ не ограничиваться однимъ толчкомъ воспитанниковъ къ юридической спеціальности, а чтобъ открыть имъ истинную прямую дорогу правовѣдѣнія, любовь къ которому отвлекала бы молодыхъ людей далеко, далеко отъ того жалкаго, односторонняго чиновничества, со всѣми его порожденіями, жертвою котораго дѣлаются иногда и питомцы училища правовѣдѣнія, едва успѣвъ съ обиліемъ свѣжихъ природныхъ силъ вступить на поприще человѣческой дѣятельности.

ПРИБАВЛЕНІЕ КЪ ГЛАВѢ II.

О дополнительномъ практическомъ курсѣ старшаго отдѣленія Училища.

Относительно устройства дополнительнаго практическаго полугодія для спеціальнаго отдѣленія училища правовѣдѣнія, соображенія, служащія основаніемъ идеи нашей по этому предмету, суть слѣдующія:

1) При нынѣшнихъ порядкахъ училища воспитанники, въ несообразно тѣсныхъ предѣлахъ трехлѣтняго учебнаго времени, такъ обременены занятіями теоретическими, что въ 1-мъ классѣ, при занятіяхъ текущими предметами и повтореніи предметовъ предшествующихъ курсовъ, воспитанникамъ рѣшительно невозможно посвящать съ пользою даже нѣсколько часовъ для практическихъ юридическихъ занятій. Изумительная система распредѣленія лекцій по 6-ти въ день и столь дурно организованные препараціонные часы, какъ означено выше, служатъ неизбѣжною помѣхой въ занятіяхъ воспитанниковъ вообще.

2) Воспитанники съ бо́льшею пользою могутъ посвящать себя практическимъ занятіямъ тогда, когда они уже прошли весь училищный юридическій курсъ и усвоили себѣ полный взглядъ на теорію, примѣняемую въ практикѣ или, лучше сказать, въ опытахъ юридической практики.

3) Возрастъ воспитанниковъ по окончаніи курса 1-го класса, болѣе свободное какъ-бы студенческое положеніе ихъ и во-

обще большая самостоятельность ихъ въ занятіяхъ и практической жизни—все это должно служить значительнымъ ручательствомъ успѣшности практическаго ученія воспитанниковъ въ дополнительномъ полугодіи.

4) Наконецъ естественное утомленіе воспитанниковъ 1-го класса при окончаніи курса и потребность въ отдыхѣ, необходимость извѣстнаго перехода отъ школьной скамьи къ чиновному стулу—все это въ связи съ вышеизложеннымъ наводитъ меня на мысль, что было бы полезно, по окончаніи воспитанниками спеціально-ученаго курса училища, пройти, предварительно поступленія на службу, еще спеціально-практическое полугодіе съ предшествующимъ вакантомъ послѣ экзаменовъ 1-го класса; а засимъ уже по окончаніи практическихъ занятій и послѣ практическаго экзамена молодой человѣкъ могъ бы въ декабрѣ мѣсяцѣ и поступить на службу.

Для предлагаемаго практическаго дополнительнаго полугодія, можно бы установить между прочимъ слѣдующіе порядки:

а) По окончаніи экзаменовъ по предметамъ, приведеннымъ въ особыхъ таблицахъ, приложенныхъ къ спеціальному отдѣлу съ исключеніемъ лишь практическихъ экзаменовъ по судопроизводству, воспитанники перваго класса, въ качествѣ старшихъ его воспитанниковъ, имѣютъ пользоваться каникулами, которые продолжались бы до 15-го сентября (отъ конца мая или какъ придется).

б) На каникулярное время предлагаются воспитанникамъ юридическія практическія занятія согласно означенному въ спеціально-ученомъ отдѣлѣ записки, и занятія эти по возвращеніи воспитанниковъ съ каникулъ получаютъ дальнѣйшее свое направленіе, какъ пояснено въ педагогическихъ соображеніяхъ по спеціальному отдѣлу.

в) Съ 1-го октября открываются въ формѣ сеансовъ судебно практическія занятія, которыя могутъ быть три или только два раза въ недѣлю.

г) Во все время практическаго полугодія воспитанники 1-го класса пользуются свободнымъ положеніемъ студентовъ, но только безъ той распущенности въ занятіяхъ, какая имѣетъ мѣсто въ безтолковой иногда жизни студентовъ, и съ тѣмъ поэтому условіемъ, чтобы воспитанники были всегда въ распоряженіи начальства училища и подъ его воспитательнымъ вліяніемъ. Такое положеніе воспитанниковъ и въ смыслѣ соціальныхъ отношеній и свѣтскости будетъ также благопріятнымъ переходомъ воспитанниковъ отъ закрытаго заведенія къ открытому поприщу самостоятельной жизни, къ которому скачекъ воспитанниковъ теперь столь рѣзокъ. На поприще это воспитанники бросаются часто слишкомъ неосторожно или для пресыщенія удовольствіями, въ которыхъ съ перваго же начала не видятъ ограниченія, или для того, чтобы какъ можно скорѣе, помимо всякихъ удовольствій, засѣсть титулярнымъ совѣтникомъ на чиновномъ стулѣ и усидчивыми трудами заискать передъ новымъ начальствомъ.

д) Экзамены по судебно-практическимъ занятіямъ съ извѣстнымъ отношеніемъ къ ученымъ практическимъ занятіямъ могутъ производиться публично и въ присутствіи приглашаемыхъ для сего юристовъ-практиковъ по судебной и слѣдственной части и профессоровъ.

е) Сочиненія на юридическія темы или комментаріи при переводахъ, что собственно и составляетъ учено-практическія занятія въ отличіе отъ судебно-практическихъ, входятъ также въ занятія практическаго полугодія съ соблюденіемъ однакожъ того, чтобы занятія этого рода предоставлялись какъ можно болѣе свободному желанію воспитанниковъ и не обременяли ихъ. Означенныя ученыя практическія занятія представляются также матеріаломъ для испытанія воспитанниковъ въ продолженіе полугодія на сеансахъ, о которыхъ говорится въ своемъ мѣстѣ, а также и на экзаменахъ.

ж) Кромѣ практическихъ занятій воспитанниковъ въ стѣнахъ училища, воспитанникамъ должна быть доставлена нѣкоторая практика и внѣ училища въ посѣщеніи слѣдственныхъ камеръ, судебныхъ и полицейскихъ мѣстъ, тюремъ и слѣдственныхъ арестантскихъ помѣщеній, арестантскихъ ротъ и этапныхъ отдѣленій. Помѣщенія эти должны бы имѣть болѣе серьезный характеръ, чѣмъ теперь, какъ въ отношеніи болѣе частаго посѣщенія всѣхъ этихъ мѣстъ и болѣе обстоятельнаго разъясненія воспитанниками всего, что въ нихъ по отношенію къ наукѣ представляется, такъ и въ отношеніи того, чтобы посѣщенія эти не производить разомъ массою всѣхъ воспитанниковъ, а отдѣльными партіями нѣсколькихъ воспитанниковъ по очереди.

з) Наконецъ актъ, имѣя мѣсто въ концѣ года, будетъ предвѣстникомъ уже не каникулярнаго отдыха, не крайняго разсѣянія и вольностей, а спокойной самостоятельной и уже нѣсколько испытанной жизни и того начала служебнаго поприща, которое послѣ практической школы дополнительнаго полугодія произойдетъ при болѣе благопріятныхъ условіяхъ.

Такимъ образомъ дополнительное практическое полугодіе съ изложенными основаніями и особенностями, будучи вообще практично и въ учебномъ и въ воспитательномъ отношеніи, окажетъ полагаю я несомнѣнную пользу нетолько при существующихъ порядкахъ училища, но въ особенности при новыхъ порядкахъ, изложенныхъ въ нашей запискѣ. Предполагаемое расширеніе и усовершенствованіе юридическаго курса училища и коренная реформа воспитательной части его дадутъ возможность поставить теоретическое ученіе на самыхъ прочныхъ основаніяхъ и довести спеціальность училища правовѣдѣнія до совершенства, какое только на школьной скамьѣ возможно. На практическія же занятія, имѣющія столь важную роль въ училищѣ, будетъ посвящено еще и особое полугодіе, которое, постепенно довершая училищный курсъ, какъ конецъ вѣнчаетъ дѣло, представитъ и въ смыслѣ воспитательномъ болѣе нормальный переходъ отъ школы къ службѣ и какъ-бы золотую середину между двумя извѣстными крайностями, какія нынѣ представляютъ какъ въ служебномъ, такъ и житейскомъ отношеніи положеніе выпускнаго правовѣда и положеніе выпускнаго студента.

ЗАМѢЧАНІЯ

СДѢЛАННЫЯ НАМЪ ПО ОТДѢЛУ СПЕЦІАЛЬНО-УЧЕНАГО ОБРАЗОВАНІЯ СТАРШАГО КУРСА УЧИЛИЩА ПРАВОВѢДѢНІЯ.

Замѣчаніе 14. Никакъ не могу согласиться съ тѣмъ, что слово практикъ однозначительно съ словомъ чиновникъ. Въ особенности теперь имя чиновника сдѣлалось почти-что nomen odiosum. Не нужно быть чиновникомъ, чтобы быть практикомъ. Правовѣдамъ предстоитъ еще можетъ быть адвокатская дѣятельность. И въ какомъ практическомъ дѣлѣ не нужно практическое знаніе законовъ.

Отвѣтъ. Мы не считаемъ нужнымъ браковать названіе «чиновникъ», хотя оно въ настоящее время и сдѣлалось nomen odiosum по причинѣ необразованности вообще въ чиновномъ мірѣ. Принимая это слово въ собственномъ смыслѣ его, при надлежащемъ его значеніи, какъ employé или Beamte заграницей, нельзя не согласиться съ тѣмъ, что въ немъ нѣтъ ничего odiosum. Во всякомъ случаѣ, если значеніе чиновника падаетъ, то здѣсь и нужно его поддержать силою образованія, распространяемаго въ чиновномъ мірѣ нетолько университетами, но и такими заведеніями, какъ училище правовѣдѣнія, разъ такое заведеніе существуетъ и считается даже процвѣтающимъ. Въ отношеніи служебнаго денежнаго безкорыстія и облагороженія чиновнаго міра училище не мало сдѣлало; теперь женужно ему дѣйствовать въ пользу юридическаго образованія и трудоваго безкорыстія и болѣе серьезно-либеральнаго развитія чиновнаго общества.

Замѣч. 15. Въ сущности, по моему, между теоріею и практикой нѣтъ и различія съ высшей точки зрѣнія.

Отв. Если обращаться ко всему съ высшей точки зрѣнія и такимъ образомъ вознестись къ высотѣ общихъ философскихъ взглядовъ, очень многое можно отнести къ одной категоріи несмотря на оттѣнки различій въ предметахъ, въ нее входящихъ. Еслибъ не было никакого отличія практическихъ отъ теоретическихъ занятій, то послѣднія не составляли бы въ училищѣ правовѣдѣнія и нѣкоторыхъ университетахъ нѣчто отдѣльное, особое, техническое. Причина и послѣдствіе, мысль и фактъ ея осуществленія, законъ и жизнь, имъ производимая,—смыслъ такихъ только оттѣнковъ и можно видѣть въ представляющемся повидимому отличіи теоріи отъ практики. Противъ же тѣснѣйшей связи теоріи съ практикой странно было бы и говорить.

Замѣч. 16. Въ быстротѣ служебнаго возвышенія есть до сихъ поръ отличіе, и Правовѣды по Министерству Юстиціи пользуются привиллегіей, правда, не по закону.

Отв. Вполнѣ согласенъ. Многое намъ дается, многое слѣдовало бы и требовать, но на дѣлѣ рѣдко такъ выходитъ. И въ высшихъ служебныхъ сферахъ видимъ мы: скудность въ знаніи народа и историческихъ какъ и природныхъ условій отечественнаго управленія, непрактичность воззрѣній въ дѣлахъ, слабость юридическаго и административнаго образованія, отсутствіе спеціальныхъ знаній, внутреннее сознаніе своей жалкой посредственности, а все это конечно не позволяетъ высшимъ чиновникамъ требовать отъ низшихъ того, чего сами не имѣютъ. Привиллегія же собственно для правовѣдовъ по вѣдомству министерства юстиціи не лишена своего основанія и смысла. Училище правовѣдѣнія создано для того, чтобы, привлекая къ себѣ дѣтей изъ сословія потомственнаго дворянства, большими правами и преимуществами на службѣ,—устроить для вѣдомства министерства юстиціи особый разсадникъ благовоспитанныхъ и образованныхъ чиновниковъ въ качествѣ какъ-бы института этого министерства. При такомъ значеніи своемъ, училище правовѣдѣнія должно было несомнѣнно пользоваться привиллегіею предъ университетомъ въ отношеніи способовъ для движенія питомцевъ своихъ по службѣ. Соглашаясь же приносить дѣтей своихъ въ жертву казенной системѣ семилѣтняго замкнутаго обученія, родители примирялись при этомъ лишь съ тою мыслью, что училище выпускаетъ прямо титулярнымъ совѣтникомъ, капитаномъ, что менѣе чѣмъ годъ спустя правовѣдъ дѣлается совѣтникомъ Гражданской или Уголовной палаты, легко попадаетъ въ камеръ-юнкеры и т. д. Тоже самое понимали и воспитанники училища, между которыми впрочемъ многіе предпочли бы свободное положеніе и болѣе самостоятельный трудъ студента праву на девятый классъ. Правда, что и безъ чина титулярнаго совѣтника служебное и общественное положеніе студентовъ было бы при весьма благопріятныхъ условіяхъ вслѣдствіе корпоративности правовѣдовъ и покровительства ей свыше, но политическій разсчетъ рѣшительною мѣрой ослабить виды плебейскаго университетскаго элемента въ личномъ составѣ низшей юстиціи и въ особенности какъ можно выше поставить образованнаго молодаго благороднаго юстицъ-чиновника среди подъяческой грязи сенатской канцеріи и губернскихъ судебныхъ учрежденій—всѣ эти соображенія должны были навремя взять верхъ надъ требованіями хотя бы и самой справедливости въ «воздаяніи каждому по заслугамъ» безъ лицепріятія. Насколько же эта временная потребность минувшихъ лѣтъ должна удовлетворяться и въ настоящее время послѣ двадцатипятилѣтія училища правовѣдѣнія, объ этомъ да судятъ высшіе.

Замѣч. 17. Все это вѣрно относительно массы, большинства. А если обратимся къ частнымъ явленіямъ возможнымъ въ той и другой сферѣ, то окажется, что университетское образованіе способствуетъ спеціальному изученію той или другой отрасли права и развитію способностей, направленныхъ къ ученому призванію. Изъ университетовъ хоть мало, а все-таки выходятъ ученые, и выходили замѣчательные ученые таланты. Училище правовѣдѣнія не благопріятствуетъ этому направленію уже по спеціальности своей цѣли обратить воспитанниковъ на службу по Министерству Юстиціи. Кабинетныя же и юридическія занятія, если и составляютъ у насъ исключеніе вообще по малому развитію науки, то все-таки эти исключенія несравненно чаще встрѣчаются въ Университетѣ, а на иныхъ курсахъ или выпускахъ не могутъ быть названы и исключеніемъ. Это и естественно потому, что наукѣ больше свободы въ Университетѣ, чѣмъ въ закрытомъ заведеніи.

Отв. Нельзя стало быть не пожалѣть, что система закрытыхъ учебныхъ заведеній, защищаемая и въ самихъ замѣчаніяхъ намъ дѣлаемыхъ, служитъ препятствіемъ свободѣ въ научныхъ занятіяхъ и ихъ производительности. Объясненія по этому предмету изложены въ нѣсколькихъ мѣстахъ моихъ записокъ.

Замѣч. 18. Я совершенно съ этимъ согласенъ, но вынесетъ ли это наша молодежь теперь, когда все рвется и мечется изъ-за того, чтобы скорѣе быть чѣмъ-нибудь и что-нибудь значить? Итакъ, 4 курса по необходимости слѣдуетъ принять, а на 5 лѣтъ всѣ возопіютъ!

Отв. Это замѣчаніе сдѣлано до прочтенія того мѣста, гдѣ именно нами предлагается организованіе четырехъ курсовъ вмѣсто трехъ теперешнихъ. Къ тому-же при новой организаціи воспитанія въ училищѣ рваться и метаться будутъ гораздо рѣже чѣмъ теперь, да и въ такихъ случаяхъ извѣстныя педагогическія средства могутъ быть весьма успокоительны... конечно не тѣлесныя наказанія и не заточеніе въ какіе-то пенитенціарные позорящіе чуланы.

Замѣч. 19. Весьма справедливо, что сказано здѣсь о чрезмѣрномъ числѣ лекцій и о пассивномъ отношеніи воспитанниковъ къ чтеніямъ. Но и то надо принять въ разсчетъ, достанетъ ли предполагаемаго числа лекцій для того, чтобы читать всѣ назначенные предметы въ томъ объемѣ и съ той обширностью концепціи, съ какою необходимо читать для того, чтобы оживить свои лекціи и возбудить интересъ къ предмету.

Съ другой стороны—и это главное—надо сказать, что скучаніе во время лекціи происходитъ главнѣйше отъ неспособности или равнодушія преподавателя. У живаго и знающаго профессора скучать не будутъ и повѣрьте не станутъ относиться пассивно къ его лекціямъ. Разумѣется, если курсъ повторяется буквально каждый годъ, если у каждаго воспитанника есть заранѣе составленныя литографированныя записки, лекція будетъ для воспитанника мученьемъ, а для профессора несноснымъ хожденіемъ на службу. Тогда-то будетъ вполнѣ пассивное отношеніе даже къ лекціи, наилучшимъ образомъ напередъ составленной.

А хорошій профессоръ можетъ избѣгнуть этого бѣдствія и оживить свои лекціи. Онъ можетъ возбудить и самодѣятельность въ слушателяхъ, порядочно приготовленныхъ; можетъ указывать имъ на книги для чтенія, дѣлать съ ними анализъ явленій практической жизни, относящихся къ предмету, заводить съ ними бесѣды или такъ-называемые конверсаторіи и пр.

Отв. Мы руководствовались здѣсь тѣмъ воззрѣніемъ, по которому считаемъ весьма важнымъ—самостоятельность воспитанника въ непосредственномъ обращеніи съ предметомъ. Профессоръ только руководитель ученика (старшаго курса), а какъ авторитетъ онъ, во мнѣніи учащагося, можетъ стоять и ниже даже другихъ авторитетовъ въ лицѣ прочихъ профессоровъ и авторовъ спеціальныхъ сочиненій.

Чрезъ уничтоженіе же существующихъ репетицій и измѣненіе условій экзаменной эпохи число учебныхъ дней увеличится; — увеличится и число учебныхъ часовъ... И даже въ аудиторіи весьма живаго, интереснаго профессора †) воспитанники, испытывая постоянно тягость тяжелой атмосферы ихъ мѣста заточенія, не всегда внемлютъ слову науки какъ слѣдуетъ. Натура беретъ свое. Въ особенности чувство стремленія къ свободѣ разыгрывается передъ отпусками. Какъ волка ни корми, а онъ все въ лѣсъ глядитъ; поэтому нужно прежде сдѣлать болѣе нормальнымъ положеніе воспитанника по отношенію къ его индивидуальной свободѣ, которая дороже всего во всякомъ возрастѣ, а потомъ уже можно ожидать въ общемъ правилѣ и болѣе нормальное положеніе воспитанника въ аудиторіи. Исключенія благопріятныя есть и теперь, но въ маломъ количествѣ и слабой степени. Что касается до литографированныхъ записокъ, то врядъ-ли изданіе ихъ передъ началомъ учебнаго курса можетъ быть вредно воспитаннику; напротивъ, въ особенности когда онѣ составлены весьма кратко въ видѣ очень пространныхъ конспектовъ, въ этомъ случаѣ при надлежащемъ воспитательномъ направленіи въ духѣ истиннаго служенія наукѣ, а не въ рабствѣ профессорскому слову, употребленіе воспитанникомъ такихъ записокъ можетъ быть весьма не безполезно. Записки эти представятъ средство имѣть всегда передъ собою весь планъ и содержаніе преподаваемаго предмета и согласно этому заблаговременно лучше понимать положеніе каждаго вопроса въ системѣ науки и разумнѣе приготовляться къ наступающимъ лекціямъ.

Замѣч. 20. О чтеніи надо замѣтить слѣдующее: читатель, хотя и самъ выбираетъ книгу, можетъ читая относиться къ ней тоже пассив-

---

†) Напр. Проф. ГГ. Андреевскій, Спасовичъ, Загорскій.

но, тогда и плода большаго не будетъ. Такъ бывало частью и читаютъ. Чтеніе тогда только вполнѣ плодотворно, когда приступаешь къ книгѣ съ извѣстными, образовавшимися въ головѣ вопросами. Вотъ почему въ чтеніи тоже весьма важно руководство профессора. Его дѣло возбудить вопросы, возбудить интересъ къ нимъ и потомъ указать на книгу. Вотъ между прочимъ почему новѣйшее размноженіе журнальной литературы остается не безъ вреда для правильнаго развитія, разслабляя дисциплину, которая въ чтеніи какъ и вездѣ должна быть.

Отв. Понятно, что согласно означенному здѣсь условію и долженъ быть выборъ чтенія для воспитанника; наблюдать за этимъ выборомъ есть дѣло руководителей образованія воспитанниковъ и ихъ дисциплины.

Замѣч. 21. Все это прекрасно, но вотъ вопросъ, надъ которымъ нельзя не задуматься: гдѣ мы возьмемъ людей для всего этого? По моему лучше вовсе не имѣть спеціальной каѳедры, чѣмъ замѣстить ее профессоромъ неспособнымъ и равнодушнымъ. У насъ привыкли дѣйствовать иначе. Мы любимъ сразу построить планъ ученія, раздѣлить курсъ на спеціальныя науки, сдѣлать штатъ и потомъ вербовать профессоровъ на новыя каѳедры, считая потомъ, что неловко, совѣстно когда каѳедра, поставленная въ планѣ или штатѣ, остается незанятою. И вотъ мы ищемъ ученаго на рынкѣ профессоровъ. Найти желающаго не трудно, потому что на этомъ рынкѣ у насъ въ Россіи, къ сожалѣнію, много шуму и фальшиваго блеску: всякій готовъ признать или вообразить себя великимъ ученымъ и взять по себѣ каѳедру, въ то время какъ онъ самъ едва не сталъ учиться тому предмету, который берется преподавать. Отсюда происходитъ у насъ пустота и безплодіе науки, отсюда множество лжи на нашемъ ученомъ рынкѣ.

Итакъ не будетъ ли благоразумнѣе удержаться на первый разъ отъ помѣщенія въ программу курса нѣкоторыхъ спеціальныхъ каѳедръ? можно держать ихъ въ запасѣ, пока найдется человѣкъ, который въ состояніи будетъ преподавать предметъ и принести пользу своимъ преподаваніемъ.

Отв. Заранѣе сдѣлать планъ ученія представляется намъ въ порядкѣ вещей. Такое дѣло, будучи соображено съ современными потребностями примѣнительно къ точной цѣли учрежденія, не можетъ въ устройствѣ своемъ быть не додѣлано, а осуществленіе однажды устроеннаго не должно конечно производиться безъ смысла. Нечего напр. вербовать профессоровъ безъ всякаго разбора, и по этому предмету прежде всего нечего скупиться на средства. Хорошіе профессора въ спеціальномъ учебномъ заведеніи, какъ и въ университетахъ, важнѣе всего. Нѣтъ хорошаго профессора, пусть будетъ ваканція, но пусть будутъ всѣ нужныя книги и руководства по предмету вакантной каѳедры и въ занятіяхъ этими книгами; да руководитъ воспитанниковъ ученая часть начальства. Что касается до лекцій, то здѣсь мы не означаемъ заранѣе опредѣленнаго числа лекцій, которыхъ можетъ быть и меньше назначеннаго числа учебныхъ часовъ; и по сдѣланному нами разсчету лекцій на недѣлю приходится нѣсколько запасныхъ часовъ, которые и можно употребить смотря по надобности.

Замѣч. 22. На мой взглядъ въ Училищѣ въ сущности тоже, что и въ Университетахъ. Если въ Университетахъ вводятся новыя каѳедры, это еще ничего не доказываетъ. Слово идти вровень съ вѣкомъ, удовлетворить современной потребности само по себѣ еще ничего не значитъ. По моему мнѣнію важно не столько то, сколько предметовъ читается и какіе предметы, а то важно, какъ читается то, что положено читать и какіе плоды приноситъ чтеніе. Въ этомъ, существенномъ смыслѣ Училище Правовѣдѣнія, повѣрьте, недалеко отстало, если отстало, отъ другихъ родственныхъ учебныхъ заведеній и коллегій. Нечего грѣха таить всѣ мы—и Иванъ, и Андрей и Павелъ недалеко ушли: больше кружимся на одномъ мѣстѣ; у одного только кружокъ пошире, чѣмъ у другаго.

Отв. Соображенія по предмету важности того, какъ читаются лекціи и насколько училище отстало отъ другихъ учебныхъ заведеній, приводятся въ своемъ мѣстѣ. А еслибъ училище и дѣйствительно не отстало отъ другихъ учебныхъ учрежденій и даже было бы лучшее изъ худшихъ, то это обстоятельство кажется никакъ не можетъ служить причиной разочаровываться насчетъ возможности и даже необходимости дальнѣйшаго улучшенія, напр. учебной части училища и пр. Если мы сознаемъ, что мы недалеко ушли, то тѣмъ болѣе странно сознательно кружиться на одномъ мѣстѣ. Будемъ стараться, чтобы и нашъ кружекъ былъ пошире, и пусть прежде всего разумное движеніе впередъ выразится въ дѣятельности начальства учебныхъ заведеній, отъ которыхъ при содѣйствіи воспитанниковъ столь многое зависитъ въ дѣлѣ развитія, образованія и направленія молодаго поколѣнія. Изъ самихъ замѣчаній намъ выше сдѣланныхъ о значеніи университетскаго образованія можно вывести, что наука въ училищѣ только гоститъ, и какъ гость болѣе болтаетъ чѣмъ дѣло дѣлаетъ, а хозяйничаетъ она и производитъ нигдѣ болѣе какъ въ университетахъ. Но конечно главное, гдѣ бы то ни было, будетъ въ томъ, чтобы воспитанники или слушатели были достойными работниками науки и не подчинялись ребячески дурному впечатлѣнiю преподаванiя предмета и физiономiи профессора. Значенiе науки для молодыхъ людей безусловно важно. Къ тому-же въ закрытомъ учебномъ заведенiи, подобномъ училищу нашему, университетскiй профессоръ никогда не будетъ при тѣхъ благопрiятныхъ условiяхъ, какiя окружаютъ его въ университетѣ, и ужъ никакъ не училищу пренебрегать университетскими профессорами. Спасибо имъ, когда соглашаются дышать тяжелой атмосферой этихъ мрачныхъ училищныхъ аудиторiй съ 25-ю или 30-ю разсѣянными или полусонными наряженными въ курткѣ дѣтищами.

Замѣч. 23. Здѣсь кстати замѣчу, что у насъ вообще во всей Россiи теперь едвали найдется порядочный преподаватель Психологiи, да и въ Германiи эта наука была въ пренебреженiи какъ наука, и только-что начинаетъ возрождаться въ новой Философской школѣ.

Отв. Все-таки священникъ, принадлежа къ обществу лишь въ составѣ отдѣльной отъ общества церковной касты, всегда будетъ ненормальною единицею въ смыслѣ значенiя обще-гражданственнаго, всесторонне-человѣческаго развитiя, образованiя и опытности. И поэтому и преподаванiе Психологiи по современному значенiю этой обще-человѣческой и столько же духовно сколько и физически-житейской науки, врядъ-ли будетъ нормально въ рукахъ лицъ, которые частью по служебному положенiю своему, частью по образованiю находятся подъ условiями односторонности, ограниченности и предвзятыхъ взглядовъ. Самое же дѣло исповѣди, этого столь важнаго матерiала для психолога, представляется какъ извѣстно (въ общемъ правилѣ) болѣе какъ-бы обязательною, формальною отчисткой. Иное дѣло преподаванiе Психологiи отъ лица человѣка, всецѣло въ мiрѣ семъ живущаго и имѣющаго поэтому въ своемъ положенiи и связи съ обществомъ, независимо отъ широкаго теоретическаго образованiя по означенному предмету, постоянный, живой источникъ къ тому, чтобы сдѣлать преподаванiе свое практичнымъ, интереснымъ и производительнымъ для воспитанника. Тоже относится и до преподаванiя Логики. Что же касается до затруднительности выбора профессора для каѳедры

Психологіи и Логики, то врядъ-ли для такого дѣла свѣтское ученое сословіе окажется бѣднѣе духовнаго ученаго сословія, хотя въ семъ послѣднемъ едвали не всякій магистръ Богословія считаетъ себя способнымъ преподавать означенные предметы.

Замѣч. 24. Публичность экзамена, «при нынѣшнихъ условіяхъ», будетъ не только не полезна, но и вредна положительно. Для воспитанниковъ это будетъ побужденіемъ рисоваться шарлатанствомъ и тщеславиться, для начальства—побужденіемъ къ оффиціальному лицемѣрію, котораго у насъ и безъ того слишкомъ много.

Отв. По неразъясненію здѣсь словъ «при нынѣшнихъ условіяхъ» мы можемъ только замѣтить, что вопросъ о публичности выпускныхъ практическихъ экзаменовъ представляется въ нашихъ запискахъ въ тѣснѣйшей связи со взглядами нашими на все воспитаніе въ училищѣ вообще. Прежде всего мы предлагаемъ такую реорганизацію въ основныхъ отношеніяхъ воспитательной и учебной части училища, въ силу которой «побужденія рисоваться шарлатанствомъ и тщеславіемъ, оффиціально лицемѣрить», какъ говорится въ замѣчаніяхъ, врядъ-ли будутъ имѣть мѣсто да еще и на самомъ исходѣ училищнаго курса воспитанниковъ, послѣ того какъ они пройдутъ новую школу дѣйствительнаго, а не извращеннаго воспитанія и не дрессировки, производящей, при нынѣшнемъ порядкѣ вещей, тѣ постыдные результаты, на которые указывается въ замѣчаніяхъ. Да и что такое публичность какъ не общественность, и почему собственно такъ бояться этой публичности для воспитанниковъ въ томъ дѣлѣ, съ которымъ связанъ интересъ общественный и въ которомъ самолюбіе хорошаго воспитанника весьма естественно должно удовлетворяться похвальными отзывами о его успѣхахъ нетолько въ училищѣ, но и въ обществѣ. У насъ не очень кажется бояться той публичности для воспитанника, когда онъ напр. отъявленнымъ фатомъ, изысканно щегольски одѣтый, прогуливается въ многолюдномъ собраніи или на показъ стремится на лихачѣ-извощикѣ съ важностью и шикомъ, выходящими изъ предѣловъ обыкновеннаго; когда воспитанникъ забирается въ какія-нибудь общественныя мѣста и тамъ, увлекаясь невзыскательнымъ или черезчуръ скромнымъ обществомъ, его окружающимъ, болтаетъ такой вздоръ и при этомъ такъ комично себя держитъ или же такъ глупо важничаетъ, что никакъ нельзя было бы прянять его за воспитанника хорошаго заведенія, между тѣмъ какъ онъ самъ считаетъ, что онъ и говорилъ и держалъ себя прекрасно; или же наконецъ, когда онъ, опять при условіяхъ публичности, до такой степени забывается въ какомъ-нибудь увеселительномъ мѣстѣ на потѣху поощряющаго его кружка, что вполнѣ выставляетъ одну свою глупость и пустое тщеславіе, сосредоточенное напр. на томъ, «что скажутъ другіе, если я не выпью, не поставлю... не оборву... и пр.» На предотвращеніе всѣхъ этихъ и подобныхъ случаевъ въ училищѣ къ чести директора его А. П. Языкова, обращается, правда, строгое вниманіе. Но значеніемъ публичности для воспитанника во всѣхъ означенныхъ случаяхъ у насъ конечно не могутъ особенно озабочиваться, по той простой причинѣ, что нельзя же воспретить молодому человѣку гулять, разговаривать и веселиться. Все дѣло въ человѣкѣ, въ личности воспитанника, а не публичности, въ умѣніи воспитанника гулять, разговаривать и веселиться, въ томъ, чтобы на гуляньѣ и пр. воспитанникъ смотрѣлъ какъ на то, что оно есть во всей простотѣ своего обыденнаго значенія, а не какъ на случай рисоваться фатствомъ и тщеславиться. Значитъ и въ важныхъ какъ и въ неважныхъ дѣлахъ все зависитъ прежде всего отъ личности, а не отъ обстановки. И вотъ въ томъ-то и состоитъ дѣло именующихъ себя педагогами, чтобы они, не сваливая всю вину на публичность, на обстановку, умѣли въ своей воспитательской практикѣ совладать съ самою личностью того, кого они воспитываютъ. Дѣло воспитателя, а въ особенности начальника воспитательнаго заведенія вести и развивать воспитанника такъ, чтобы онъ учился ради пользы ученія, не подчиняя себя вліянію обстановки; чтобы вездѣ гдѣ бы ни былъ онъ, на публичномъ ли экзаменѣ или на публичномъ гуляньи или въ общественномъ мѣстѣ, онъ ставилъ себя, въ исполненіи своего долга и въ поведеніи своемъ, выше внѣшнихъ условій; чтобы внѣшнія условія не имѣли на него вреднаго вліянія, а представлялись ему въ настоящемъ ихъ значеніи. Публичность въ смыслѣ дурнаго начала, если такъ понимать ее, будетъ безсильна для воспитанника хорошо воспитаннаго; хорошее же вліяніе ея на экзаменѣ можетъ состоять въ томъ, что воспитанникъ очень самолюбивый отъ природы будетъ имѣть подъ рукой весьма хорошее средство удовлетворять свое самолюбіе своими успѣхами, публично заявляемыми на экзаменѣ. Здѣсь нѣтъ ничего предосудительнаго. Для не столь хорошаго воспитанника публичность только усилитъ нѣсколько ту непріятность, которой онъ самъ причиною вслѣдствіе своихъ недостаточно успѣшныхъ занятій. Вотъ для начальниковъ-педагоговъ, скажу я, публичность дѣйствительно можетъ быть страшна такъ же, какъ печать; и та и другая вездѣ болѣе или менѣе обнаружитъ, насколько они сами дѣлаютъ свое дѣло, какъ руководители воспитанниковъ,—насколько они разсчитываютъ на оффиціальное лицемѣріе къ ущербу истинной стороны дѣла и въ какой степени ихъ истинныя обязанности на поприщѣ воспитанія юношества находятся въ соотвѣтствіи съ матеріальными выгодами ихъ служебнаго quasi-педагогическаго положенія. Публичность экзамена дастъ наконецъ и возможность обществу своевременно лучше оцѣнить результаты гармоническаго съ воспитаніемъ процесса учебнаго дѣла въ училищѣ, успѣхи профессорскаго преподаванія и вообще все значеніе той спеціальности училища, которою начальство гордится, но которою и общество должно также имѣть возможность если не гордиться, то быть довольнымъ. Особенности въ дѣятельности воспитанника послѣ выпуска могутъ быть вполнѣ независимы отъ образованія, полученнаго въ училищѣ, могутъ происходить отъ условій индивидуальнаго развитія молодаго человѣка, причемъ то, что многіе будутъ относить къ заслугамъ воспитанія училищнаго, можетъ относиться лишь къ условіямъ общественнаго положенія воспитанника, къ богатству, его связямъ и пр. Поэтому прежде всего нужно знать, какое образованіе дается въ школѣ, какъ оно организовано, какъ ведется, и когда образованіе для такой цѣли будетъ открыто общественному мнѣнію, то чрезъ это человѣческая и служебная карьера молодаго человѣка будетъ еще скорѣе предметомъ наблюденія со стороны общества, и сама по себѣ составитъ особое дѣло въ сужденіи о школѣ и ея питомцахъ. Если такимъ образомъ руководствоваться только-что выраженнымъ взглядомъ, то пришлось бы имѣть очень неопредѣленное мнѣніе объ училищѣ въ виду того, что между правовѣдами всѣхъ двадцати трехъ выпусковъ разнообразіе довольно характеристичное въ отношеніи какъ личныхъ способностей каждаго правовѣда, такъ и условій его положенія. Мудрымъ словомъ Августѣйшаго Попечителя Училища «respice finem» намъ всѣмъ правовѣдамъ завѣщано не дѣлать, не предпринимать ничего въ жизни необдумавъ своего дѣла, своего предпріятія и разумною предусмотрительностью, дальновидностью никогда не упускать изъ виду того исхода, того конца, которымъ должно завершиться или къ которому должно насъ привести задуманное или уже начатое нами въ семействѣ, на службѣ, или вообще на поприщѣ нашихъ житейскихъ отношеній и опытовъ, нашей всестороннней человѣческой дѣятельности. Но съ одной стороны въ самой дѣйствительности пути человѣческіе неисчислимы и до безконечности разнообразны; жизнь при отсутствіи въ насъ самопознанія и житейской мудрости трудна до невозможности; свѣтъ съ его страстями вполнѣ властвуетъ надъ нами и увлекаетъ насъ до самозабвенія. Съ другой стороны наши высшія закрытыя школы, съ своими громкими фразами, такъ мало заботятся о философскомъ элементѣ и высшихъ существенныхъ силахъ нашихъ въ жизни, необходимыхъ для постоянной въ ней борьбы... что никакой respise finem не спасетъ насъ отъ свойственныхъ человѣку несчастій, не исключая нравственнаго паденія... И не правовѣдамъ приписывать непоколебимость передъ соблазномъ; и имъ не менѣе чѣмъ другимъ смертнымъ легко заблудиться и запутаться даже до степени головокруженія, лишающаго всякой возможности нетолько предусматривать конецъ, но и вообще понимать, что дѣлаешь. Конечно науки самопознанія къ сожалѣнію нельзя по несовременности ея ожидать и отъ правовѣдовъ, но на служебномъ поприщѣ многое можно отъ нихъ требовать тѣмъ болѣе, что много имъ и дается, какъ замѣчено уже нами. На дѣлѣ же, репутація цѣлыхъ десятковъ дурныхъ правовѣдовъ заглушается какъ-то хорошею молвой двухъ, трехъ очень хорошихъ и достойныхъ правовѣдовъ. Между тѣмъ всякій согласится, что если есть основаніе изъ-за трехъ, четырехъ хорошихъ достойнѣйшихъ (хотя бы одного и того же выпуска) правовѣдовъ хвалить училище, то не менѣе права имѣютъ и осуждать то же училище изъ-за десяти или пятнадцати весьма посредственныхъ, а иногда и никуда негодныхъ правовѣдовъ (хотя бы двухъ или трехъ выпусковъ вмѣстѣ). Такимъ образомъ врядъ-ли будетъ ошибкою согласиться съ тѣмъ, что насколько можетъ быть интересно слѣдить за дѣятельностью правовѣдовъ по выпускѣ изъ училища, настолько должно быть несомнѣнно важно для сужденія объ училищѣ имѣть возможность быть знакомымъ, какъ съ училищемъ самимъ по себѣ, такъ и съ результатами воспитанія и образованія училищнаго въ дѣятельности его воспитанниковъ. Жизнь воспитанника въ хорошей школѣ имѣетъ тѣсную связь съ жизнью его по выпускѣ, и эта связь отражается и на занятіяхъ воспитанника и даже иногда на его успѣхахъ въ жизни. Поэтому, если считать и училище за хорошую школу, то нечего бояться, чтобы, путемъ публичности и печати, училище само по себѣ было по-возможности болѣе знакомо обществу независимо отъ знакомства его съ выпускными питомцами училища, такъ какъ связь училища съ обществомъ во время самаго обученія юношей въ училищѣ и дастъ право на сужденіе объ училищномъ ученіи и воспитаніи, во время самаго дѣйствія ихъ, а не тогда, когда сужденіе это будетъ при существующихъ условіяхъ скорѣе ошибочно, чѣмъ вѣрно. Также точно было бы невѣрно и сужденіе о воспитанникѣ училища по однимъ вышеприведеннымъ публичнымъ праздничнымъ эпизодамъ въ ихъ жизни внѣ училища.

Замѣч. 25. Самое слово—репетиція—указываетъ на какую-то формальную повинность отяготительную и для репетитора и для воспитанника. Въ старшихъ курсахъ этой повинности едвали должно быть мѣсто. Старательный профессоръ и безъ формальной репетиціи всегда можетъ распознать, кто слушаетъ и не слушаетъ, кто занимается и не занимается, кто интересуется и кто равнодушенъ. Если не оставляемъ полугодовыхъ репетицій, то зачѣмъ упоминать и о внезапныхъ.

Отв. Врядъ-ли вполнѣ умѣстно выраженіе «формальная повинность», когда дѣло о которомъ рѣчь весьма содержательное и существенное; а если не внезапныя репетиціи (которыхъ въ училищѣ нѣтъ), а полугодовыя дѣйствительно болѣе формальны, то только благодаря теперешнимъ порядкамъ училища. Репетиція, въ смыслѣ своемъ нами заявляемомъ, имѣетъ тотъ принципъ, чтобы свидѣтельствовать передъ лицемъ корпораціи класса и начальства такую нормальность учебной части училища, въ силу которой какъ воспитанники во всякое время основательно занимаются предметомъ согласно ходу лекцій и съ примѣненіемъ ихъ къ самостоятельному активному труду своему, такъ и сами профессора также неупустительно дѣлаютъ свое дѣло, насколько это нужно въ заведеніи, составляющемъ учебное и вмѣстѣ воспитательное учрежденіе. Нужно анализировать понятія, смыслъ нашихъ выраженій, а не одни выраженія и притомъ не отдѣльно взятыя, а сообразно всему нами въ запискахъ излагаемому.

Далѣе, пусть профессоръ распознаетъ воспитанниковъ какъ ему угодно, но дѣло въ томъ, что одной субъективности его въ дѣлѣ его же распознаваній недостаточно. Нужна объективность, нужны данныя, факты со стороны именно воспитанника, и это-то кажется, помощью средства нами предлагаемаго, и можетъ быть въ извѣстной степени достигнуто добросовѣстнымъ образомъ.

Замѣч. 26. Это едвали такъ: М. И. Богословскій требуетъ, можетъ быть съ излишествомъ, точности въ выраженіяхъ и неточному изложенію урока своими словами предпочитаетъ текстуальное его повтореніе. Въ этомъ конечно онъ переходитъ иногда мѣру, но и только кажется.

Отв. Здѣсь могу только замѣтить, что у насъ вообще есть такіе священники-преподаватели, которые въ предметахъ даже вовсе не церковныхъ, какъ Психологія и Логика, считаютъ весьма позволительнымъ вносить авторитетъ своего личнаго, церковнаго «я» въ область преподавательскаго слова, гдѣ имѣетъ мѣсто только авторитетъ науки, а не какой нибудь односторонней личности. Подъ вліяніемъ этого-то элемента личности воспитанники обязательно подчиняются такимъ особенностямъ въ занятіяхъ предметомъ, которыя, не составляя вовсе требованія предмета и пользы въ его изученіи, а даже иногда противорѣча этой пользѣ, представляются однакожъ какъ-бы условіемъ sine qua non благопріятныхъ отношеній преподавателя къ воспитаннику, долженствующему покоряться церковному авторитету.

Замѣч. 27. Тутъ дѣло не отъ программы зависитъ, а отъ человѣка.

Отв. Конечно это такъ, но болѣе въ дѣлѣ чисто ученомъ; въ дѣлѣ же воспитательно-учебномъ инструкція, уставъ, программа отчасти руководятъ въ томъ, какого нужно человѣка и насколько избранное лице отвѣчаетъ требованіямъ училища; если же по обстоятельствамъ человѣкъ этот не вполнѣ хорош и лучшаго нельзя так скоро найти, то разумный и дальновидный устав, программа или инструкція по практичности и обязательности всего в них изложеннаго вселят в нем по крайней мѣрѣ стараніе к тому, к чему при отсутствіи нынѣ письменных руководств и правил многіе из училищнаго начальства, дѣйствуя произвольно и безотчетно, могут вовсе не прилагать усердія. Притом же еслиб воспитатель или репетитор желал примѣнять свою собственную систему, то может разъяснить ее в воспитательном училищном комитетѣ и засим в случаѣ ея одобренія изложить ее письменно. Что же касается собственно до программы в дѣлѣ учебном, то не столько именно она представляет особое значеніе в дѣлѣ гармоническаго хода образованія с нравственным воспитаніем, сколько совѣщанія профессоров в особых собраніях для направленія характера и всѣх педагогических особенностей и пріемов преподаванія в пользу однообразія, практичности и пользы преподавательскаго дѣла по всѣм предметам. Вообще в воспитательном заведеніи нужно, чтобы пониманіе всѣми руководителями юношества своего дѣла, чтобы пріемы их, вся их система обученія и воспитанія выражалась как можно осязательнѣе, очевиднѣе; чтобы учитель и воспитатель и старшее начальство училища понимали друг друга и чтобы всѣ эти лица заявляли себя в трудовой дѣйствительности своего дѣла, а не в праздном так-называемом надзорѣ, чуждом всякой разумной связи с воспитанниками в их поведеніи и занятіях. Впослѣдствіи же конечно когда руководители эти вполнѣ сольются с своею педагогическою сферой и окрѣпнут в своем педагогическом трудѣ, то уже не инструкція, не программа и устав, а человѣк, т. е. личность педагога и учителя будет на первом планѣ, и уже от нея все будет зависѣть.

Замѣч. 28. Жалкое положеніе это измѣнится не от системы и не от программы: все это зависит от состава начальства и от профессоров. Если всѣ они будут дѣйствовать сообща как слѣдует и с надлежащею твердостью, то все измѣнится к лучшему.

Замѣчательно, что эта старая система послабленія и равнодушія вездѣ у нас теперь господствует, и именно потому, что между начальниками и в корпусѣ профессоров — разъединеніе и глухія интриги. Многіе в послѣднее время заразились еще язвой, — тайным желаніем снискать популярность у воспитанников, которым они и льстят потворствуя тщеславію их и лѣни.

Отв. А когда составъ не такой, какимъ бы онъ долженъ быть, то будутъ ли хотя нѣсколько обезпечивать успѣхъ дѣла разумная практичная система и дѣльная программа? Я думаю, что да.

Замѣч. 29. Если инспекторъ будетъ человѣкъ живой, съ любовью къ юридическимъ знаніямъ, онъ самъ можетъ въ частыхъ бесѣдахъ съ воспитанниками передавать имъ все замѣчательное изъ новостей въ законодательствѣ и въ наукѣ. Если только между нимъ и воспитанниками будетъ живая связь, эти бесѣды могутъ быть въ высшей степени благодѣтельны для развитія и руководства воспитанниковъ.

Отв. Инспекторъ можетъ быть сегодня одинъ, а завтра другой, а потому разсчетъ, здѣсь высказанный, можетъ быть и невѣренъ, если инспекторъ не будетъ настолько любить юридическія знанія, чтобы жертвовать свое время на необязательныя бесѣды съ воспитанниками, какъ бы ни были онѣ благодѣтельны для воспитанниковъ. Къ тому-же бесѣды такого характера, истекая единственно отъ индивидуальныхъ вкусовъ инспектора, не будутъ имѣть такого значенія, какое представятъ предлагаемые сеансы. Условіе обязательности весьма важно какъ для учителя, такъ и для ученика, лишь бы только дѣло не дошло до педантизма, до формалистики, до мертвой буквы; одно условіе «обязательности» само по себѣ не можетъ еще послужить къ ущербу дѣла въ его существѣ, если самое дѣло разумное, живое, полезное. Выказать же свою живую связь съ воспитанниками инспекторъ классовъ будетъ имѣть пропасть случаевъ и помимо личныхъ съ ними бесѣдъ, не говоря о томъ, что возможность и даже необходимость этихъ бесѣдъ инспектора съ воспитанниками разумѣются сами собою, и польза, которую онѣ могутъ доставить воспитанникамъ, должна быть безъ сомнѣнія вполнѣ дѣйствительна, какъ вообще всякія разумныя и дѣльныя бесѣды. Наконецъ на практикѣ врядъ-ли однѣ личныя бесѣды инспектора будутъ въ состояніи утвердить въ воспитанникѣ серьезныя знанія по дополнительнымъ предметамъ какой-нибудь науки.

Замѣч. 30. Зачѣмъ тутъ посредникъ, если есть живая связь между профессоромъ и воспитанниками? Тутъ дѣло идетъ не о бумагѣ канцелярской, а о живомъ дѣлѣ.

Отв. Здѣсь посредникъ въ лицѣ помощника инспектора и репетиторовъ не лишній въ виду того, чтобы нѣкоторымъ образомъ провѣрять вопросы и замѣтки, составляемыя воспитанниками для объясненій профессоровъ, такъ какъ не все писать можно профессору что вздумается; главное же то, что объясненіе, которое означеннымъ способомъ спрашивается у профессора, можетъ быть дано самимъ помощникомъ инспектора или репетиторомъ, что и согласно будетъ ихъ назначенію, и нечего тогда напрасно безпокоить профессора. Не слѣдуетъ также забывать, что предложенный мною для примѣненія въ видѣ опыта способъ сношенія воспитанниковъ съ профессоромъ вызванъ тѣмъ затрудненіемъ, съ которымъ дѣлаются воспитанниками устные вопросы и замѣчанія профессору, составляющіе поэтому столь рѣдкое исключеніе.

Замѣч. 31. Что сказано здѣсь о мраморной доскѣ совершенно вѣрно, но не противорѣчитъ ли самъ себѣ авторъ записокъ, когда здѣсь принимаетъ одно начало, а въ другихъ мѣстахъ, напр. относительно цензурныхъ билетовъ, диплома и пр. руководствуется началомъ противоположнымъ.

Отв. Въ сказанномъ нами относительно цензурныхъ билетовъ, диплома и пр., я имѣлъ въ виду, что всѣ эти педагогическія особенности сопровождаютъ самый процессъ воспитательскаго дѣла, когда воспитанникъ еще находится въ училищѣ и подлежитъ вліянію тѣхъ или другихъ порядковъ и педагогическихъ пріемовъ; сказанное же нами противъ мраморной доски основано на томъ, что обычай вносить фамилію воспитанника на мраморную доску, выражаясь исключительно формально и происходя при выпускѣ воспитанника, по окончаніи уже воспитательнаго курса, не имѣетъ ничего общаго съ вышеозначенными цензурными билетами и прочими домашними такъ-сказать мѣрами, входящими въ механизмъ училищнаго воспитанія. Во всякомъ случаѣ мѣры эти безъ эффекта и какой-либо роскоши, весьма просто выражаютъ лишь степень успѣховъ воспитанниковъ въ продолженіе недѣли, мѣсяца, года и наконецъ въ продолженіе всего пребыванія ихъ въ училищѣ.

Такимъ образомъ съ одной стороны мраморъ, золото и одна фамилія; съ другой стороны бумага, чернила и мысль, выражающая дѣло; —это кажется довольно очевидные признаки того отличія и противоположности, которыя совершенно выводятъ изъ паралели тѣ вопросы, въ обсужденіи которыхъ авторъ замѣчаній какъ-бы обвиняетъ насъ въ томъ, что мы по однороднымъ предметамъ руководствуемся противоположными началами.

Замѣч. 32. Я съ этимъ тоже не согласенъ. Это будетъ опять только поощреніемъ тщеславію. Чѣмъ ранѣе кто начинаетъ печататься, тѣмъ хуже. Печататься — страшное слово. Публика у насъ еще сама малолѣтняя и не всегда умѣетъ отличить зрѣлое отъ незрѣлаго, а преждевременная лесть, неумѣренная похвала великое бѣдствіе. Я противникъ всякихъ сборниковъ такого рода. Пусть всякій, когда хочетъ, печатается на свой рискъ. Оффиціальное покровительство здѣсь не умѣстно. Пусть воспитанники сами между собою занимаются этимъ, на то ихъ воля, а начальству не годится покрывать эту издательскую дѣятельность своимъ авторитетомъ.

Отв. Можетъ быть и такъ, но «печататься» не будетъ страшнымъ словомъ, если не придавать печатному особой важности, такъ же какъ не придаютъ ея устнымъ разговорамъ; притомъ же, мы не предлагаемъ дѣлать воспитанниковъ участниками журнальной полемики, фельетонизма, какихъ-нибудь замѣтокъ новаго поэта и пр. . . . . Воспитанники не будутъ выходить изъ предѣловъ учебныхъ темъ, предложенныхъ совѣтомъ училищнаго начальства и притомъ предложенныхъ не для печати, а просто для упражненія, для ученическаго авторскаго труда, который только по желанію воспитанника и можетъ быть напечатанъ; воспитанники увидятъ, вслѣдствіе такого ограниченія, что не ихъ «я», а авторитетъ предмета науки, о которомъ они пишутъ, даетъ имъ право печатать статью и обращать на нее вниманіе другихъ спеціалистовъ; и если напечатанное вызоветъ критику, авторъ которой въ напечатанномъ сочиненіи, переводѣ и пр. будетъ конечно имѣть въ виду не болѣе какъ ученическій трудъ, то вслѣдствіе такой провѣрки ученія воспитанниковъ, а вмѣстѣ съ симъ преподаванія науки и вообще направленія учебной части въ училищѣ окажутся результаты совсѣмъ не дурные. Съ одной стороны воспитанники будутъ вполнѣ безстрашны въ скромной, школьной работѣ своей съ соблюденіемъ въ нихъ всего значенія основательнаго, ученическаго труда и достоинства преподаванія профессора; съ другой стороны начальство училища будетъ строже и внимательнѣе наблюдать за открытою предъ всѣми безстрашною учебною частью своею. Такимъ образомъ связь воспитанниковъ и заведенія съ обществомъ по отношенію къ учебной части помощью предлагаемаго средства опредѣлится болѣе ясно; но выходѣ же изъ заведенія на общественное поприще дѣятельности воспитаннику печать не будетъ уже представляться предметомъ одного тщеславія, не будетъ для него и страшнымъ словомъ; напротивъ, тогда дѣло печатанія, т. е. оглашенія своихъ трудовъ по любимому предмету, воспитанникъ уже съ нѣкоторою опытностью въ этомъ случаѣ еще охотнѣе будетъ продолжать на свободѣ, хотя и не безъ сознанія своего благороднаго самолюбія, но и въ виду другихъ высшихъ интересовъ служенія наукѣ и пр. А чрезъ это во всякомъ случаѣ не пустая свѣтскость, фатство и какое-нибудь мелкое тщеславіе, а серьезное со стороны воспитанника образованіе, какъ для пользы самого воспитанника, такъ и для чести его бывшаго начальства будетъ имѣть свое опредѣленное, лестное значеніе.

Замѣч. 33. Связь общества съ Училищемъ не можетъ основываться на столь шаткихъ опорахъ. Слѣдить за образованіемъ въ Училищѣ родители будутъ на своихъ дѣтяхъ и увидятъ на нихъ, каково образованіе. А что касается до общества, то оно будетъ судить объ Училищѣ не по ученическимъ упражненіямъ, не по экзаменамъ, а по дѣятельности воспитанниковъ послѣ ихъ выпуска, и вотъ здѣсь-то и слѣдуетъ искать живой связи Училища съ обществомъ.

Г. авторъ замѣчаній, отвергая здѣсь принимаемое нами значеніе экзаменовъ и училищныхъ упражненій, недостаточно обращаетъ вниманіе на преобразовательный характеръ предположеній, заключающихся во всѣхъ нашихъ запискахъ, на основаніи которыхъ существующіе порядки училища, въ томъ числѣ экзамены, ученическія упражненія и пр. должны или значительно осмыслиться или радикально измѣниться къ лучшему.

Вполнѣ судить о человѣкѣ по его училищному образованію конечно нельзя, но во всякомъ дѣлѣ есть начало, которое позволяетъ отчасти видѣть то или другое продолженіе его, тотъ или другой его конецъ, и поэтому смотря на образованіе какъ на причину, основаніе, на начало того, что за нимъ послѣдуетъ по выпускѣ воспитанника изъ училища, нельзя лишить вопроса объ образованіи училищномъ самостоятельнаго значенія въ сужденіи о молодомъ человѣкѣ, получившемъ училищное образованіе.

Какъ ученики какой-нибудь художественной школы или академіи

художествъ возбуждаютъ къ себѣ интересъ общества нетолько по произведеніямъ, которыя отличаютъ ихъ по выходѣ изъ заведенія, но и по успѣхамъ, по картинамъ ихъ, писаннымъ въ самомъ заведеніи, такъ точно и труды воспитанника въ учебномъ заведеніи могутъ имѣть для общества вполнѣ самостоятельную цѣну. Въ силу связи жизни въ училищѣ съ жизнью внѣ ея; въ силу принадлежности какъ ученическаго такъ и педагогическаго личнаго состава училища къ обществу, къ свѣту — врядъ ли можно отрицать возможность и даже необходимость судить объ училищѣ по той дѣятельности, которая совершается въ стѣнахъ его, независимо отъ оцѣнки дѣятельности правовѣдовъ послѣ ихъ выпуска. Почему же общество не должно судить объ училищѣ только на основаніи одной дѣятельности воспитанниковъ послѣ ихъ выпуска, объ этомъ говорится уже въ отвѣтѣ на замѣчаніе 24-е.

ВЪ СТАРШЕМЪ КЛАССѢ МЛАДШАГО ОТДѢЛЕНІЯ

преподается догматическая часть энциклопедіи законовѣдѣнія съ изложеніемъ въ общихъ чертахъ и существенныхъ частей отечественнаго государственнаго права по отдѣлу законовъ основныхъ, учрежденій и законовъ о состояніяхъ.

СПЕЦІАЛЬНАГО ОТДѢЛЕНІЯ:

IV КУРСЪ (младшій).

Возрастъ воспитанниковъ: 20 — 21 г.

		Число лекцій въ недѣлю.
1	Государственное право русское (безъ подробнаго изложенія судоустройства и судопроизводства)	3
2	Римское право (Исторія и общая часть и право лицъ съ обязательнымъ чтеніемъ «Институтовъ» въ подлинникѣ и необязательнымъ чтеніемъ изъ «Пандектовъ») . . .	5
3.	Энциклопедія Законовѣдѣнія (Историческая часть съ повтореніемъ особеннаго отдѣла догматической части) .	4
4.	Психологія отдѣльно или съ Логикой, если Логика не вошла въ курсъ старшаго класса младшаго отдѣленія .	1 или 2
5.	Русская исторія	2
6.	Прагматическая Исторія Церкви	1
		Итого 16 или 17

III КУРСЪ.

Возрастъ воспитанниковъ: 19 — 20 г.

	Число лекцій въ недѣлю.
1. Римское право (право вещное, наслѣдственное право и обязательства съ обязательнымъ чтеніемъ «Институтовъ» и необязательнымъ чтеніемъ изъ «Пандектовъ»). . .	6
2. Исторія Россійскаго законодательства (внѣшняя и внутренняя). . .	5
3. Исторія Остзейскаго права и учрежденія, но въ краткомъ изложеніи. . .	1
4. Государственное право Европейскихъ Державъ. . .	4
5. Исторія Философіи. . .	1
6. Политическая Экономія по примѣненію къ юридическому образованію и Сравнительная Статистика, если она не вошла въ курсъ старшаго класса младшаго отдѣленія.	1 или 2
7. Прагматическая исторія церкви съ повтореніемъ въ болѣе свободномъ изложеніи Исторіи иностранныхъ вѣроисповѣданій . . .	2

Итого 20 или 21

II КУРСЪ.

Возрастъ воспитанниковъ: 20 — 21 г.

	Число лекцій въ недѣлю.
1. Исторія Философіи (съ повтореніемъ прежняго) . . .	1
2. Гражданское право вмѣстѣ съ Остзейскими гражданскими законами и съ повтореніемъ Римскаго права. . .	5
3. Гражданское Судопроизводство и Судопроизводство сравнительное . . .	2

	Число лекцій въ недѣлю.
4. Уголовное право	4
5. Уголовное Судоустройство и Судопроизводство сравнительное	2
6. Межевые законы	1
7. Финансовое право	1
8. Судебная медицина съ необходимыми свѣдѣніями по сравнительной Физіологіи и Анатоміи	2
9. Прагматическая Исторія Церкви съ повтореніемъ въ болѣе серьезномъ изложеніи Исторіи иностранныхъ вѣроисповѣданій	1
	Итого 19

I КУРСЪ (старшій).

1. Гражданское право вмѣстѣ съ Остзейскимъ правомъ и повтореніемъ права Римскаго	3
2. Гражданское Судоустройство и Судопроизводство сравнительное	2
3. Уголовное право	3
4. Уголовное Судоустройство и Судопроизводство сравнительное	2
5. Судебная Медицина	1
6. Полицейское право	1
7. Церковное право	1
8. Повтореніе курса Энциклопедіи Законовѣдѣнія съ особымъ вкратцѣ изложеніемъ международнаго права	2
	Итого 15

Кромѣ того на:

Судебно-практическія занятія Гражданскія и Уголовныя по 2 часа, если не будетъ особаго практическаго дополнительнаго учебнаго полугодія, которое предлагается учредить въ довершеніе четырехгодичнаго юридическаго курса училища.

Примѣчанія:

1. На всѣхъ четырехъ курсахъ полагается по 24 учебныхъ часа въ недѣлю; число же лекціонныхъ часовъ полагается приблизительное, какъ и значится въ сихъ таблицахъ.

2. Каждая лекція продолжается часъ съ четвертью. Такимъ образомъ отъ 10 до 11^1/$_4$ первый часъ; отъ 11^1/$_4$ до 12^1/$_2$—второй; отъ 2 часовъ до 3^1/$_4$ третій; отъ 3^1/$_4$ до 4^1/$_2$ четвертый. Въ III и IV классѣ по понедѣльникамъ и во II и I кл. по субботамъ должно быть не болѣе трехъ лекцій (до 3 часовъ), а четвертый часъ посвящается на религіозныя бесѣды.

3. По понедѣльникамъ должно быть меньше юридическихъ лекцій въ виду того, чтобы послѣ праздничнаго отпуска не очень утомлять воспитанниковъ съ самаго же начала трудовой недѣли; такъ первый часъ или два первыхъ часа могли бы быть посвящаемы на сеансы по части естественныхъ наукъ, словесностей и вообще по предметамъ обще-воспитательнаго образованія, какъ на то указано въ нашихъ запискахъ.

4. Остающіеся сверхъ лекціонныхъ часовъ запасные учебные часы посвящаются преимущественно на чтенія и сеансы по предметамъ общевоспитательнаго образованія. Распредѣленіе этихъ сеансовъ дѣлается начальствомъ по соображенію отчасти и съ желаніемъ воспитанниковъ. Запасные часы могутъ быть также употреблены какъ дополнительные по одному или нѣсколькимъ изъ предметовъ обязательныхъ или же будутъ составлять препараціонное время для занятій, которое никогда не будетъ потеряннымъ и въ воспитательномъ заведеніи должно въ особенности цѣниться. Чтенія или сеансы по предметамъ воспитательнаго образованія могутъ быть организованы и такъ, чтобы ихъ слушали по два класса вмѣстѣ; это было бы въ особенности полезно для религіозныхъ бесѣдъ священника-законоучителя.

ЧАСТЬ III.

ВОСПИТАНІЕ ВЪ УЧИЛИЩѢ ПРАВОВѢДѢНІЯ.

ЧАСТЬ III.

Воспитаніе въ училищѣ правовѣдѣнія.

Въ разсужденіи объ училищномъ воспитаніи приходится прежде всего обратить вниманіе на воспитательный штатъ, который въ училищѣ значительно отличается отъ штата другихъ высшихъ воспитательныхъ заведеній. Такъ въ училищѣ мы видимъ *учрежденіе*—кромѣ дежурныхъ воспитателей (а не просто надзирателей)—*классныхъ воспитателей, учрежденіе инспектора воспитанниковъ*, должность котораго въ другихъ воспитательныхъ заведеніяхъ соединяется въ лицѣ инспектора классовъ, и потомъ *особыя отношенія законоучителя*, какъ воспитательнаго лица, которыя, существуя только фактически, а не по уставу, пріобрѣли однакожъ право или силу какъ-бы закономъ установленнаго учрежденія.

Несмотря на то, что эти особенности училища невольно даютъ думать о превосходствѣ его воспитанія предъ другими воспитательными заведеніями, на дѣлѣ оказываются явленія, далеко не убѣждающія въ этомъ. Классные воспитатели въ училищѣ въ смыслѣ педагогическомъ имѣютъ очень жалкое значеніе сравнительно съ тѣмъ, что можно бы отъ нихъ ожидать. Если слѣдить за отношеніями класснаго воспитателя къ его питомцамъ съ утра и до утра, то окажется, что онѣ выражаются въ весьма рѣдкомъ свиданіи, въ преимущественно обязательныхъ разговорахъ или пустой болтовнѣ, въ одномъ формальномъ надзорѣ воспитателя и наблюденіи за внѣшне-полицейскимъ порядкомъ. Такъ, утромъ приходитъ будить воспитанниковъ очередной дежурный воспитатель, который можетъ быть вмѣстѣ съ тѣмъ и воспитатель одного изъ классовъ, но только одного. Звонки за звонками погоняютъ воспитанниковъ съ просонокъ и до молитвы, потомъ звонокъ отъ молитвы, звонокъ къ чаю и отъ чая; засимъ является докторъ, выслушивающій жалобы больныхъ и здоровыхъ; проходитъ препараціонный часъ; затѣмъ звонокъ къ отдохновенію и шалостямъ, звонокъ къ лекціямъ, снова звонокъ къ промежуточной рекреаціи и звонокъ къ ученію; наконецъ неизмѣнный руководитель колокольчикъ вызываетъ воспитанниковъ въ строй къ завтраку, и тогда-то только появляется классный воспитатель; является также инспекторъ воспитанниковъ и часто директоръ. Время завтрака проходитъ весьма важно въ ихъ присутствіи. При семъ удобномъ случаѣ воспитатели и инспекторъ дѣлаютъ замѣчанія воспитанникамъ по разнымъ на нихъ жалобамъ и неудовольствіямъ и въ особенности наблюдаютъ за опрятностью въ одеждѣ, за нормальнымъ въ смыслѣ порядка состояніемъ волосъ и даже ногтей, хорошею позиціею за столомъ и пр. Строго наблюдается и за тѣмъ, чтобы у всѣхъ была казенная не болѣе одной порціи кушанья и чтобы всѣ, и русскіе, и иновѣрцы пѣли молитву, не исключая иногда и «Отче Нашъ», когда въ угожденіе какому-нибудь посѣтителю, сигналомъ директора огласится залъ и этою молитвою. Кончился завтракъ, кончился и надзоръ классныхъ воспитателей за воспитанниками. Все рекреаціонное время до классовъ и послѣ въ антрактахъ (какъ и до завтрака) проводится не въ бытности классныхъ воспитателей. Къ обѣду надзоръ возвращается, послѣ обѣда классный воспитатель, если онъ не дежурный, опять возвращается къ своимъ дѣтямъ, своему семейству. Во время препараціи приходитъ (какъ и утромъ) одинъ изъ воспитателей по назначенію, который неизвѣстно почему именуется тогда репетиторомъ, между тѣмъ какъ онъ наблюдаетъ единственно за тишиной и внѣшнимъ порядкомъ. Время вечерняго чая, слѣдующей затѣмъ рекреаціи, молитвы и наконецъ время, которое проходитъ пока воспитанники, постепенно съ трудомъ утихая, вполнѣ успокоиваются грядущимъ сномъ, проводится въ отсутствіи классныхъ воспитателей. Ночью дежуритъ или вѣрнѣе въ креслѣ спитъ одинъ изъ воспитателей по очереди. Теперь же спрашивается, въ чемъ и когда выражаются факты и трудъ того воспитанія, успѣху котораго должны были бы содѣйствовать такъ-называемыя (или воображаемыя) семейныя отношенія воспитанниковъ къ своему воспитателю, какъ къ отцу или старшему брату (выраженія, употребительныя въ училищѣ)? Въ чемъ существенно состоитъ польза классныхъ воспитателей въ училищѣ? Отвѣтъ кажется на это послѣ изложеннаго дать не трудно, но пойдемъ далѣе.

Воспитатели находятся при своемъ классѣ во всѣхъ чрезвычайныхъ случаяхъ училищнаго быта, какъ-то при сниманіи мѣрокъ и примѣриваніи разнаго платья, при выдачѣ книгъ и пр., при субботнихъ объявленіяхъ о наказаніяхъ провинившихся, при объявленіи конференціонныхъ рѣшеній, при упражненіяхъ въ гимнастикѣ и танцованіи, при отпускахъ, при особыхъ какихъ-нибудь объявленіяхъ директора передъ фронтомъ всего курса или одного только класса, при парадахъ разнаго вида, при экзаменахъ, при соблюденіи очереди въ отправкѣ на исповѣдь при посѣщеніяхъ почетнѣйшихъ особъ и осмотрахъ Августѣйшаго попечителя. Нечего кажется доказывать, что надзоръ воспитателей во всѣхъ этихъ случаяхъ, вообще присутствіе ихъ при воспитанникахъ есть дѣло чисто формальнаго, внѣшне-полицейскаго порядка. Полицейскій порядокъ этого рода конечно иногда нуженъ, но если имъ характеризируется педагогическая администрація, — воспитаніе въ собственномъ смыслѣ не существуетъ. Тотъ же полицейскій характеръ видѣнъ въ дѣятельности воспитателей: 1) какъ лицъ, долженствующихъ заботиться о книгахъ воспитанниковъ, о порядкѣ въ классахъ, въ ящикахъ, о чистотѣ одежды, о томъ, чтобъ было какъ можно менѣе собственныхъ вещей (бѣлья, платья и пр.), вообще о движимомъ имуществѣ воспитанниковъ; 2) какъ лицъ, имѣющихъ отъ времени до времени обязательныя, болѣе формальныя, отношенія съ тѣми, къ которымъ увольняются воспитанники въ отпускъ для передачи имъ разныхъ распоряженій и порядковъ начальства. Здѣсь слѣдуетъ замѣтить, что врядъ ли такъ разумно, какъ полагаютъ, введенное въ училищѣ директоромъ его правило: «класснымъ воспитателямъ не быть знакомымъ съ родителями и родственниками воспитанниковъ и ограничиваться одними формальными съ ними отношеніями преимущественно въ стѣнахъ училища». Намъ кажется, что чѣмъ болѣе воспитанникъ видитъ и знаетъ, что родители или родственники его находятся въ близкихъ, даже по-возможности интимныхъ отношеніяхъ съ воспитателемъ, тѣмъ болѣе онъ можетъ уважать въ воспитателѣ нѣкоторый нравственный авторитетъ. А что важнѣе въ дѣлѣ воспитанія, какъ не нравственный авторитетъ; какимъ путемъ какъ не этимъ воспитатель, сближаясь съ воспитанникомъ, можетъ болѣе и болѣе вселять въ немъ довѣріе къ себѣ, узнать его въ моральномъ отношеніи и согласно съ почерпаемыми въ немъ данными быть ему дѣйствительно полезнымъ въ дѣлѣ его воспитанія. При существующемъ же порядкѣ хотя и бываетъ иногда какая-то фамильярность воспитателей съ нѣкоторыми воспитанниками, но она образуется безъ всякаго педагогическаго основанія, а просто такъ, безсознательно, смотря по темпераменту воспитателя или большей смѣлости воспитанника; иногда же составляетъ она лишь извѣстный разсчетъ воспитателя внѣшнимъ образомъ расположить къ себѣ безпокойныхъ воспитанниковъ для избѣжанія непослушанія и скандаловъ. Но и при такой политикѣ расположеніе не будетъ слѣдствіемъ искренняго уваженія, и чуть такой воспитатель измѣнится, то уже и дѣло пойдетъ иначе; если же тутъ и предположить дѣйствительное уваженіе воспитанника къ воспитателю (когда напр. воспитатель образованный и какъ говорится «славный малый»), то уваженіе къ нему будетъ не какъ къ воспитателю, а просто какъ къ человѣку, по той простой причинѣ, что существующіе училищные воспитатели только номинально воспитатели, а не фактически. Сами воспитанники легко убѣждаются въ томъ по формальности отношеній къ нимъ воспитателей и часто по особенностямъ воспитательской личности. Какъ нельзя видѣть въ человѣкѣ учителя или профессора, когда онъ ни то ни другое, такъ точно и воспитателемъ нельзя считать того, кто не есть воспитатель. Всякій конечно отецъ семейства можетъ быть по природному къ тому дарованію, да и самому положенію воспитателемъ своихъ дѣтей, такъ какъ въ этихъ отношеніяхъ естественный, нравственный авторитетъ соединяется съ существеннѣйшими семейными интересами. Но въ дѣлѣ воспитанія дѣтей чужихъ уже родительскій нравственный авторитетъ не явится самъ собою: нуженъ педагогическій смыслъ, нуженъ талантъ, чтобъ привязывать къ себѣ дѣтей нравственнымъ авторитетомъ и потомъ уже пользоваться этимъ для своихъ педагогическихъ опытовъ,—и тогда начнутъ образовываться отношенія «воспитателя къ воспитаннику». Воспитаніе по практическому значенію своему для жизни, по важности своего общечеловѣческаго значенія и по общепонятности своего философскаго элемента представляется (не такъ какъ науки и ученость вообще) весьма близкимъ предметомъ всякому человѣку, и понятіе о воспитателѣ и понятіе о человѣкѣ гораздо болѣе подходятъ другъ къ другу, чѣмъ понятіе объ учителѣ (математики напр. или географіи) и понятіе о человѣкѣ. Но такъ точно какъ учитель кромѣ знанія своего предмета долженъ умѣть изложить и передать его ученику, такъ и воспитатель долженъ имѣть даръ воспитательской практики. Безъ этого дара всегда будетъ отсутствіе жизненныхъ отношеній воспитателя къ воспитаннику, и если что-нибудь въ родѣ этихъ отношеній будетъ «казаться», то кажущееся никакъ нельзя принимать за дѣйствительно существующее, такъ какъ, несмотря на отсутствіе воспитанія, должны же существовать какія-нибудь человѣческія отношенія между лицемъ такъ-называемаго воспитателя и лицемъ такъ-называемаго воспитанника. Человѣческія отношенія конечно не совпадаютъ вполнѣ съ отношеніями, которыя истекаютъ изъ положенія воспитателя къ воспитаннику. Въ смыслѣ простыхъ человѣческихъ, соціальныхъ отношеній такъ-называемый воспитатель будетъ съ воспитанникомъ говорить зря, что и какъ придется и если какія-нибудь мѣры или полумѣры въ отношеніи къ нему будутъ имѣть мѣсто, то какъ-бы случайно, безъ всякой цѣли и внутренняго значенія, безъ сознанія какого-нибудь въ томъ долга и тѣмъ подавно безъ всякаго плана. Явленіе это будетъ весьма естественно, такъ какъ здѣсь нѣтъ тѣхъ нравственно обязательныхъ отношеній, которыя въ лицѣ дѣйствительнаго воспитателя съ убѣжденіемъ выразятся во всѣхъ тѣхъ данныхъ относительно разговора, дѣйствій и разныхъ педагогическихъ опытовъ, которыя, въ системѣ правильно организованнаго воспитанія, должны быть направлены къ пользѣ воспитанника «дѣйствительно воспитывающагося». Въ училищѣ случается, что, кромѣ, отсутствія воспитательскихъ къ воспитанникамъ отношеній, нѣтъ даже и соціальныхъ, потому что всегда бываютъ такіе воспитанники, которые избѣгаютъ всякихъ отношеній съ начальствомъ, причемъ конечно кое-какія обязательно-формальныя отношенія неминуемы. Такимъ образомъ, избѣгая всякаго случая разговора или какого-нибудь столкновенія съ начальствомъ, эти воспитанники съ кажущимся, а можетъ и дѣйствительно тихимъ нравомъ и смирнымъ поведеніемъ, ставятъ себя внѣ всякихъ замѣчаній и тѣмъ самымъ отводятъ отъ себя всякое вниманіе начальства, и въ томъ числѣ воспитателя. Начальство не любитъ натуру такихъ субъектовъ и считаетъ ихъ подозрительными потому, что они менѣе открываютъ ему свои качества и не даютъ себя хорошо узнавать; но изъ такой претензіи начальства можно только видѣть пассивность его въ дѣлѣ воспитанія, при которой оно ожидаетъ, чтобы безъ всякаго воспитательскаго вліянія на воспитанниковъ воспитанники сами собою открывались начальству, независимо отъ какой-либо педагогической съ его стороны дѣятельности.

Пусть начальство держитъ себя какъ дѣйствительно педагогическая корпорація, и тогда воспитанники, которыхъ натуры считаются подозрительными, представятся въ совсѣмъ иномъ видѣ при окружающемъ ихъ духѣ свободы и любви въ дѣлѣ ихъ воспитанія; при этомъ условіи и вообще всѣ воспитанники дадутъ возможность руководить себя не какъ такихъ, которые «кажутся» тѣмъ и тѣмъ, а такихъ, которые на самомъ дѣлѣ суть то, чѣмъ они опытному взгляду представляются. «Быть или казаться» большая разница; поэтому, недовольствуясь «кажущимся» въ дѣлѣ проявленіи воспитанниками своихъ индивидуальныхъ особенностей, начальство путемъ воспитанія должно слѣдить за внутреннимъ развитіемъ созрѣвающей мысли и дѣйствительнымъ нравственнымъ состояніемъ воспитанника. Сказанное здѣсь о начальствѣ вообще относится всего болѣе до классныхъ воспитателей въ особенности, какъ лицъ въ составѣ начальства ближайшихъ къ воспитанникамъ. Чтобы слѣдить, какъ означено, за воспитанниками, чтобы воспитывать ихъ, необходимы, при любви къ этому дѣлу, трудѣ и терпѣніи, извѣстные педагогическіе пріемы, извѣстные принципы, помощью которыхъ организовались бы педагогическія инструкціи для классныхъ воспитателей, разныя правила напр. о наказаніяхъ и словомъ какъ-бы педагогическій кодексъ, который служилъ бы общимъ для воспитателей руководствомъ, такъ чтобы воспитаніе по духу своему и труду всѣхъ воспитателей въ примѣненіи своего дѣла представлялось гармоническимъ цѣлымъ по всѣмъ сферамъ воспитанія въ каждомъ изъ классовъ.

Воспитаніе, какъ и всякая спеціальность, предполагаетъ трудъ, и если въ дѣлѣ науки, какъ это было замѣчено, мы не столько работаемъ для науки, сколько празднуемъ науку, то это въ особенности можетъ относиться къ дѣлу воспитанія.

Та система воспитанія, по которой все дѣло состоитъ въ томъ, чтобы дѣлать замѣчанія воспитанникамъ, наказывать ихъ, когда они по ученію или поведенію въ чемъ-либо особенно провинятся, да и еще наказывать по какимъ-нибудь безтолковымъ обычаямъ, врядъ-ли можетъ быть названа правильною системой; по такому воспитанію, не говоря уже о его несостоятельности вообще въ отношеніи къ нравственности, тѣ «воспитанники, которые не попадаются на замѣчанія и наказанія, вовсе не должны быть воспитаны.» Правда, что при этой системѣ выдержки воспитанниковъ, порядки, ея обусловливающіе, довольно разнообразны и многочисленны. Порядками этими требуется: не драться, не быть дерзкимъ въ отношеніи начальства и преподавателей, не буянить, не смѣть разсуждать къ своему оправданію; дѣлать все въ опредѣленное время, по звонку, когда молиться, когда спать, когда вставать, когда ѣсть и когда учиться, когда гулять; одѣваться по формѣ, безъ собственныхъ галстуковъ и рубашекъ и безъ колецъ на рукахъ; ходить какъ слѣдуетъ, ловко кланяться, скоро строиться, смирно стоять, громко и внятно говорить, смотрѣть на улицахъ въ оба для отдаванія чести военнымъ чинамъ, не имѣть ничего запрещеннаго, граціозно за столомъ сидѣть; имѣть хорошіе баллы, сдавать исправно репетиціи и экзамены и пр.,—такая выдержка, отдѣльно взятая сама по себѣ, болѣе, кажется, подходитъ къ дрессировкѣ, чѣмъ къ воспитанію въ собственномъ смыслѣ этого слова. Конечно не малое изъ того, что перечислено, представляется нужнымъ во всякомъ воспитательно-учебномъ заведеніи; но прежде всего необходимо, чтобы соблюдено было главное въ дѣлѣ воспитанія, то, что требуется геніемъ воспитанія, а не предразсудками quasi-воспитателей. Геній этотъ можетъ проявляться: въ умѣніи располагать къ себѣ питомцевъ со всею ихъ откровенностью, со всѣми ихъ хорошими и дурными свойствами и привычками; въ искусствѣ руководить развитіе ихъ по отношенію къ нравственности и образованію въ началахъ доброй воли, разумнаго труда и честнаго чувства, и наконецъ въ обязанности содѣйствовать утвержденію ихъ прежде всего въ достоинствѣ человѣка, какъ человѣка, дабы сознаніе сего не поглощалось сознаніемъ лишь своего значенія какъ спеціалиста, какъ правовѣда, какъ будущаго чиновника или сановника. Безъ этихъ требованій педагогическаго генія, вносящаго жизнь въ трупъ нынѣшней воспитательской бездѣятельности и апатіи, не помогутъ дѣлу воспитанія ни великолѣпная обстановка заведенія, ни сложный и блестящій по виду штатъ начальства, ни хорошая пища и одежда, ни богатство учебныхъ пособій, роскошь въ привиллегіяхъ воспитанниковъ, ни вообще представительность заведенія по внѣшности передъ публикой;—все это не отвѣтитъ требованіямъ жизни въ дѣлѣ воспитанія, такъ точно какъ въ трупѣ не возбудится жизнь отъ блестящей его одежды, богатой обстановки и воскуриваемаго вокругъ его фиміама.

* * *

Переходя къ другой особенности педагогической администраціи училища правовѣдѣнія, именно къ должности инспектора воспитанниковъ, можно относительно ея замѣтить, что она такъ же какъ и учрежденіе классныхъ воспитателей не удовлетворяетъ той цѣли, которая по теоріи или въ идеѣ предполагалась въ примѣненіи ея къ пользѣ училищнаго воспитанія. Должность эта имѣетъ значеніе развѣ въ хозяйственномъ и нижне-полицейскомъ отношеніи, въ дѣлѣ же воспитанія собственно она имѣетъ весьма слабую, ничтожную роль. Такое опредѣленіе вполнѣ согласно и съ убѣжденіемъ самихъ воспитанниковъ, для которыхъ инспекторъ воспитанниковъ не болѣе какъ инспекторъ платья и вообще всей движимости воспитанниковъ. Воспитанники по школьности своей называютъ его даже инспекторомъ волосъ, скамеекъ, отпусковъ и пр., что происходитъ именно отъ существующаго въ воспитанникахъ сознанія нижне-полицейскаго характера этой должности. И дѣйствительно если прослѣдить дѣятельность инспектора воспитанниковъ съ утра и до утра, какъ это мы сдѣлали относительно воспитателей, то окажется, что она въ продолженіе дня вся состоитъ въ довольно частыхъ, иногда даже до степени докучливости воспитанникамъ внезапныхъ появленіяхъ то въ залъ, то въ столовую, то въ классъ, то въ спальню, и все это съ цѣлью присматривать и подсматривать, — дѣло чисто полицейское. Если предположить, что появленія эти имѣютъ только цѣлью обезпечивать порядки, т. е. предупреждать шумъ, неумѣстныя шалости за трапезой или въ классное время, наблюдать за занятіями во время препарацій, за тишиной во время строя, за поведеніемъ во время рекреаціи и за запрещенными вещами, за соблюденіемъ формы въ одеждѣ, въ обуви, въ туалетѣ и пр., то для всѣхъ этого рода наблюденій существуютъ ближайшіе къ воспитанникамъ лица, классные воспитатели и отчасти дежурные воспитанники, и казалось бы, поэтому, какая надобность наблюдать за тѣмъ, что уже входитъ въ предметъ ближайшаго наблюденія воспитателей. Въ этомъ случаѣ усиленіе воспитательнаго надзора предполагаетъ какъ-бы несостоятельность авторитета воспитателей. Ближайшій воспитанникамъ авторитетъ воспитательскій не будетъ достаточно полонъ, если онъ станетъ парализироваться нижне-полицейскимъ авторитетомъ, авторитетомъ страха инспектора воспитанниковъ.

которые при этомъ инспекторѣ въ особенности въ младшихъ классахъ всегда въ какомъ-то стѣсненномъ или даже фальшивомъ положеніи. Когда воспитанники въ отношеніи къ дурнымъ или запрещеннымъ поступкамъ стѣсняются при появленіи инспектора, то появленіе это, конечно, можетъ быть кстати въ томъ случаѣ только, если воспитатели плохо надзираютъ за воспитанниками; но для того, чтобъ не было надобности въ надзорѣ инспекторскомъ, не слѣдуетъ допускать дурнаго надзора со стороны дежурныхъ воспитателей, не слѣдуетъ допускать во время рекреаціи отсутствія классныхъ воспитателей. Классные воспитатели должны быть несмѣнными дежурными или стражами своихъ питомцевъ, причемъ и нынѣшніе дежурные надзиратели были бы нужны только для замѣны одного изъ классныхъ воспитателей въ случаѣ его отсутствія, для общаго руководства по надзору за порядкомъ и чистотою въ курсахъ и для разныхъ формальностей по дежурству, которыя неудобно раздѣлить на всѣхъ классныхъ воспитателей. Только при такихъ условіяхъ, когда притомъ классные воспитатели понимаютъ свое дѣло согласно своему именованію и назначенію, воспитаніе въ училищѣ будетъ имѣть прочное основаніе; если же отношенія классныхъ воспитателей къ воспитанникамъ не будутъ точно опредѣлены и правильно организованы, и воспитатели не будутъ исполнять своего долга какъ слѣдуетъ по совѣсти и по педагогическимъ инструкціямъ совѣта, то не быть фундамента для училищнаго воспитанія; и тогда, безъ этого фундамента, безъ этого корня—никакого процвѣтанія быть не можетъ, и не помогутъ горю ни субъ-инспекторы, ни инспекторы, ни оберъ-инспекторы. Когда же сфера обязанностей классныхъ воспитателей кипитъ разумною, энергическою дѣятельностію и воспитательскій авторитетъ въ полной своей силѣ, тогда классные воспитатели съумѣютъ воспользоваться и отношеніями своими къ класснымъ репетиторамъ, которыя по связи обученія съ воспитаніемъ и по частному сближенію съ воспитанниками могутъ быть полезны воспитателямъ; тогда же возможны будутъ отношенія воспитателей, минуя всякое посредничество, прямо къ директору, который черезъ это былъ бы самъ поставленъ гораздо ближе къ воспитателямъ и стало быть и къ самому основанію училищной педагогической администраціи; тогда онъ и лучше зналъ бы, что у него дѣлается, какъ идетъ воспитаніе, какъ на воспитанниковъ отражается дѣятельность воспитателей и какъ исполняютъ свой долгъ воспитатели. Теперь же директоръ надѣется на то, что все важное сообщитъ ему инспекторъ; инспекторъ полагается на то, что ближайшее наблюденіе за воспитанниками и отвѣтственность за нихъ лежитъ на воспитателѣ; а воспитатель разсчитываетъ на то, что о его питомцахъ сообщитъ ему что нужно дежурный воспитатель и, что важнымъ можетъ быть лишь то, что подмѣтитъ инспекторъ или самъ директоръ. Какую же послѣ этого педагогическую опытность можно ожидать отъ училищныхъ педагоговъ. Неужели же ожидать чего-нибудь особеннаго отъ дежурныхъ воспитателей, которые, неправильно называясь воспитателями, могутъ по положенію своему лишь надзирать и то весьма поверхностно за воспитанниками, взятыми вмѣстѣ во всей ихъ гуртовой массѣ.

Такимъ образомъ въ этой путаницѣ и хаосѣ воспитаніе предоставлено судьбѣ, а на дѣлѣ существуетъ что-то въ-родѣ наблюденія или надзора, который, исходя съ разныхъ точекъ зрѣнія, развѣтвляется, пересѣкается, распространяется, но къ дѣлу-то самому не проникаетъ потому, что оно вполнѣ закрыто отъ всѣхъ многочисленныхъ глазъ сложнаго воспитательскаго штата, именно вслѣдствіе отсутствія ни болѣе ни менѣе какъ главнаго условія, т. е. воспитанія. — При этомъ воспитанники конечно не могутъ быть никакъ хорошо извѣстны начальству, которое только въ силу чрезмѣрной самонадѣянности можетъ утверждать, что «каждый-де воспитанникъ у насъ какъ на ладони». Директоръ, какъ наиболѣе отъ дѣла воспитанія отдаленное лицо, долженъ быть съ наиболѣе темными свѣдѣніями о воспитанникахъ, и этому между прочимъ можетъ содѣйствовать и то, что директоръ училища объявляетъ воспитателямъ еще при пріемѣ воспитанниковъ обнаруживать ему только одно хорошее изъ ихъ поступковъ. Хотя бы такое объявленіе было только ничто иное какъ фраза, пущенная въ угодность родителямъ дѣтей, присутствующимъ при этихъ объявленіяхъ, во всякомъ случаѣ оно не должно бы выходить изъ устъ такого человѣка, который обязанъ имѣть какъ можно болѣе матеріаловъ для познанія воспитанниковъ и отнюдь не долженъ себя ставить на степень какого-то возвышеннаго цѣнителя сердца юноши, до котораго восходитъ только хорошее; напротивъ, хорошій директоръ всегда будетъ самъ нисходить до самыхъ крайнихъ предѣловъ своего вѣдомства, т. е. до самыхъ основаній существующаго воспитанія. Такому-то значенію директора во главѣ воспитателей будетъ содѣйствовать отсутствіе инспекторскаго посредничества, которое, не имѣя настолько значенія, чтобы быть въ надлежащихъ отношеніяхъ къ воспитателямъ и ихъ питомцамъ, нарушаетъ только прямыя отношенія директора къ воспитательской части. Упраздненіе инспекторской должности по воспитательской части побудило бы также директора къ бо́льшему труду, къ бо́льшей дѣятельности по должности своей какъ начальника воспитательнаго учрежденія; оно, повторяю, поставило бы его въ непосредственныя отношенія къ воспитателямъ, чрезъ что и воспитатели, имѣя дѣло прямо съ директоромъ, а не съ несамостоятельнымъ какимъ-то посредникомъ, дѣйствовали бы усерднѣе, внимательнѣе и рѣшительнѣе. Наконецъ и воспитанники, находясь въ болѣе частомъ сближеніи съ директоромъ помимо того инспектора, котораго они называютъ какъ выше означено, представлялись бы болѣе чѣмъ теперь какъ-бы дѣтьми отца-начальника, а классные воспитатели также имѣли бы болѣе основанія чѣмъ теперь считать себя старшими братьями ввѣренныхъ имъ воспитанниковъ. Если же въ настоящее время идеализируютъ отношенія начальства къ воспитанникамъ въ какія-то семейныя отношенія, то это развѣ въ порывахъ блуждающей сентиментальности или подъ вліяніемъ слѣпаго самохвальства; во всякомъ случаѣ неоспоримъ тотъ фактъ, что въ училищѣ хаосъ по воспитательской части не допускаетъ въ ней никакихъ опредѣленныхъ отношеній, а не только семейныхъ.

Насколько однакожъ должность инспектора воспитанниковъ лишняя въ настоящемъ ея значеніи и условіяхъ, настолько она представляется полезною для воспитательно-гигіенической части, которая составляетъ весьма важный предметъ въ воспитательномъ заведеніи и имѣетъ отношеніе, болѣе чѣмъ полагаютъ, къ самому воспитанію. Извѣстно, что воспитаніе, имѣя дѣло съ психическою натурой воспитанника, должно непремѣнно имѣть въ виду и физическую натуру его по тѣсной связи первой со второю, по каковой связи обѣ натуры представляютъ какъ-бы одну почву, подлежащую воспитательскому уходу и обработкѣ. Поэтому педагогическія мѣры, принимаемыя въ отношеніи къ моральному развитію воспитанника, отражаются на физическую сторону его; и если воспитатель не будетъ имѣть свѣдѣній о физическомъ состояніи воспитанника, по которому одна мѣра, принимаемая съ хорошею цѣлью, можетъ дѣйствовать пагубно и наоборотъ, въ такомъ случаѣ дѣйствія воспитателя будутъ ошибочны и вредны. Точно также разные педагогическіе пріемы по отношенію къ физической сторонѣ воспитанника, дѣйствуя непосредственно и прямо на организмъ его, непремѣнно производятъ и большое психическое вліяніе на воспитанника, такъ что воздухъ, пища, одежда, способъ и степень моціона при сидячей жизни, гимнастика, игры, пожалуй и танцы, болѣзненныя расположенія многихъ воспитанниковъ, разнаго рода тѣлесныя стѣсненія, карцеръ и пр. и пр., не говоря уже о непозволительномъ наказаніи розгами, все это представляетъ важный предметъ обсужденія въ примѣненіи къ особенностямъ каждаго воспитанника въ отдѣльности, почему и воспитаніе, обращенное къ означеннымъ предметамъ, имѣетъ особое названіе — физическое воспитаніе. Вотъ этого-то воспитанія вовсе почти и нѣтъ въ училищѣ, между тѣмъ какъ ненормальное состояніе воспитанника, выражающееся въ разныхъ психическихъ болѣзненныхъ проявленіяхъ, часто имѣетъ незамѣтнымъ основаніемъ именно неудовлетвореніе воспитанника въ физическомъ отношеніи, что, если не такъ замѣтно у нѣкоторыхъ по счастливой ихъ натурѣ, выражается у другихъ непремѣнно, при должномъ къ тому вниманіи. Поэтому весьма важно и по предметамъ физическаго воспитанія (какъ и моральнаго) не мѣрить всѣхъ такъ-сказать на одинъ аршинъ, а нужно по-возможности приспособляться къ индивидуальнымъ условіямъ каждаго. — Такъ инымъ сидѣть много и долго вредно, также и мало гулять, ѣсть постное, не ѣсть мяса, котораго по средамъ и пятницамъ вовсе не даютъ, не быть тепло одѣтыми при холодной температурѣ залъ, заниматься при тусклыхъ лампахъ, находиться въ темномъ душномъ карцерѣ и пр., другимъ же все это гораздо менѣе вредно. Но есть предметы, которые одинаково полезны и необходимы всѣмъ воспитанникамъ, какъ-то: 1) чистый воздухъ и равномѣрная температура по всѣмъ комнатамъ и по всѣмъ частямъ комнатъ, что не вполнѣ соблюдается при амосовскихъ печахъ; комнатная одежда болѣе удобная въ зимнее время, настолько по крайней мѣрѣ, чтобы у воспитанниковъ не были отъ холода синія руки, и пр.; 2) болѣе продолжительное нахожденіе на воздухѣ и гимнастическія упражненія на воздухѣ, когда время позволяетъ, а не въ комнатѣ только; 3) какъ можно менѣе мучной пищи, которая, при свойственной нашему юному поколѣнію золотушности, далеко не полезна, между тѣмъ чистое безъ мучной примѣси хорошее мясо и чистыя овощи составляютъ совершенный пробѣлъ въ училищной гастрономіи. 4) Освѣщеніе болѣе приспособленное къ удобствамъ воспитанниковъ, занимающихся въ зимнее время столь долго при лампахъ; хотя ламповая часть (вмѣстѣ съ прекрасными ватерклозетами училища) и обращаетъ на себя особенное вниманіе посѣтителей благодаря заботливости и по этимъ предметамъ директора училища, но собственно ламповое освѣщеніе въ училищѣ могло бы быть устроено съ лучшими условіями для гигіеническихъ требованій воспитанниковъ. 5) Карательныя педагогическія мѣры въ тѣхъ или другихъ наказаніяхъ должны быть строго сообразованы съ нѣжнымъ возрастомъ дѣтей, съ требованіями юношескаго возраста и вообще съ достоинствомъ воспитанника, какъ человѣка. Теперь же напримѣръ въ двухъ шагахъ отъ внутренняго хода изъ квартиры директора находится, уже съ давнихъ впрочемъ временъ, такого устройства карцеръ, который нельзя не назвать варварскимъ. Какой-то темный уголъ въ нѣсколько квадратныхъ аршинъ величины, низкій и совершенно темный, признается въ училищѣ прекрасною пенитенціарною камерой для провинившихся воспитанниковъ, которые должны довольствоваться въ ней голодомъ, холоднымъ поломъ для ночлега, а для развлеченія ловлею мышей въ темнотѣ, если заключенный ихъ не боится. И сколько вліятельнѣйшихъ лицъ проходило и проходитъ мимо этого карцера; сколько разъ въ день директоръ чуть не натыкается на дверь этого чулана, выскакивая съ лѣстницы своей квартиры въ корридоръ училища,—а варварскій карцеръ все-себѣ свое дѣло дѣлаетъ. Также непозволителенъ по устройству своему и другой душный карцеръ, находящійся возлѣ прекрасныхъ ватерклозетовъ, въ которыхъ однообразный шумъ отъ падающей въ машинѣ воды служитъ единственнымъ развлеченіемъ заключеннаго воспитанника, а между тѣмъ по уставу училища карцеромъ должна служить обыкновенная свѣтлая комната, въ которой воспитанникъ въ совершенномъ уединеніи могъ бы заниматься.

Наконецъ, больнымъ должны быть доставлены всѣ необходимыя удобства, начиная съ хорошо устроеннаго и въ порядкѣ по требованіямъ медицинскимъ содержащагося лазарета и до всѣхъ особенностей и привиллегій, которыя по необходимости допускаются въ школьномъ бытѣ больнаго воспитанника. Для воспитанниковъ требуются также и разнаго рода увеселенія, удовольствія, которыя должны быть доставляемы въ особенности тѣмъ, которые остаются за неимѣніемъ родителей или родственниковъ въ зданіи училища и на праздничные дни; сюда относятся не столько улучшеніе пищи по праздникамъ и лакомства въ торжественные праздники и театры, сколько разныя игры, устройство разныхъ увеселеній, смотря по возрасту воспитанниковъ, содѣйствіе устройству между воспитанниками хора пѣвчихъ для пѣнія въ рекреаціонное время разныхъ народныхъ и прилично веселыхъ пѣсенъ, а также и своихъ домашнихъ концертовъ. Появляется ли что-нибудь интересное по части наукъ или искусствъ, нужно, чтобы воспитанники, остающіеся и на праздники въ училищѣ и стало быть предоставленные вполнѣ заботамъ начальства, видѣли по-возможности все наиболѣе замѣчательное, имѣющее большее или меньшее отношеніе къ предметамъ ихъ общаго образованія. Въ вакаціонное время этимъ же воспитанникамъ нужно доставлять удовольствіе, столько же полезное, сколько и пріятное въ разныхъ путешествіяхъ, поѣздкахъ и вообще въ разнообразіи веселой и свободной жизни ученика-туриста. Вотъ по всѣмъ этимъ-то предметамъ, частію входящимъ въ категорію физическаго воспитанія, а частію имѣющимъ къ нему только извѣстное отношеніе, и должно имѣть заботу и наблюденіе особое лице, въ качествѣ помощника директора, которое доставляло бы всѣ способы, требуемые для физическаго воспитанія воспитанниковъ. Конечно лице это не можетъ входить непосредственно въ нужды всѣхъ воспитанниковъ, которые по особенностямъ каждаго индивидуума могутъ представить большое разнообразіе, требующее близкихъ и очень интимныхъ къ воспитанникамъ отношеній; физическое воспитаніе бываетъ тѣсно связано съ моральнымъ, и потому ближайшее отношеніе имѣетъ оно къ класснымъ воспитателямъ, долженствующимъ знать своихъ питомцевъ всесторонне. Этотъ помощникъ директора по хозяйственной части или инспекторъ по этой части (дѣло не въ названіи) и будетъ имѣть въ своемъ вѣдѣніи физическое воспитаніе воспитанниковъ настолько, насколько предметы физическаго воспитанія, смотря по требованіямъ воспитанниковъ, заявляемымъ чрезъ классныхъ воспитателей, будутъ относиться къ хозяйственной части. Распоряженія инспектора въ этомъ случаѣ будутъ имѣть предметомъ своимъ все нужное относительно чистаго воздуха въ комнатахъ и умѣренной въ нихъ температуры, бань, купанья, здоровой пищи, хорошей и соотвѣтственной возрасту воспитанниковъ одежды, правильныхъ гимнастическихъ упражненій, гулянья, игръ, извѣстныхъ пособій при леченіи больныхъ по указанію доктора и пр.

Основанія и условія всѣхъ требованій по означеннымъ и прочимъ предметамъ физическаго воспитанія будутъ въ вѣдѣніи классныхъ воспитателей, а исполнительныя распоряженія по этой части отнесутся къ обязанности инспектора хозяйственной части, который вмѣстѣ съ тѣмъ имѣлъ бы въ завѣдываніи всю часть теперешняго смотрителя дома и эконома; для этой части находился бы при немъ и особый помощникъ съ званіемъ помощника инспектора хозяйственной части. Извѣстное отношеніе къ предметамъ физическаго воспитанія въ училицѣ имѣли бы конечно воспитательный и хозяйственный комитеты, смотря по тому, что до какого комитета относится.

Что касается до представительной роли, которую инспекторъ воспитанниковъ по должности своей исполняетъ при разныхъ особенностяхъ и парадныхъ случаяхъ, при посѣщеніяхъ Августѣйшаго попечителя и разныхъ особъ, при строѣ воспитанниковъ къ завтраку и къ обѣду, къ обѣднѣ, церемоніяхъ акта и пр., при отпускахъ, при танцахъ и гимнастикѣ, при объявленіяхъ субботнихъ наказаній, при разныхъ объявленіяхъ директора передъ фронтомъ, при примѣркѣ платья и др., то во всѣхъ этихъ случаяхъ парадированіе инспектора или вовсе лишнее, или оно можетъ быть исполняемо самимъ директоромъ или дежурнымъ надзирателемъ. По очереди или по назначенію директора всѣ воспитатели по-возможности всегда должны будутъ охотно принять формальное участіе въ дѣлѣ, хотя нѣсколько полицейскомъ, но неизбѣжномъ для интереса всего училищнаго начальства, которое, руководясь при разныхъ обязанностяхъ общими всѣмъ воспитателямъ побужденіями къ пользѣ и благу училища, должно заботиться и о его внѣшнемъ порядкѣ и благообразіи.

Вообще, для заранѣе извѣстныхъ случаевъ парадированія и исполненія разныхъ формальныхъ обязанностей, нечего организовать отдѣльную должность въ лицѣ особо для нея назначаемаго лица, какъ напр. должность инспектора воспитанниковъ въ училищѣ, которая, будучи почти исключительно полицейскою, теряетъ свое строгое педагогическое значеніе въ системѣ даже довольно жалкаго училищнаго воспитанія; черезъ это и лице, занимающее эту должность, какъ въ нѣкоторыхъ заведеніяхъ полицеймейстеръ, дѣлается собственно какъ должностное лице предметомъ неуваженія со стороны воспитанниковъ, какъ бы ни сознавались воспитанниками порядочность и доброта этого лица, какъ человѣка.

Самое важное дѣло въ воспитательномъ заведеніи — хорошіе классные воспитатели, которые и должны быть какъ можно лучше обезпечены въ матеріальномъ отношеніи. Ихъ задача велика и священна, а потому и столь важное положеніе воспитателя къ воспитанникамъ никакъ не должно допускать какого-либо посредничества между нимъ и директоромъ; и чѣмъ ближе директоръ будетъ стоять къ воспитателямъ, а вслѣдствіе сего и къ самимъ воспитанникамъ, чѣмъ глубже войдетъ онъ въ трудъ воспитательской практики, тѣмъ выше подниметъ онъ значеніе своей собственной должности, которая какъ по прекрасному своему содержанію, такъ и въ другихъ отношеніяхъ всегда достойна дѣятеля образованнаго, добросовѣстнаго и отвѣчающаго требованіямъ учебно-воспитательнаго спеціальнаго заведенія. Сказанное здѣсь относится и до всѣхъ воспитательныхъ заведеній вообще; и если напр. при сознаніи совершенной въ нынѣшнее время несостоятельности заслуженнаго въ чинахъ и отличіяхъ директора какого-нибудь закрытаго учебно-воспитательнаго заведенія, личность эта однакожъ нескончаемо терпится на этомъ мѣстѣ въ силу филантропическихъ побужденій и соображеній вполнѣ постороннихъ, то такая филантропія вѣроятно болѣе послужитъ къ стыду лица ею злоупотребляющаго, чѣмъ къ пользѣ и къ чести управляемаго имъ заведенія. Когда имѣется въ виду истинный всестороннiй успѣхъ учебно-воспитательнаго заведенія, то заведеніе это отнюдь не должно быть доводимо до условій недостойныхъ его важности и его назначенія.

(Изъ дневника «Биржевыхъ Вѣдомостей» № 37, отъ 7-го февраля сего года, статья П. У.)

Въ виду имѣющаго отпраздноваться на-дняхъ торжества 50-ти-лѣтняго юбилея петербургскаго университета уже давно носятся слухи о томъ, что событіе это ознаменуется возведеніемъ съ сего 1869 года степени кандидата по диплому всѣхъ россійскихъ университетовъ въ чинъ IX класса. Вслѣдствіе этого слуха, заявленнаго и въ газетахъ, общество студентовъ, въ особенности петербургскихъ, до чрезвычайности, какъ кажется, озабочено мыслью о томъ, «быть ли имъ по окончаніи курса титулярными совѣтниками, или не быть». Нужно, однакоже полагать, что заботѣ этой непричастны благоразумнѣйшіе изъ студентовъ, которые, занимаясь ради пользы ученія, а не изъ-за чина, относятся весьма равнодушно къ тому, выйдутъ ли они изъ ученой университетской сферы съ штабсъ-капитанскимъ или капитанскимъ чиномъ. Врядъ-ли и самый слухъ о предстоящемъ будто студентамъ означенномъ сюрпризѣ исходитъ изъ источника достовѣрнаго. Уже много времени тому назадъ говорили о томъ, что чиновъ не будетъ вовсе, что мѣста станутъ давать сообразно образованію и способностямъ каждаго, а повышенія будутъ производиться въ силу на самомъ дѣлѣ доказанной пользы служащаго. Судебная реформа, провозгласивъ равенство сословій передъ правосудіемъ, признала только одно высшее образованіе, безъ различія степеней его, условіемъ для поступленія на новое судебное поприще и опредѣлила въ точности сроки для повышенія по службѣ лицъ новаго судебнаго вѣдомства. При этомъ судебные уставы не придаютъ чинамъ никакого значенія, вслѣдствіе чего мы и на практикѣ видимъ, что какъ коллежскій регистраторъ, такъ и дѣйствительный статскій совѣтникъ можетъ быть назначенъ въ члены окружнаго суда, а если чину въ извѣстныхъ случаяхъ и придается какое-либо значеніе, то это происходитъ независимо отъ закона. На другихъ служебныхъ поприщахъ, административныхъ, какъ и въ самомъ вѣдомствѣ министерства юстиціи, для лицъ смѣняемыхъ, чинъ сохранилъ свою силу и свою важность, хотя и въ этомъ отношеніи замѣтно вліяніе успѣховъ нашего времени. Во всякомъ случаѣ, если чинъ и представляетъ большее или меньшее значеніе, то большею частью въ связи съ другими условіями служебной карьеры, каковы: связи, свѣтское воспитаніе, состояніе и пр. Отсюда и тотъ успѣхъ по службѣ, которымъ такъ щеголяли наши правовѣды и который еще болѣе легко достается петербургскимъ лицеистамъ. Какъ тѣ, такъ и другіе выходятъ изъ своего заведенія съ чиномъ титулярнаго совѣтника, но только весьма недальновидныя соображенія могутъ придавать большое значеніе этому чину въ служебной ихъ карьерѣ. Положеніе училища правовѣдѣнія, вслѣдствіе отчасти и историческаго его значенія, таково, что и при чинѣ коллежскаго секретаря внѣслужебныя условія правовѣдовъ всегда благопріятствовали бы ихъ *счастливому* движенію по службѣ; собственно же по вѣдомству юстиціи прежнія преимущества правовѣдовъ легко объяснить тѣмъ, что училище есть ничто иное, какъ нѣкотораго рода спеціальный институтъ этого вѣдомства. Лицеисты также всегда будутъ предпочитаться многимъ другимъ, хоть и въ равной имъ степени достойнымъ, такъ какъ и на школьной скамьѣ еще внушается имъ, что они подготовляются на высшія должности. При такомъ условіи нужно согласиться, что 9-й классъ, вмѣсто 10-го, не имѣетъ въ сущности для этихъ избранныхъ, какъ и для правовѣдовъ, никакого значенія. Все это говоримъ къ тому, чтобы изъ сказаннаго легко можно было вывести нашимъ студентамъ, что представляющійся имъ въ туманѣ 9-й классъ составляетъ собою далеко не столь существенный предметъ, какимъ онъ кажется ихъ воображенію. Скажемъ болѣе: современному учащемуся юношеству было бы, по меньшей мѣрѣ, неблаговидно заниматься въ нынѣшнее время вопросомъ о томъ, съ какимъ чиномъ хорошо было бы выйти на свѣтъ Божій, когда вся суть для него въ томъ, чтобы учиться, учиться да получше учиться, и по мѣрѣ силъ своихъ быть полезнымъ обществу, съ сохраненіемъ всегда и всюду достоинства въ самостоятельномъ трудѣ. Чинъ за отличіе, за выслугу лѣтъ имѣетъ свой смыслъ, хотя для многихъ онъ теряетъ цѣну вслѣдствіе вычета, который производятъ за чинъ изъ жалованія награждаемаго (какъ бы ни было скудно это жалованье). Но чинъ за школьныя занятія имѣетъ совсѣмъ особое значеніе, при которомъ достаточно и того, что, напр., кандидатъ пользуется чиномъ коллежскаго секретаря въ силу издавна существующаго на то закона. И если есть привиллегированныя учебныя заведенія, которыя лучшимъ питомцамъ своимъ предоставляютъ высшій чинъ (т. е. IX класса), то изъ этого еще не слѣдуетъ заключать, что это безусловно справедливо и прекрасно и что особенность частную, можетъ быть, далеко не вѣчную, необходимо сдѣлать общею. Степень магистра предоставляетъ магистранту IX классъ, но только съ этой степени и начинается у насъ по-истинѣ ученое званіе, и врядъ-ли правдивые студенты наши, положа руку на сердце, не сознаются въ томъ, что степень кандидата, по крайней мѣрѣ de facto не можетъ назваться ученою степенью, въ особенности по юридическому факультету съ его оригинальнымъ административнымъ разрядомъ. Званіе лекаря, какъ соотвѣтствующее ученой степени магистра, даетъ также IX классъ, а потому въ этомъ отношеніи нечего завидовать и студентамъ Медико-Хирургической Академіи. Это отличіе основано на большихъ знаніяхъ и трудахъ. Такимъ образомъ сужденія о чинѣ IX класса для кандидатовъ университетскихъ сводятся къ вопросу лишь о пустомъ тщеславіи и странномъ легкомысліи. Правительство, конечно, никогда не возьметъ на себя, осуществленіемъ мечтанія о IX классѣ для кандидатовъ университета, потворствовать, хотя невольно, означеннымъ побужденіямъ. Врядъ-ли къ тому-же и побужденія эти исходятъ отъ большинства студентовъ и вообще отъ людей серьезныхъ и благомыслящихъ, во мнѣнiи которыхъ вѣнецъ образованiя дается не чинами, а наукою и сознанiемъ своего достоинства, укрѣпляющимъ и въ гражданскихъ доблестяхъ на поприщѣ общественной дѣятельности.

(Замѣтка, не принятая вмѣстѣ съ приведенною статьей къ напечатанiю ни въ Московскихъ ни въ Петербургскихъ Вѣдомостяхъ.)

Слухъ о внѣшнемъ знакѣ отличiя для университетскихъ кандидатовъ наподобiе знака военно-академическаго образованiя (для ношенiя на груди) свидѣтельствуетъ развѣ только о томъ: 1) что Петербургскiй духъ стремленiя ко внѣшнимъ отличiямъ и блеску весьма заразителенъ; 2) что только теперь усматривается та несправедливость, въ силу которой Военное Вѣдомство, и безъ того пользующееся преимуществами передъ гражданскими чинами, сдѣлало и внѣшнiй знакъ высшаго образованiя привиллегiею питомцевъ своего военно-академическаго образованiя, и 3) что, такъ какъ неудобно отнять этотъ знакъ отличiя у лицъ военнаго вѣдомства, грудь которыхъ имъ украшена, то поневолѣ приходитъ мысль сдѣлать его достоянiемъ, если не всѣхъ лицъ съ высшимъ образованiемъ вообще, то по крайней мѣрѣ удостоенныхъ ученой степени магистра и доктора.

(Замѣтка «Судебнаго Вѣстника» № 32 отъ 8 февраля сего года по поводу вышеприведенной статьи въ «Бирж. Вѣдомостяхъ».)

По поводу юбилея С.-Петербургскаго университета носились слухи о томъ, что къ этому дню степени кандидата университетовъ будетъ присвоено право на чинъ IX класса, т. е. что въ этомъ отношенiи университеты будутъ сравнены съ александровскимъ лицеемъ и училищемъ правовѣдѣнiя. Слухи эти, какъ мы положительно знаемъ, лишены всякаго основанiя. Во вчерашнемъ своемъ номерѣ (№ 37) «Биржевыя Вѣдомости», по поводу этихъ слуховъ, замѣчаютъ, что «сужденія о чинѣ IX класса для университетскихъ кандидатовъ сводятся къ вопросу лишь о пустомъ тщеславіи и странномъ легкомысліи», ибо—говорятъ они—«судебная реформа, провозгласивъ равенство сословій передъ правосудіемъ, признала только одно высшее образованіе, безъ различія степеней его, условіемъ для поступленія на новое судебное поприще и опредѣлила въ точности сроки для повышенія по службѣ лицъ новаго судебнаго вѣдомства. При этомъ Судебные Уставы не придаютъ чинамъ никакого значенія, вслѣдствіе чего мы и на практикѣ видимъ, что какъ коллежскій регистраторъ, такъ и дѣйствительный статскій совѣтникъ можетъ быть назначенъ въ члены окружнаго суда, а если чину въ извѣстныхъ случаяхъ и придается какое-либо значеніе, то это происходитъ независимо отъ закона. На другихъ служебныхъ поприщахъ, административныхъ, какъ и въ самомъ вѣдомствѣ министерства юстиціи, для лицъ смѣняемыхъ, если чинъ и представляетъ большее или меньшее значеніе, то большею частью въ связи съ другими условіями служебной карьеры, каковы: связи, свѣтское воспитаніе, состояніе и пр. Отсюда и тотъ успѣхъ по службѣ, которымъ такъ щеголяли наши правовѣды и который еще болѣе легко достается петербургскимъ лицеистамъ. Какъ тѣ, такъ и другіе выходятъ изъ своего заведенія съ чиномъ титулярнаго совѣтника, но только весьма недальновидныя соображенія могутъ придавать большое значеніе этому чину въ служебной ихъ карьерѣ. Положеніе училища правовѣдѣнія, вслѣдствіе отчасти и историческаго его значенія, таково, что и при чинѣ коллежскаго секретаря внѣ-служебныя условія правовѣдовъ всегда благопріятствовали бы ихъ *счастливому* движенію по службѣ. Лицеисты также всегда будутъ предпочитаться многимъ другимъ, хоть и въ равной имъ степени достойнымъ, такъ какъ и на школьной скамьѣ еще внушается имъ, что они подготовляются на высшія должности.»

Все это справедливо и мы съ радостью можемъ подтвердить слова «Биржевыхъ Вѣдомостей», что нашу университетскую молодежь слишкомъ мало занимаетъ вопросъ о такомъ повышеніи. Но едвали кто согласится съ «Биржевыми Вѣдомостями», что сравненіе университетовъ съ лицеемъ и училищемъ правовѣдѣнія не нужно. «Вѣнецъ образованію—говоритъ эта газета—дается не чинами, а наукою и сознаніемъ своего достоинства»; это — правда, это истина такая несомнѣнная и дотого старая, что стала давно уже банальной. Но вѣдь этотъ рецептъ можетъ и долженъ прописываться не для однихъ только студентовъ, но и для лицеистовъ съ правовѣдами. Мы не стоимъ ни за чины, ни за право, даваемое на нихъ учеными степенями,—но пока чины существуютъ и имѣютъ значеніе, пока права на чины даются учебными заведеніями,—вопросъ о равенствѣ въ этомъ отношеніи учебныхъ заведеній все-таки не можетъ не имѣть практическаго значенія. И мы не видимъ основанія того, почему александровскій лицей и училище правовѣдѣнія не слѣдуетъ сравнивать съ университетами. Если же классъ чина долженъ соотвѣтствовать курсу заведенія и степени образованія, получаемаго въ данномъ заведеніи, то очевидно, что не лицей съ училищемъ правовѣдѣнія, а университетъ долженъ стать въ привиллегированное положеніе.

(Отвѣтъ на замѣтку «Судебнаго Вѣстника», не принятый редакціею его къ напечатанію.)

Милостивый Государь

Господинъ редакторъ.

Въ редакцію «Биржевыхъ Вѣдомостей» 5-го сего февраля доставлена была мною статья или вѣрнѣе замѣтка, имѣвшая заглавіемъ: «по поводу предстоящаго юбилея 50-лѣтія Петербургскаго университета». Замѣтка эта была за моею подписью; при которой приписано было въ скобкахъ «правовѣдъ». Редакція «Бирж. Вѣд.» была весьма любезна дать мѣсто этой замѣткѣ въ своей газетѣ наканунѣ самаго юбилея (7 февр. № 37); но почему собственно замѣтка эта напечатана безъ моей подписи въ дневникѣ газеты и стало быть какъ-бы отъ редакціи, — это мнѣ неизвѣстно. Дѣло конечно не въ томъ, кто пишетъ, а что пишется, но въ данномъ случаѣ для читателя, какъ мнѣ казалось, не безразлично было знать кто именно—студентъ, лицеистъ или правовѣдъ — писалъ эту статейку, впервые кажется коснувшуюся вопроса о правахъ и преимуществахъ правовѣдовъ и лицеистовъ. Юбилей Петербургскаго Университета уже отпраздновали, и отпраздновали блестящимъ образомъ при общемъ къ нему сочувствіи со всѣхъ сторонъ, — не такъ какъ праздновались юбилеи Училища Правовѣдѣнія и Александровскаго Лицея —, но тѣмъ неменѣе предметъ, суть статейки моей не теряетъ кажется своего значенія и послѣ юбилея. Поэтому я и позволяю себѣ обратиться къ Вамъ, г. редакторъ, съ настоящимъ письмомъ и прошу, если возможно, дать ему мѣсто въ Вашей газетѣ, столь обращающей на себя вниманіе съ новаго года. Вы, г. редакторъ, говорите по поводу моей замѣтки, что все сказанное въ ней справедливо, но что выраженная въ ней истина о томъ, что вѣнецъ образованія дается не чиномъ, а наукой и сознаніемъ своего достоинства, — представляется истиной дотого старой, что она стала уже и банальной. Не знаю, насколько банальна эта истина въ формѣ, въ которой она мною выражена, и при сужденіяхъ, которыя ей предшествуютъ,—во всякомъ случаѣ означенная хотя бы и банальная истина кажется ни разу или уже слишкомъ давно не примѣнялась къ вопросу о правахъ и преимуществахъ правовѣдовъ и лицеистовъ. Вы выписали мѣста изъ замѣтки моей, указывающія на то, что чинъ не представляетъ уже въ настоящее время, въ особенности по вѣдомству юстиціи, большой важности и что правовѣды и лицеисты въ своемъ движеніи по службѣ берутъ не чиномъ, а другими условіями... По указаніи на эти условія, я перешелъ въ замѣткѣ своей къ истекавшимъ изъ соображенія ихъ выводамъ, не переданнымъ въ Вашемъ замѣчаніи. Я именно сказалъ: «при такомъ условіи нужно согласиться, что 9 классъ вмѣсто 10-го не имѣетъ въ сущности для этихъ избранныхъ (лицеистовъ), какъ и для правовѣдовъ, никакого значенія. Все это говоримъ къ тому, чтобы изъ сказаннаго легко можно было вывести нашимъ студентамъ, что представляющійся имъ въ туманѣ 9 классъ составляетъ собою далеко не столь существенный предметъ, какимъ онъ кажется ихъ воображенію. Скажемъ болѣе: современному учащемуся юношеству было бы по меньшей мѣрѣ неблаговидно заниматься въ нынѣшнее время вопросомъ о томъ, съ какимъ чиномъ хорошо было бы выйти на свѣтъ Божій, когда вся суть для насъ †) въ томъ, чтобы учиться, учиться, да получше учиться, и по мѣрѣ силъ своихъ быть полезнымъ обществу, съ сохраненіемъ всегда и всюду достоинства въ самостоятельномъ трудѣ. Чинъ за отличіе имѣетъ свой смыслъ, хотя для многихъ онъ теряетъ цѣну, вслѣдствіе вычета, который производятъ за чинъ изъ жалованья награждаемаго (какъ бы ни было скудно это жалованье). Но чинъ за школьныя занятія имѣетъ совсѣмъ особое значеніе, при которомъ достаточно и того, что напр. кандидатъ пользуется чиномъ коллежскаго секретаря въ силу издавна существующаго на то закона. И если есть привиллегированныя учебныя заведенія, которыя лучшимъ питомцамъ своимъ предоставляютъ высшій чинъ (т. е. IX класса), то изъ этого еще не слѣдуетъ заключать, что это безусловно справедливо и прекрасно и что особенность частную, можетъ быть далеко не вѣчную, необходимо сдѣлать общею.» Изъ сей послѣдней выраженной здѣсь мысли Вы, г. редакторъ, могли бы усмотрѣть, что я вовсе не придаю лестнаго для правовѣдовъ и лицеистовъ значенія ихъ IX классу, основанному ни на чемъ болѣе какъ на «привиллегіи ихъ щедраго заведенія», и что я даже весьма допускаю возможность (чтобъ не сказать иначе) совершеннаго упраздненія этихъ привиллегій... Я выразился весьма не рѣзко, но кажется довольно понятно. Вы говорите, «что равенство учебныхъ заведеній въ чинахъ не можетъ не имѣть практическаго значенія»,—но если развитію чиноманіи содѣйствуютъ отчасти и наши привиллегированныя заведенія, то слѣдуетъ ли изъ этого, что чиноманію эту нужно привить и къ универси-

---

†) Въ «Бирж. Вѣд.» по ошибкѣ напечатано «для него».

тету, чуждому по завѣтнымъ, высшимъ началамъ своимъ стремленій чиновныхъ, столь сродственныхъ бюрократическимъ... Если зло есть и нельзя тотчасъ же уничтожить его, то нужно заботиться о томъ, чтобы оно по крайней мѣрѣ не распространялось,— и пусть зло касается только тѣхъ, которые нетолько не стѣсняются имъ, но даже видятъ въ немъ «добро и честь». Вы говорите наконецъ, «что если классъ чина долженъ соотвѣтствовать курсу заведенія и степени образованія, получаемаго въ данномъ заведеніи, то очевидно, что не Лицей съ Училищемъ Правовѣденія, а Университетъ долженъ стать въ привиллегированное положеніе.» Это дѣйствительно почти совершенно вѣрно, но Вы не выписали того мѣста изъ моей замѣтки, гдѣ говорится: «Степень магистра предоставляетъ магистранту IX классъ, но только съ этой степени и начинается у насъ поистинѣ ученое званіе, и врядъ-ли правдивые студенты наши положа руку на сердце, не сознаются въ томъ, что степень кандидата, по крайней мѣрѣ de facto, не †) можетъ назваться ученою степенью, въ особености по юридическому факультету съ его оригинальнымъ административнымъ разрядомъ? Званіе лекаря, какъ соотвѣтствующее ученой степени магистра, даетъ также IX классъ, а потому нечего въ этомъ отношеніи завидовать и студентамъ медико-хирургической академіи. Это отличіе основано на большихъ трудахъ и занятіяхъ.» Итакъ вопросъ о томъ, кто ученѣе—правовѣдъ, кандидатъ университета или лицеистъ, если и разрѣшится въ смыслѣ общаго правила въ пользу университета, то врядъ-ли въ такой степени, чтобы изъ-за этого только поставить университетъ въ привиллегированное положеніе въ отношеніи чина. Иное дѣло студенты, удостоившіеся ученой степени лекаря, магистра или доктора; такимъ лицамъ и книги въ руки, а къ книгамъ пожалуй и чины, благо чины въ рукахъ этихъ лицъ при скромности ихъ служебнаго поприща и ихъ интеллигенціи вообще никакъ не увеличатъ нашей чиноманіи, все-еще современной несмотря на давнишніе слухи о томъ, что «чиновъ не будетъ

---

†) Въ «Бирж. В.» пропущена эта частица «не», имѣющая здѣсь большое значеніе

вовсе, а пойдутъ-де въ моду заслуги, да по заслугамъ мѣста. Что же касается до замѣчанія вашего, г. редакторъ, о томъ, что вы не видите основанія, почему Александровскій Лицей и Училище Правовѣдѣнія не слѣдуетъ сравнивать съ университетомъ, то по этому предмету я въ сужденіяхъ своихъ и предположеніяхъ относительно нашихъ привиллегированныхъ заведеній иду гораздо дальше,—и вѣроятно я въ скоромъ времени буду имѣть случай это доказать.

П. У.

12 февраля.

www.ingramcontent.com/pod-product-compliance
Lightning Source LLC
Chambersburg PA
CBHW080434110426
42743CB00016B/3164